职业教育汽车车身修复专业(方向)理实一体化教材

Qiche Cheshen Lianjie Jishu
汽车车身连接技术

李金文　朱治铭　主　编
杜叔健　查文贵　副主编
　　　　贺利涛　主　审

人民交通出版社股份有限公司
北京

内 容 提 要

本书为职业教育汽车车身修复专业(方向)理实一体化教材。全书分为10个项目,内容包括汽车车身连接技术概述、汽车车身维修作业安全及职业道德、车身材料、电阻点焊、气体保护焊连接工艺、焊条电弧焊连接工艺、气焊工艺、钎焊连接工艺、塑料焊接及粘接工艺、胶粘铆接及胶粘点焊工艺。

本书可作为职业院校汽车车身修复技术专业(方向)及相关专业的教材,也可作为汽车车身维修人员自学参考书。

图书在版编目(CIP)数据

汽车车身连接技术/李金文,朱治铭主编.—北京:
人民交通出版社股份有限公司,2022.6
ISBN 978-7-114-17924-2

Ⅰ.①汽… Ⅱ.①李…②朱… Ⅲ.①汽车—车体—连接技术—职业教育—教材 Ⅳ.①U463.82

中国版本图书馆 CIP 数据核字(2022)第 064409 号

书　　名:	汽车车身连接技术
著 作 者:	李金文　朱治铭
责任编辑:	时　旭
责任校对:	孙国靖　宋佳时
责任印制:	刘高彤
出版发行:	人民交通出版社股份有限公司
地　　址:	(100011)北京市朝阳区安定门外外馆斜街 3 号
网　　址:	http://www.ccpcl.com.cn
销售电话:	(010)59757973
总 经 销:	人民交通出版社股份有限公司发行部
经　　销:	各地新华书店
印　　刷:	北京市密东印刷有限公司
开　　本:	787×1092　1/16
印　　张:	17.25
字　　数:	308 千
版　　次:	2022 年 6 月　第 1 版
印　　次:	2022 年 6 月　第 1 次印刷
书　　号:	ISBN 978-7-114-17924-2
定　　价:	46.00 元

(有印刷、装订质量问题的图书由本公司负责调换)

前言

为贯彻落实《国家职业教育改革实施方案》《职业教育提质培优行动计划（2020—2023年）》精神，结合《教育部关于职业院校专业人才培养方案制订与实施工作的指导意见》《职业院校教材管理办法》等文件要求，深化职业教育教学改革，积极推进课程改革和教材建设，满足职业教育发展的新需求，人民交通出版社股份有限公司组织全国职业院校汽车相关专业的骨干教师及相关企业的专业人员，编写了本套职业教育汽车车身修复专业（方向）理实一体化教材。

《汽车车身连接技术》是根据汽车车身修复、车身制造中的相关岗位技术技能要求而开发的专业教材。教材的编写以职业院校学生的学习认知规律为基本要求，基于岗位核心知识点与技能点，结合汽车产业发展的现状及趋势，突出问题导向、启发式学习、任务驱动学习的相关理念，确定教材的整体知识结构，项目化设计知识、技能模块，以生产问题引入学习，突出知识技能学习的有用性，体现了本书"教、学、做、用"一体化的编写特点。

在岗位知识技能分解的基础上，全书从车身连接技术概论介绍入手，以认知车身连接技术、职业道德及安全生产等为全书的基础知识准备，然后根据汽车车身连接技术的不同特点及应用，重点节选压力焊、气体保护焊、电弧焊、气焊、钎焊、塑料焊、胶粘铆接、胶粘点焊等车身制造及维修中常见的连接工艺的具体知识技能模块，构成全书整体框架。本书通过10个学习项目，对常见的车身连接工艺的原理、操作方法、工艺要求进行深入介绍，并结合国家标准、行业标准的要求，设置了专门的知识技能考核评价表，可以帮助学员进一步学习掌握。项目教学内容部分，以理论知识准备、具体任务实施、学习拓展、评价反馈等环节构成，形成以生产问题—知识技能学习—实作训练—进一步拓展知识—评价反馈改进提高的知识技能学习闭环，符合技能学习的规律特点，易于开展教学活动，同时也较适合学生课前任务导向，使其明确学习方向，开展自主学习。

本书由云南交通运输职业学院李金文、朱治铭担任主编，云南交通运输职业学院杜叔健、查文贵担任副主编，云南交通运输职业学院杨瑶、王常娟以及贵州电子科技职业学院张梅担任参编。在编写过程中,得到了世界技能大赛中国集训专家团队的帮助与指导,同时来自企业一线的相关技术人员为本书的编写提出了很多宝贵意见,尤其是在确定实训任务方面,提供了较多高质量案例。云南交通运输职业学院贺利涛担任本书的主审,并提出了宝贵意见。

限于编者经历与水平,书中不当之处在所难免,恳请读者批评指正,以便再版修订时补充完善。

编　者
2022 年 1 月

目录

项目一　汽车车身连接技术概述　1
项目二　汽车车身维修作业安全及职业道德　18
项目三　车身材料　38
项目四　电阻点焊　57
项目五　气体保护焊连接工艺　83
　学习任务1　气体保护焊概述　83
　学习任务2　气体保护焊焊接工艺　105
项目六　焊条电弧焊连接工艺　144
项目七　气焊工艺　180
项目八　钎焊连接工艺　201
项目九　塑料焊接及粘接工艺　218
项目十　胶粘铆接及胶粘点焊工艺　237
　学习任务1　胶粘及胶粘点焊工艺　237
　学习任务2　铆接及胶粘铆接工艺　250
参考文献　269

项目一　汽车车身连接技术概述

学习目标

☆ **知识目标**

1. 掌握汽车车身制造与维修中的连接技术的分类；
2. 了解不同车身连接技术在汽车车身制造与维修中的应用；
3. 了解现代汽车工业焊接总体发展趋势。

☆ **技能目标**

1. 能够在实车上识别不同种类的连接方式；
2. 能够在实车上不同连接部位选择合理的分离方法与维修连接方法；
3. 能够针对不同的车身分离和连接技术选择正确的工具设备。

建议课时

4 课时。

任务描述

一辆帕萨特轿车发生翻车事故，车顶受损严重。经保险公司定损，允许更换车顶部分。维修技师小王接到该车维修任务。

更换车顶首先需要对受损车顶进行整体分离，为按标准工艺开展此项工作，需学习并掌握车身制造与维修中的车身连接技术的相关知识。

一、理论知识准备

早期的汽车车身采用与马车类似的结构，车身材料主要为木材，采用螺栓和铆钉进行连接。1900 年，第一台金属车身出现，采用了硬顶封闭的厢式车身结构，在传统螺栓和铆钉连接的基础上首次出现了使用焊接技术进行车身金属件连接的方式。

随着时代进步，人们对车辆的环保要求愈加严格、对驾乘安全性和舒适性的要求不断提高。为此，现代车身设计广泛采用了各种轻量化技术，高强度钢、铝合金、复合材料等新材料被广泛应用。传统的车身连接技术已无法完全满足现代汽车生产制造及售后维修的相关要求。为此，针对车身新型材料，如高强度钢、钢和铝及复合材料等的连接,激光焊、电阻点焊及化学粘接等新型车身连接技术也随之被不断地开发和应用。

目前,汽车车身工业制造领域中所用到的连接技术类型非常广泛。通常,可根据连接所采用的介质性质不同分为机械连接、加热连接(焊接)和化学连接三大类,每大类根据所采用的工艺及方法不同又可细分为若干小类,如图1-1所示。

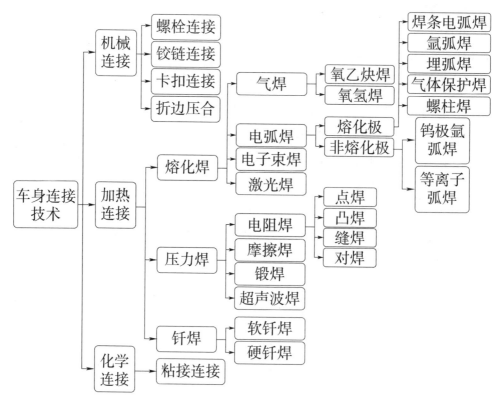

图1-1　常见车身连接技术分类

此外,根据车身维修所针对的车身连接部分能否独立拆卸,又可将车身连接分为可拆卸连接和不可拆卸连接两类。可拆卸连接指可以根据需要随时拆开且不影响连接件的形状、强度及重新使用的连接方式;不可拆卸连接则是指连接件被连接起来以后不能再随意拆开,如强行拆开,连接件的形状、外观和强度等将受到破坏而不能重新使用的连接方式。

(一) 可拆卸连接

在汽车车身制造中常见的可拆卸连接方式主要有螺栓连接、铰链连接及卡扣连接等。

项目一　汽车车身连接技术概述

1. 螺栓连接

螺栓是一种机械零件,配用螺母的圆柱形带螺纹的紧固件,由头部和螺杆(带有外螺纹的圆柱体)两部分组成。螺栓连接主要有两类,一类需与螺母配合,用于紧固连接两个带有通孔的零件;另一类需要与带内螺纹的孔配合,用于将外层零件紧固安装到内层零件上。目前,车身制造中保险杠、前翼子板、发动机舱盖、行李舱盖等独立加工制造的车身外部覆盖件与车身的连接通常采用螺栓连接,如图1-2所示。

2. 铰链连接

铰链又称合页,是用来连接两个固定并允许两者之间做相对转动的机械装置。通常使用螺栓进行固定。铰链连接用来连接车门、发动机舱盖、行李舱盖等需要经常开闭的部件,如图1-3所示。

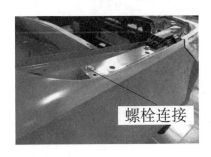

图1-2　前翼子板螺栓连接

图1-3　车门铰链连接

3. 卡扣连接

卡扣是用于一个零件与另一零件的嵌入连接或整体闭锁的机构,通常用于塑料件的连接,其材料通常由具有一定柔韧性的塑性材料构成。卡扣连接最大的特点是安装拆卸方便,可以做到免工具拆卸。但需注意,卡扣连接一般仅用于非承载受力的结构上。现在卡扣连接技术已广泛地应用于汽车挡泥板、内饰件的连接上,如图1-4和图1-5所示。

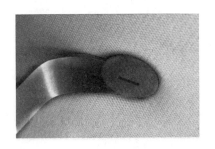

图1-4　车顶内饰板卡扣连接

图1-5　典型卡扣

(二)不可拆卸连接

在车身制造中常见的不可拆卸连接主要有电阻点焊、激光焊、铆钉连接、等离子焊、摩擦焊、钎焊、气体保护焊、胶粘连接、折边压合连接等几种方式。

1. 电阻点焊

电阻点焊是汽车制造厂在流水线上对整体式车身进行拼装连接时最常用的一种方式,被广泛应用于结构件及覆盖件金属板件的连接,通常由焊接机器人自动完成焊接操作。在整体式车身焊接生产中,有 90%~95% 的连接部分均采用电阻点焊,每台车身上有 4000 个左右的电阻点焊焊点。电阻点焊在车身制造上的应用如图 1-6 所示。

图 1-6　车身电阻点焊

2. 激光焊

激光焊接是利用高能量密度的激光束作为热源的一种高效精密焊接方法。主要用于车身不等厚板的拼焊和配合精度要求较高的位置的焊接。例如,前纵梁与梁头的焊接,车顶与侧围的焊接等。激光焊应用于车身制造,可以有效减小车身质量,从而达到降低能耗的目的。同时,可有效提高车身的装配精度,增加车身整体刚度,提高车身安全性;此外,激光焊还可显著降低车身制造过程中的冲压和装配成本,减少车身零件数目,提高车身一体化程度。激光焊在车身制造中的应用如图 1-7 所示。

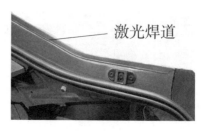

图 1-7　车身激光焊接

项目一　汽车车身连接技术概述

3. 铆钉连接

铆钉连接是指利用铆钉将两个或两个以上的元件(一般为板材或型材)连接在一起的一种不可拆卸的静连接,简称铆接。部分汽车车身及零配件采用铝合金、镁合金及复合材料,使用常规加热连接方式加工难度较高,甚至无法进行连接,且维修困难。使用铆钉连接则可以在非加热状态下更好地达到连接要求。在车身制造生产过程中,常用的铆接连接方式有冲压铆钉连接、盲铆钉连接和热熔式自攻螺钉连接等。铆钉连接在车身上的应用如图 1-8 所示。

4. 等离子焊

等离子焊是指利用等离子弧高能量密度束流作为焊接热源的熔焊方法。具有能量集中、生产率高、焊接速度快、应力变形小、电弧稳定且适宜焊接薄板和箱材等特点。随着车身新材料的不断应用,等离子焊也将成为一种发展趋势,并且伴随其他工艺一同使用,如等离子弧钎焊,可用于车顶、车门外板、侧围等位置的焊接连接。车身等离子焊如图 1-9 所示。

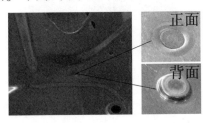

图 1-8　宝马汽车原厂车身冲压铆接

图 1-9　车身等离子焊

5. 摩擦焊

摩擦焊是指利用工件接触面摩擦产生的热量为热源,使工件在压力作用下产生塑性变形而进行焊接的方法。使用摩擦焊连接铝合金件时,不需要对铝合金氧化层做特殊处理,不需要开坡口,也不需要填充材料和保护气,大大简化了焊接工序。目前,摩擦焊应用于多种汽车零部件的制造中,如轮毂、后桥、大型挤压成型件的拼接等。摩擦焊如图 1-10 所示。

6. 钎焊

钎焊是指使用熔点低于母材的钎料与母材同时加热至钎料熔化温度且低于母材熔化温度,利用液态钎料填充固态母材间的缝隙使其连接的焊接方法。在车身制造中,通常采用强度较高的硬钎焊(铜钎焊)进行焊接,且接头形式以搭接焊为

图 1-10　摩擦焊

主。主要用于连接电阻点焊难以焊接的区域和对热量较敏感的部件,如 C 柱内板与后轮罩的连接、A 柱内板上下段间的连接等。现代车身制造中,钎焊通常还与激光焊或等离子焊搭配使用,用于车顶、侧围等板件的连接,如图 1-11 所示。

7. 气体保护焊

气体保护焊是指利用保护气体作为电弧介质并保护电弧和焊接区的电弧焊。在现代车身制造中,尤其是整体式车身的制造,气体保护焊通常用于电阻点焊难以涉及的板件间的连接,如备胎槽与纵梁的连接、前轮罩与前纵梁的连接等,如图 1-12 所示。

 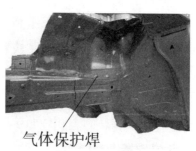

图 1-11　车身钎焊主要位置　　图 1-12　气体保护焊连接

8. 胶粘连接

粘接是指借助粘接剂在固体表面上所产生的黏合力,将同种或不同种材料牢固地连接在一起的方法。胶粘连接在车身生产制造过程中主要用于车身对密封性有额外要求的板件。为提高强度,常配合螺栓、电阻点焊及折边连接等方式一起使用,如图 1-13 所示。在车身生产制造过程中,各种粘接剂尤其是结构胶在汽车行业的应用不仅可以保障车身强度要求,还可以有效提高车身结构件抗疲劳强度、车身刚度及抗冲撞性能。

9. 折边压合连接

折边压合连接本质上是咬缝连接工艺中的一种,是通过冷作加工的方式将薄板的边缘相互折转扣合压紧的连接方式。折边压合连接可将板件连接牢固,可用于代替对强度要求不高的板件间的焊接和铆接。折边压合在车身上的应用,不仅可以优化内板与外板结合的美观,同时也可增加内板与外板结合边缘的强度,使边缘不易变形。折边压合通常还与胶粘连接配合使用,在车身制造中,折边压合连接占车身覆盖件外板与内板连接工艺的 60% 以上,在车门、发动机舱盖、行李舱盖等均有应用,如图 1-14 所示。

图1-13　胶粘连接(胶粘点焊)　　　　图1-14　车门折边压合

(三)车身维修中车身连接的分离

在汽车车身维修中,针对不同的车身连接工艺,分离的方法有较大差异,所采用的工具设备也不同。本项目介绍针对车身制造中最常见的连接方式在维修中所采用的对应的分离工艺。

1. 电阻点焊的分离

电阻点焊连接是原厂最常见的连接工艺,也是维修中分离作业量最大的一种连接方式。电阻点焊分离方法通常有点焊去除钻分离、砂带机磨削分离和直接钻除分离三种。

1)点焊去除钻分离

点焊去除钻是电阻点焊分离专用工具,可在不损伤底层板件的前提下钻除受损板件的焊点,从而实现底板与损伤板件的分离。适用于需要保留下层板件的维修场合。点焊去除钻如图1-15所示。点焊去除钻通过前端的夹臂夹持钻削部位,确保钻削过程中钻头不发生偏移,钻削位置准确。钻头在伸缩调节装置的调节下,使钻削深度不超过损伤板件厚度,确保在钻削过程中,不会损伤底层板件。具体分离步骤如下:

检查工具情况→调整钻头钻削深度→调整夹臂位置→点焊处冲定位中心→夹持工件→钻除→检查钻除情况→钻除不足则加大钻削深度→再次钻削→钻削位置到达底层板件→分离板件。在钻除点焊的过程中,配备前端为平头的点焊去除专用钻头,钻削深度调节装置可以根据实际情况调节需要钻削的深度,如图1-16所示。

2)砂带机磨削分离

手持式砂带机是一种磨削能力较强的设备,可以利用手持式砂带机将损伤侧焊点金属磨削,从而去除电阻点焊连接,实现焊点分离,如图1-17所示。

图1-15 点焊去除钻

图1-16 点焊去除专用钻头配备深度可调装置

图1-17 砂带磨削分离

3)直接钻除分离

在不保留底层板件的情况下,可以采用破坏式钻除点焊,实现连接的分离。首先使用中心冲定位点焊中心点,再采用与点焊焊核直径相同的钻头,使用手枪钻将其钻除。

2. 铆接的分离

根据汽车原厂冲压铆接原理,在外部压力作用下,铆钉揳入金属板件,上、下两层金属发生定向塑性变形,金属板件接合在一起。分离时,可采用拔出揳入的铆钉、破坏塑性变形金属、同时破坏塑性变形金属及铆钉等三种分离方法。

1)拔出揳入的铆钉

通过螺柱焊拉拔分离铆接,对铆钉表面进行打磨清洁,去除漆膜及油污粉尘,再利用螺柱焊设备在铆钉表面焊接螺柱,通过专用设备对螺柱进行拉拔,螺柱将冲压铆钉拔出,实现板件的分离。

2)破坏塑性变形金属

通过砂带打磨进行分离,利用砂带机对铆接背面金属打磨,磨削塑性变形的底层板件,再使用冲子反向冲出铆钉,从而将铆接分离。

3）同时破坏塑性变形金属及铆钉

直接钻除破坏铆钉及塑性变形金属进行分离,利用麻花钻在铆接处直接钻孔,实现铆接的分离。

3.胶粘连接的分离

随着轻量化材料在汽车制造中的应用愈来愈广泛,胶粘连接工艺的应用也日益增多。根据胶粘连接原理,胶粘结构纵向抗拉强度较高,但抗剥离强度低,同时胶粘结构对温度敏感,在高温状态下,强度低,易于剥离,如图1-18所示。

针对胶粘结构的特点,通常采用加热分离的方法。分离胶粘结构,应使用热风枪,不可使用明火直接加热,且加热过程中应控制温度,不能过高,以防发生火灾。同时,粘接剂在加热过程中,会产生有毒有害气体,需做好个人安全防护。

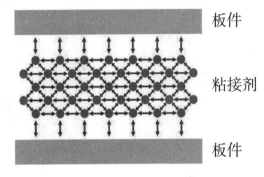

图1-18　胶粘结构示意图

4.气体保护焊及钎焊连接的分离

随着汽车制造工艺的进步,气体保护焊及钎焊在原厂自动化流水线生产中的应用呈减少的趋势,但在不适于电阻点焊等方式进行连接的场合(如一些车身结构件),以及在车身维修领域,气体保护焊、钎焊仍然是应用较为广泛的一种连接方式。

由于使用气体保护焊连接,焊缝强度高,不宜用切割锯进行分离,通常采用砂轮机切割或等离子弧切割分离,如图1-19所示。在切割分离焊缝时,容易产生较多粉尘,同时伴有火花、强光或高热,且易于造成机械伤害。进行切割分离作业时,需要佩戴好皮手套、防尘口罩、防护面罩等安全防护用品。

图1-19　砂轮机切割分离焊缝连接

(四)汽车维修中车身部件的连接

汽车车身维修中经常会对更换的新部件与车身做连接处理。与原厂生产制造类似,维修作业中也有熔化焊连接、压力焊连接、钎焊连接、胶粘铆接、螺栓连接、折边压合等方式。不同的是,原厂大多由机器人完成,且设备功率较大,而维修则是手工操作小型设备完成,如图1-20所示。

a) 气体保护焊机　　　b) 焊接　　　c) 车身新旧件接合

图1-20　车身焊接连接示意图

1. 熔化焊连接

在车身维修中,气体保护焊因其适用范围广,操作简便,是目前最主要的熔化焊连接方式之一,已逐步取代传统的焊条电弧焊和气焊。汽车维修中所使用的气体保护焊是利用电弧高温,将车身新件、旧件及焊料同时熔化,熔融后冷却凝固成型的连接方式。具有成本低、焊接质量高、可以满足大部分普通钢材焊接要求等优点。

2. 压力焊连接

与原厂车身制造工艺类似,采用电阻点焊连接是通过施加压力,再通过高电流,在金属接触面产生高热,使金属在熔融状态下受挤压连接在一起的方式。不同的是,在车身维修场景中,电阻点焊机器人换成了手动的电阻点焊机,需要维修技师根据不同的维修部位,有针对地进行电阻点焊焊接作业。具有操作简单,易于掌握,焊接质量高,对金属热影响较小等优点,在汽车维修中应用广泛,如图1-21所示。

3. 钎焊连接

在原厂车身制造过程中,钎焊的应用较为广泛,有真空钎焊、熔化极惰性气体保护焊(MIG电弧钎焊)、激光钎焊等工艺。但在汽车维修中,普通氧乙炔钎焊应用较多,可针对原厂钎焊的位置,在更换新部件后,做钎焊连接。钎焊的特点是焊接过程中母材不熔化,而钎料熔化,以熔化的钎料填充焊缝,实现母材的连接。具有简单易操作、可以焊接不同性质金属、焊接温度低、焊接表面光洁等特点。钎焊作业如图1-22所示。

图1-21　更换后部行李舱外围板

图1-22　钎焊工艺实例

4. 胶粘铆接

胶粘铆接工艺是在胶粘的基础上,配以铆接工艺。在汽车制造与维修中的应用呈现逐年增多的趋势,尤其在中高档汽车上,铝合金、碳纤维等轻质材料的应用离不开胶粘铆接对不同材料的连接。胶粘铆接克服了胶粘抗剥离能力不足的缺点,相较其他连接方式具有更优的结构性能。汽车维修中的胶粘铆接工艺需要严格的工艺流程,以确保粘接面的附着力和粘接材料的粘合力到达技术要求。胶粘铆接作业如图1-23所示。

a) 打胶

b) 冲压铆接

c) 抽芯铆接

图1-23　胶粘铆接作业

二、任务实施

( ) 准备工作

白车身一台、解剖车一台、举升机一台、棉纱手套若干、实训工作页(表1-1)。

实训工作页　　　　　　　　　　　表 1-1

班级		组员:(姓名及学号)	
组号			
连接方式		连接位置	
机械连接	螺栓连接	例:前纵梁与前防撞梁	
	铰链连接		
	铆钉连接		
	折边压合		
加热连接	电阻点焊		
	激光焊		
	钎焊		
	气体保护焊		
	摩擦焊		
化学连接	胶粘连接		

(二)技术要求与注意事项

(1)检查白车身及解剖车是否安全固定;

(2)进入实训场地时穿戴统一工作服、工作帽、安全鞋,进入车身作业需佩戴棉纱手套;

(3)以小组为单位开展实训,观摩组距离车身 2m 以上;

(4)举升机由教师统一操作,白车身升降过程中车底不可有人;

(5)观察车身底部时应确保举升机保险销已锁紧。

(三)操作步骤

(1)按照实训工作要求检查白车身前部、中部及后部的车身连接情况,并在工作页上进行记录;

(2)通过举升机将白车身举起,检查车身底部连接情况并在工作页上做好记录;

(3) 与另一实训小组交换,检查解剖车前部、中部及后部车身连接情况并做好记录,解剖车底部不做检查;

(4) 实训完毕,对实训场地进行5S管理。

注:另一组学生顺序相反,先检查解剖车,再检查白车身。

三、学习拓展

《汽车产业调整和振兴规划》提出,加强关键技术研发,加快技术改造,提升企业素质,加强自主创新,培育自主品牌,形成新的竞争优势,促进汽车产业持续、健康、稳定发展的思路。在此背景下,国务院进一步提出《装备制造业调整和振兴规划》,明确提出了"提高汽车车身制造的四大工艺:冲压、焊装、涂装和总装工艺的装备水平"。针对世界汽车工业发展趋势和我国汽车工业发展现状,整个汽车工业正朝着环保低碳、节省能源、安全性、舒适性和多样化方向发展。其中,焊装技术是汽车制造中最重要的环节之一,车身焊装技术水平和质量对车身结构强度、安全性和生产率有直接影响。在车身制造要求尽可能采用新能源、新结构、新材料和新工艺的发展趋势下,现代汽车车身焊装也呈现出新的特点。

1. 车身轻量化,促使新材料应用和焊接新技术发展

减轻汽车质量可以有效降低油耗,减少排放。若汽车整车质量降低10%,燃油效率就可以提升6%～8%,CO_2排放可减少约5g/km。所以,车身轻量化是汽车工业绿色可持续发展的必然要求。目前欧洲大型汽车制造商正在进行"超轻型工程",预计减轻车身自重达30%。车身将采用超过80%的高强钢,部分结构还采用了铝、镁等轻合金复合材料。新型材料更高的焊接要求也必将推动新的焊接工艺及其对应的焊接设备的研发和应用。

2. 车身安全性提高,促使车身焊接质量要求提高

提高汽车安全性,可以优化结构设计、强化操控系统和提升安全防护。此外,提高车身自身刚性和强度,也是提高汽车安全性的重要途径。车身制造中焊接质量对车身连接的强度有极其重要的影响,如何提高焊接质量及其稳定性,尤其是高强度、超高强度钢的焊接质量,则必须大量采用新型先进的装焊工艺,如激光焊接、中频点焊、摩擦搅拌点焊、胶结点焊等。

3. 车身品质要求提升,促使装焊几何尺寸精度提高

为了保证车身焊装的尺寸精度,各大汽车制造厂推出了一系列行之有效的控

制方法和质量标准,建立完善新的车身几何尺寸精度控制理念和评估方法,探讨车身尺寸精度标准,研究开发空间尺寸检测方法和手段。如美国汽车联合会大力实施的"2MM 工程"(即车身制造综合误差指数≤0.2mm);日本丰田公司在推行的"全球车身标准 GBL"模式(GBL 为 Global Body Line 的缩写,全球车身生产线)等。

4. 车型种类增多,促使柔性混合装焊生产

汽车多品种、更新快的特点,对车身焊装技术和生产线提出了更多更新的要求。即在同一柔性的焊装生产线上,要求随机混线、高节拍生产多个车身平台、多种车型的车身。如神龙公司 PF2 平台四种车型在同一平台焊装,还可导入新车型。目前,世界汽车车身焊装装备制造厂商纷纷开发了各种车身总成柔性成型装焊技术。国内厂商在国家重大科技专项支持下已经开发出多车型柔性成型技术,并应用在国产品牌的汽车生产线上。

5. 车型更新换代加速,促使焊接装备更新加快

世界汽车生命周期明显缩短,如 2002 年中国的汽车生命平均为 8.5 年,到 2008 年缩短为 6.2 年,2015 年缩短为 3.6 年,逐渐接近世界发达国家的汽车生命周期(3~3.5 年)水平。由此给汽车装备开发制造业带来了新的挑战,即要求车身制造装备柔性化能力更强,其中也包括焊接装备。

6. 采用信息化工程技术开发车身装焊生产线装备

当代汽车产品开发设计已经高度数字化,大量采用虚拟制造技术。新车型在产品开发的同时,要求对新车型进行结构工艺性匹配分析,必须做同步(SE)工程。在车身装焊工程工业化过程中,也广泛运用各类先进的制造信息化工程技术,如采用 eM-Power 等软件进行装焊工艺分析、装焊工艺和装焊装备的仿真模拟设计、机器人离线编程及虚拟制造等一系列开发设计。

四、评价与反馈

(一)自我评价

(1)通过本项目的学习,你是否已经知道以下问题:
①汽车车身制造中用到哪些连接技术?

②汽车车身维修中主要用到哪些分离和连接技术?

(2)实训完成情况如何?

_____

(3)通过本项目的学习,你认为自己的知识和技能还有哪些方面有待进一步提高?

_____

(二)小组评价

小组评价见表1-2。

小组评价　　　　　　　　表1-2

序号	评价项目	评价情况
1	学习态度是否积极主动	
2	是否服从教学安排	
3	是否全勤	
4	着装是否符合要求	
5	是否合理规范使用仪器和设备	
6	是否按照安全和规范的规程操作	
7	是否遵守学习、实训场地的规章制度	
8	是否积极主动地和他人合作、探讨问题	
9	是否能保持学习、实训场地整洁	
10	团结协作情况	

参与评价的同学签名:_____ 日期:_____

(三)教师评价

_____

签名:_____ 日期:_____

五、技能考核标准

技能考核标准见表1-3。

技能考核标准　　　　　　　表1-3

序号	项目	操作内容	规定分	评分标准	得分
1	安全防护	穿戴工作服、工作帽、安全鞋、棉纱手套	6分	缺失每项扣2分,扣完即止	
2	找出车身机械连接部分	找出车身螺栓连接部分,并在实训工作页上记录	12分	正确每项得2分,错误不得分,总计不超过规定分	
3		找出车身铰链连接部分,并在实训工作页上记录	10分	正确每项得2分,错误不得分,总计不超过规定分	
4		找出车身铆钉连接部分,并在实训工作页上记录	8分	正确每项得2分,错误不得分,总计不超过规定分	
5		找出车身折边压合部分,并在实训工作页上记录	8分	正确每项得2分,错误不得分,总计不超过规定分	
6	找出车身加热连接部分	找出车身电阻点焊部分,并在实训工作页上记录	18分	正确每项得2分,错误不得分,总计不超过规定分	
7		找出车身激光焊部分,并在实训工作页上记录	6分	正确每项得2分,错误不得分,总计不超过规定分	

续上表

序号	项 目	操 作 内 容	规定分	评 分 标 准	得分
8	找出车身加热连接部分	找出车身钎焊部分,并在实训工作页上记录	6 分	正确每项得 2 分,错误不得分,总计不超过规定分	
9		找出车身气体保护焊部分,并在实训工作页上记录	10 分	正确每项得 2 分,错误不得分,总计不超过规定分	
10		找出车身摩擦焊部分,并在实训工作页上记录	2 分	正确每项得 2 分,错误不得分,总计不超过规定分	
11	找出车身化学连接部分	找出车身胶粘连接部分,并在实训工作页上记录	6 分	正确每项得 2 分,错误不得分,总计不超过规定分	
12	5S 管理	实训场地 5S 管理	8 分	设备、工具未复位,每项扣 1 分;未清洁扣 5 分,清洁不干净每处扣 1 分,扣完为止	
	总分		100 分		

项目二　汽车车身维修作业安全及职业道德

> **学习目标**

☆ 知识目标

1. 了解车身连接维修作业中存在的安全隐患；
2. 掌握车身连接维修作业安全防护措施；
3. 了解车身连接维修作业对环境的影响及对应防护措施；
4. 了解职业和职业道德的含义；
5. 掌握汽车维修行业职业道德的范畴及其社会属性；
6. 掌握汽车维修从业人员职业道德规范的主要内容。

☆ 技能目标

1. 能够根据车身连接维修作业类型选择合适的防护措施；
2. 能够正确穿戴使用个人防护用品；
3. 能够检查并正确使用车间消防设备；
4. 能够正确使用车间吸尘、抽排风设备；
5. 能够对照汽车维修从业人员职业道德规范约束自身行为。

> **建议课时**

4 课时。

> **任务描述**

维修技师小王在对车身后翼子板进行焊接作业时，未遵守选用硬纸板作为遮蔽的规定，致使发生火灾事故，造成重大经济损失。维修车辆及部分设施设备被损毁，其所在企业也被当地安全生产监督管理部门约谈并责令停业定期整改。为避免类似的安全生产事故再次发生，企业相关责任人和小王应进一步加强学习车身维修作业中安全防护的相关知识及技能。

一、理论知识准备

安全防护必须引起所有人的重视，安全防护的目的在于形成安全防护的观念和习惯,通过安全防护这一行为,确保所有人员都能保证有健康的身体和安全无虞的工作环境,并减少企业不必要的成本支出、时间浪费,同时降低企业的潜在危机。安全防护是企业持续发展和正常运营的最基本条件之一。

汽车车身连接维修作业存在相当程度的危险性,因此所有从业人员必须格外重视,在实际维修作业中养成良好的安全防护观念和习惯并认真予以落实。汽车车身连接维修作业的安全防护包括三个方面:作业人员自身安全防护、作业场地安全防护、环境保护。

(一) 作业人员自身安全防护

作业人员自身安全防护,一般是指操作人员通过在身上直接穿戴安全防护用具从事维修作业,对身体的某些部位进行保护,并使其避免受到伤害,或使伤害减至最小程度。

个人防护器具是保护人体健康安全的最后一道防线,个人安全防护的重点区域如图2-1所示,包括呼吸系统、头部、手部、皮肤、眼睛、耳朵等。各种防护器具因其保护的身体部位及工作环境不同,其构造、性能和使用方法也会有所差异。

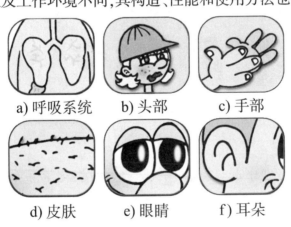

图2-1 身体各器官防护

1. 车身连接维修作业安全防护器具

车身连接维修作业包括车身部件拆装、切割分离、板件修整、定位及焊接等主要操作内容,潜在较多的安全隐患,故需准备齐全的个人安全防护器具,主要包括:耳塞及耳罩、口罩、透明护目镜、气焊护目镜、全尺寸防护面罩、变光焊接面罩、电焊面罩、焊接防护衣、焊接手套、皮手套、棉纱手套、耐溶剂手套、工作服及安全鞋等。

2. 耳部的防护

在进行板件切割、分离、打磨等作业过程中都会产生噪声,长期接触对人体的危害是全身性的,既可能引起听觉系统的变化,使听觉器官出现永久性听力受损或噪声性耳聋,也可能会对神经系统、内分泌系统、心血管系统、视觉器官及消化系统等产生影响。因此,从事易产生高分贝噪声的作业过程时,尽可能佩戴耳罩,若需有敏捷频繁的头部动作,则应佩戴耳塞。

1)耳罩

耳罩如图2-2所示,是一种可将整个耳部罩住的护耳器。耳罩由弓架连接的两个圆壳状体组成,壳内附有吸声材料和密封垫圈,整体形状如耳机。适用于噪声强度较高的环境,可有效降低64dB以上的噪声。

2)耳塞

耳塞如图2-3所示,一般是由硅胶或是低压泡沫材质、高弹性聚酯材料制成的。可以根据不同耳腔形状密合,隔音效果佳。插入耳道后与外耳道紧密接触,以隔绝声音进入中耳和内耳,达到隔音的目的。

图2-2　耳罩

图2-3　耳塞

3. 呼吸系统的防护

车身连接维修作业中的打磨、切割、除胶、焊接、化学品施涂时均会产生大量的粉尘及有毒有害气体,长期暴露在此环境下,将对人体呼吸系统造成不可逆转的损伤,甚至能够引发癌症。

1)粉尘

粉尘,指悬浮在空气中的固体微粒,当人体吸入粉尘后,尤其是小于 $5\mu m$ 的微粒,极易深入肺部,引起中毒性肺炎或硅肺,严重时还会引起肺癌。沉积在肺部的粉尘一旦被溶解,就会直接侵入血液,引起血液中毒,未被溶解的污染物,也可能被细胞所吸收,导致细胞结构的破坏。为避免粉尘对人体的伤害,车身连接维修作业人员均需要佩戴防尘口罩,如图2-4所示。

2)有害气体

在气体保护焊作业、加热去除车身密封胶等高温作业过程中,会产生大量的有毒气体,如臭氧、一氧化碳、氮氧化物等。

因此,在车身连接维修作业中,涉及焊接、加热去除车身密封胶、施涂化学品时,应佩戴滤筒式呼吸器,以避免或减少有毒气体对身体造成的伤害。呼吸器的密封非常重要,它能防止污染的空气通过滤清器进入肺部,使用呼吸器前,要检查有无空气泄漏。当使用呼吸器时,如呼吸困难或达到更换周期,应更换滤清器。定期检查面罩,确保没有裂纹或变形。呼吸器应保存在气密容器内或塑料自封袋中,保持清洁。滤筒式呼吸器如图 2-5 所示。

图 2-4　防尘口罩　　图 2-5　滤筒式呼吸器

4. 眼睛和面部的防护

在车身维修作业中,常常会因飞来的异物、刺激性化学物质或强光对作业者眼睛、面部造成伤害。据统计,职业性眼(面)伤害约占整个工业伤害的 5%,而眼部面积仅占人体表面积的 1/600。这也充分说明,相对其他人体器官,眼部更易受到职业性伤害。

1)异物伤害

车身维修人员在进行研磨、切割、敲击等作业过程中,可能会出现砂粒、金属碎屑等飞溅物进入眼内,从而造成眼球破裂或眼球穿透性损伤等严重后果。所以,维修人员进行相应作业时必须佩戴透明护目镜,如图 2-6 所示。在进行可能会造成严重面部伤害的操作时,仅戴护目镜无法提供足够的保护,应佩带全尺寸防护面罩,如图 2-7 所示。

图 2-6　透明护目镜　　图 2-7　全尺寸防护面罩

2)强光伤害

进行焊接作业时会产生可见强光、紫外线和红外线。可见强光会引起眼睛疲劳、眼睑痉挛和结膜炎;紫外线能引起眼角膜结膜表浅组织灼伤,使维修人员产生畏光、疼痛、流泪、眼睑炎等症状;红外线对眼组织产生热效应,引起慢性眼睑炎和晶体混浊(白内障)。所以,在气体保护焊接作业中应佩戴自动变光焊接面罩(图2-8)。在焊条电弧焊作业时,应佩戴电焊面罩(图2-9)。在气焊、气割或等离子焊接及切割操作时,应戴有深色镜片的气焊护目镜(图2-10)。焊接头盔或焊接面罩能保护面部免受高温、紫外线或融化金属的烫伤,变色镜片保护眼睛免受伤害。气焊护目镜可有效防止焊接过程中产生的强光、辐射对眼睛造成伤害。

图2-8　自动变光焊接面罩

图2-9　电焊面罩

图2-10　气焊护目镜

5.手部的防护

车身维修实际生产中,手部与工具设备、作业对象接触最紧密,发生安全事故的概率及频率也最高。根据操作的项目不同,维修人员务必选用合适的手部安全防护用品。

从事易产生强光、焊渣、火花的焊接作业时,须穿戴焊接手套(图2-11)。目前的焊接作业种类皆适合采用分指皮手套,材质须柔软,以便于焊接操作。在焊接作业中保护手部免受板件划伤及焊渣烫伤。在钻孔、切割分离板件作业中,为保护手部免受旋转工具和板件划伤,必须全程佩戴短皮手套(图2-12)。在接触化学物品进行作业时,为避免化学物品直接接触手部皮肤,造成伤害,则必须佩戴耐溶剂手套(图2-13)。

6.身体的防护

工作过程中,必须穿着企业统一配发的工作服。作业前须检查其是否合身,是否有破洞、纽扣脱落,尽可能不要穿戴其他易被卷入或影响工作的饰品,例如外露的领带、项链、首饰等。当从事产生强光、焊渣、火花的焊接作业时,为防止飞溅物、紫外线辐射对身体带来的伤害,必须穿戴整套焊接防护服,包括焊接手套、皮围裙、袖套、护脚套(图2-14)。

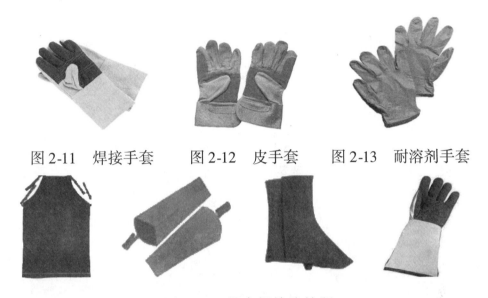

图2-11　焊接手套　　图2-12　皮手套　　图2-13　耐溶剂手套

图2-14　整套焊接防护服

7.足部的防护

足部往往处于作业姿势的最低部位,足部防护被忽略即意味着足部随时会被较重、坚硬、带棱角的物体(板件、工具等)砸伤、戳伤或者挤伤,甚至被尖锐物体刺伤。所以进入车间后,全程要求穿安全鞋,如图2-15所示。安全鞋必须具备防压、防焊渣、防滑等防护功能。其足趾部位内衬为钢制结构,具有耐静压及抗冲击性能,鞋底具备防穿刺功能,最大可承受1100N的穿刺力,可保护脚掌免受尖锐物的刺伤。在焊接作业时,还必须穿戴焊接护脚(图2-16),以防止焊接飞溅物的烫伤。

图2-15　安全鞋　　图2-16　焊接护脚

(二)作业场地安全防护

在维修作业中,除个人佩戴安全护具外,还要顾及车辆、设施设备及工作环境的安全。

1. 车辆的防护

1) 蓄电池连接桩头拆卸

车辆在进行焊接作业时必须断开车辆电器系统与蓄电池之间的连接电缆（图2-17），并对蓄电池进行有效遮蔽。避免在焊接作业时产生的瞬间大电流损坏车辆电器控制系统。

2) 车辆遮蔽

在焊接、打磨过程中产生的火花、飞溅和光热辐射，会对车辆相关部位和周边区域造成影响，所以必须对受到影响的周边区域及车辆相关部位采取必要的隔离和遮蔽防护措施，如图2-18所示。如对车辆上焊接区域内因焊接热量的影响而容易受损的零部件和总成，例如塑料件、线束、车载控制器等，必须拆除。

图2-17　蓄电池连接桩头拆卸

图2-18　车辆遮蔽

3) 安全气囊防护

安全气囊在爆开时会产生巨大的冲击力，爆开时的速度可高达161km/h，如果意外爆开，则可能会对附近的人造成伤害，如图2-19所示。

图2-19　爆开的安全气囊

为防止意外爆开，在气囊、气囊传感器周围进行维修作业前，将点火开关置于OFF位置，断开蓄电池负极电缆并等待90s。安全气囊配备有备用电源，如果在断开蓄电池负极电缆后90s内开始作业，安全气囊仍有可能爆开。

2. 工作环境的防护

1) 用电安全

(1) 使用电气设备之前，应先进行安全检查、了解电源的电压值，并按使用电器的额定电压选择合适的电源。

(2) 电路应依额定负载选择足够载流量的导线，延长线的使用应考虑用电负荷限制。

(3) 开关装置位置应适当,以便随时可切断线路,保护用电设备。

(4) 不带熔断丝的开关若自动跳闸切断电源,应先检查电气设备或电路故障,检修完毕后才可启动开关再次送电。

(5) 熔断丝的更换应依电路电流容量进行选择,不可以较大容量的熔断丝或铁丝、铜线替代,熔断丝容量过大将失去防止超载的保护作用,过小则会时常熔断,影响正常用电。

(6) 电气设备不可超载运转。

(7) 发现电线或电路绝缘包覆破损时,应迅速修理或更换。

(8) 拔掉电器插头时,应握住插头处,不可握住电线拉。

2) 焊接安全

车辆焊接时产生的飞溅物温度极高,如不慎掉落车内、车辆周围易燃物品上,极易点燃物品引发火灾。在车身焊接作业时,除了使用高密度防火毯做好充分遮蔽外,还需在随手可拿处准备好灭火设备(灭火器、消防沙等),以防出现火情并能及时扑灭。

3) 车间消防安全

(1) 泡沫灭火器(图2-20)。在灭火时,能喷射出大量二氧化碳及泡沫,它们能黏附在可燃物上,使可燃物与空气隔绝,达到灭火的目的。操作时应注意不要将泡沫直接喷在燃烧中的液体上,应让泡沫轻轻落在火焰上。

(2) 二氧化碳(干冰)灭火器(图2-21)。在灭火时,二氧化碳气体可以包围在燃烧物体的表面,降低可燃物周围或防护空间内的氧浓度,产生窒息作用而灭火。另外,二氧化碳从储存容器中喷出时,会由液体迅速气化成气体,而从周围吸收部分热量,起到冷却的作用。操作时应注意尽可能接近火焰喷洒,先喷其边缘,再渐渐向前向上喷洒。

图2-20　泡沫灭火器　　图2-21　二氧化碳灭火器

(3)干粉灭火器(图2-22)。其内充装的是磷酸铵盐干粉灭火剂,灭火时靠干粉中的无机盐的挥发性分解物,与燃烧过程中燃料所产生的自由基或活性基团发生化学抑制和负催化作用,使燃烧的链反应中断而灭火。另外,干粉的粉末落在可燃物表面外,会发生化学反应,并在高温作用下形成一层玻璃状覆盖层,从而隔绝氧,进而窒息灭火。操作时应注意要直接喷洒于火焰根部,再将干粉喷洒在燃烧中的物料上。如扑救油类火灾时,不要使干粉气流直接冲击油渍,以免溅起油面使火势蔓延。

(4)消防沙箱,如图2-23所示。消防沙成分为建筑所用的干燥黄沙,主要用于扑灭油制品、易燃化学品之类的火灾。

(5)如图2-24所示,室内消防栓是一种固定式消防设施,主要起到控制可燃物、隔绝助燃物、消除着火源的作用。

图2-22　干粉灭火器　　　图2-23　消防沙箱　　　图2-24　消火栓

3. 车身维修车间5S管理

标准化的5S管理可保持安全、清洁的作业环境,为维修人员提供支持,从而顺利、有效地完成工作。

1)整理(SEIRI)

区别车间内要用与不要用的配件,把不要用的配件及时清理。从而改善作业环境和增加作业面积,使现场无杂物,行道通畅,提高工作效率。

2)整顿(SEITON)

把需要的配件及工具依规定定位摆放、整齐有序,明确标示。不浪费寻找配件及工具时间,提高工作效率,保障生产安全。

3)清扫(SEISO)

清除车间内场地、设备的脏污、清除作业区域的废旧件,保持现场干净、明亮。对设备的清扫,着眼于对设备的维护,清扫也是维护,同时与设备的点检结合起来,清扫即点检。

4）清洁（SEIKETSU）

将整理、整顿、清扫的做法制度化、规范化，维持其成果。认真维护并坚持整理、整顿、清扫的效果，使其保持最佳状态。通过对整理、整顿、清扫活动的坚持与深入，从而消除发生安全事故的根源。创造一个良好的工作环境，使职工愉快地工作。

5）素养（SHITSUKE）

人人按章操作、依规行事，养成良好的习惯，使每个人都成为有教养的人。从而提升"人的品质"，培养对任何工作都讲究、认真的人。努力提高自身修养，使自己养成良好的工作、生活习惯，让自己能通过实践5S获得境界的提升，与企业共同进步，是5S管理的核心。

（三）环境保护

在进行焊接作业、加热去除车身密封胶等高温作业过程中，会产生大量的有毒气体，切割打磨板件会产生大量粉尘，这些有毒气体和粉尘不仅会对人体造成伤害，还会污染周围环境。因此，车身维修车间应按要求配备使用集尘、集烟设备。

1. 集尘设备

集尘设备大多配置于打磨工作区，主要功能为，通过集尘设备收集维修工作中无可避免产生的粉尘；有移动分离式（防爆集尘器）和中央集尘式两种，如图2-25、图2-26所示。在进行铝合金车身焊接前打磨工作时，应采用防爆集尘设备收集打磨产生的铝粉尘，防止铝粉尘密度过大，产生的爆炸危险和对空气的污染。

图2-25　防爆集尘器　　图2-26　中央集尘器

吸尘设备操作方法如下：

1）中央集尘设备操作

开启：接通电源气源；打开集成设备控制开关；到各工位查看管道是否吸尘；将集尘管道拉动到打磨工件上方。

关闭：收起集尘管道；关闭集成设备控制开关；关闭电源、气源。

2）移动式集尘设备操作

开启：将移动集尘设备移动到维修工位；接通电源，打开电源开关；接通气源；观察运转是否正常；按压打磨头，打磨板件，观察是否有吸尘效果。

关闭：关闭电源开关，断电；关闭气源；按要求放置打磨头；将移动集尘器放置指定位置。

2. 集烟设备

集烟设备主要功能为，通过集烟设备收集维修工作中无法避免产生的烟尘，并经过过滤与转换，成为无毒空气排出；有中央集烟式和移动分离式两种，如图 2-27、图 2-28 所示。集烟设备抽风口距离焊接板件 30cm 距离时效果最佳。集烟设备操作如下：

1）中央集烟设备操作

开启：打开控制主机电源开关等待 30s；打开抽排风控制开关让风机运转；到各工位开启抽排风口挡板，用手感受是否抽风；将抽排风口位置拉动到距离工作台 30cm 的高度。

关闭：关闭抽风口挡板，收起抽风管道；关闭抽排风控制开关；关闭系统控制主机开关，关闭电源。

2）移动式集烟设备操作

开启：将移动集烟设备移动到焊接工作台一侧；接通电源，打开电源开关；观察运转是否正常，开启抽排风口挡板，用手感受是否在抽风；将抽排风管道拉动到距离工作台 30cm 的高度。

关闭：关闭抽风口挡板，收起抽风管道；关闭电源开关，断开电源；将移动式抽排设备放置到指定位置。

图 2-27 中央集烟设备

图 2-28 移动分离式集烟设备

(四) 汽车维修作业人员职业道德

1. 职业和职业道德

1）职业

职业是社会成员对社会所承担的职责和工作，具有一定的社会责任性。在现实生活中,人们习惯于把每个人在社会中所从事的并作为主要生活来源的工作称为职业。职业产生于社会分工,并随着生产力的发展,不断产生新的类别。为了规范从业人员的职业行为,确保职业活动的正常进行,必须建立用于调整职业生活中发生的各种关系的职业道德规范。

2)职业道德

职业道德是所有从业人员在职业活动中应该遵循的行为准则,涵盖了从业人员与服务对象、职业与职工、职业与职业之间的关系。随着现代社会分工的发展和专业化程度的增强,市场竞争日趋激烈,整个社会对从业人员职业观念、职业态度、职业技能、职业纪律和职业作风的要求越来越高。职业道德不仅是从业人员在职业活动中的行为标准和要求,而且也是本行业对社会所承担的道德责任和义务。

2. 汽车维修职业道德及其社会性

1)汽车维修职业道德范畴

汽车维修职业道德范畴反映的是汽车维修职业与其他职业之间、汽车维修与社会之间、汽车维修职业内部职工之间最本质、最重要、最普遍的职业道德关系的概念。认识并掌握这些范畴,对于正确理解和履行汽车维修职业道德,具有重要的指导意义。汽车维修职业道德范畴主要有如下几方面。

(1)汽车维修职业的义务和良心。

①汽车维修职业义务,是指汽车维修从业人员在职业生活中所履行的道德义务。当汽车维修从业人员认识到自己的职业责任,从而产生积极推动汽车维修行业发展进步的使命感和责任感,并落实到修车行为上,在实际工作中自觉自愿地履行职业责任,这就是一种道德行为,就是履行汽车维修职业义务的表现。我国汽车维修职业和汽车维修从业人员应承担和履行的职业道德义务是:热爱汽车维修,确保道路运输车辆技术状况完好,努力发展交通运输业。

②汽车维修职业良心,是同汽车维修职业义务密切相关的重要道德范畴,是蕴藏在汽车维修从业人员内心深处对职业忠实的一种情感,一种意识活动。汽车维修职业良心的实质是从业人员内心强烈的对汽车维修业、对服务对象的道德责任感。它可以激发、鼓励从业人员行为从善,抑制不道德行为。从业人员必须在职业活动中自觉培养职业良心,使职业行为更加符合社会主义道德要求。

(2)汽车维修职业信誉和尊严。

①汽车维修职业信誉。包括汽车维修职业的信用和名誉,它表现为社会对汽车维修职业的信任感和汽车维修职业在社会生活中的声誉。信誉高,会对社会产生强

大的吸引力、凝聚力,增强从业者的职业荣誉感和责任感。汽车维修职业的社会声誉,是汽车维修职业形象的外在反映,是服务对象及社会各界对行业的信誉评价。一定要重视职业信誉在道德建设中的作用,牢固树立汽车维修职业信誉的观念。

②汽车维修职业尊严,是指社会或他人对汽车维修职业的尊重,也指汽车维修从业人员对本职业的尊重和爱护。职业尊严可以使从业人员自我控制和支配职业行为,使自己的一举一动都从维护职业尊严出发,避免发生不利于或有损于职业尊严的行为。维护职业尊严就要忠实地履行职业义务,全心全意地为人民服务。

(3)汽车维修职业责任和情感。

①汽车维修职业责任,是指汽车维修从业人员所承担的社会责任。具体来说,就是对汽车技术状况负责、对托修方负责。从宏观上讲,就是承担着保障道路运输事业发展的重大职责。

②汽车维修职业情感,是指为履行社会责任,而必须具备的对人民高度负责的职业情感。具备了这种情感,才能主动地、自觉地为维修汽车、为托修方服务。汽车维修从业人员在汽车维修业中承担着重要的社会责任,应时时事事关心托修方的利益,以高度的责任感和热爱汽车维修职业的饱满热情,全心全意、保质保量地为托修方提供汽车维修服务。

2) 汽车维修职业道德的社会性

汽车维修职业道德的社会性是由汽车维修职业的特点及客观要求决定的。汽车维修业是我国道路运输业的组成部分,是为道路运输和人们出行服务的。我国道路运输生产活动的社会性质决定了汽车维修职业的利益与社会利益的一致性。汽车维修生产任务的完成状况(生产进度和维修质量)直接影响道路运输的进行,影响到公众的利益和人民生命、国家财产的安全。汽车维修人员从事生产活动过程中,直接或间接地与服务对象(托修方)进行面对面的交往,还经常同社会其他职业(如汽车配件经营行业)发生直接联系,这种特有的工作性质,要求从业者在实践汽车维修职业道德时,必须履行社会公德,自觉将自己置身于社会大环境下严格自律,为生产、流通、消费全方位服务。

我国汽车维修职业的社会责任是:恢复和提高汽车技术状况,保证安全生产,充分发挥汽车的效能和降低运行消耗。

3. 汽车维修从业人员职业道德规范

汽车维修从业人员职业道德规范,是指汽车维修从业人员在汽车维修工作中必须遵循的职业道德准则和行为规范。主要包括:爱岗敬业、诚实守信、办事公道、奉献社会等四大方面。

1）爱岗敬业

爱岗敬业是为人民服务思想和集体主义精神的具体体现，是社会主义职业道德基本规范的基础。爱岗敬业是衡量一个从业人员是否合格、是否优秀的重要标准。

热爱汽车维修工作，是汽车维修从业人员职业道德规范的首要内容。它反映了汽车维修从业人员对职业价值的正确认识和对所从事职业的真挚感情。爱岗敬业对于汽车维修从业人员的具体要求是：严守岗位、尽心尽责、注重务实、服务行业。兢兢业业地干好本职工作，在汽车维修岗位上发扬忘我的工作精神，做到认真履行岗位职责，精通专业知识熟练掌握专业技能。同时，争取全面发展，不断学习增长知识，增长才干，努力成为多面手，积极为汽车维修行业发展、为整个道路运输业发展服务，从而达到为人民服务的最终目的。

2）诚实守信

汽车维修从业人员要明确：在从事汽车维修工作时，既代表个人，又代表了企业，甚至代表了整个行业的形象。诚实守信对于汽车维修从业人员的具体要求：一是严格执行国家、地方及行业相关汽车维修的法律、规章、标准和规范，维护国家和行业利益，对国家、行业做到诚实守信；二是重质量、重服务、重信誉，在企业管理、生产过程中建立和实施汽车维修质量保证体系，执行安全操作规程，按工艺规范正确完成维修作业项目，维护企业利益，对企业做到诚实守信；三是诚实劳动、合法经营，正确执行汽车维修工时定额和收费标准，不使用假冒伪劣汽车配件，维护托修方的利益，对消费者做到诚实守信。

3）办事公道

办事公道对汽车维修从业人员的具体要求：一是依法办事，严格按照汽车维修各项工艺技术标准，进行汽车维修作业，自觉维护各项技术工艺标准的严肃性，保证汽车维修质量；二是裁量公正，汽车维修质量检验、车辆技术评估的结论要力求公正、准确、合理、适当，维护消费者的合法权益，维护企业的声誉；三是尽职尽责，敢于管理、敢于负责任、敢于承担风险，把严格管理建立在热爱本职工作的基础上，不怕困难，不回避矛盾，坚持原则，任劳任怨以对党和国家、对行业、对人民高度负责的精神，恪尽职守，保证汽车维修质量和服务水平。

4）奉献社会

奉献社会对于汽车维修从业人员的具体要求是：以本业为荣，以本职为乐，积极为汽车维修行业发展奉献出自己的力量，不能只讲索取，不讲奉献。在汽车维修服务工作中,不计名利、勇于吃苦、任劳任怨,用"毫不利己、专门利人"的精神,最大限度地满足服务对象的需求,在奉献中充分体现自己的人生价值。

二、任务实施

(一)准备工作

(1)设备及工具:防爆集尘设备、集烟设备、灭火器、防火毯。

(2)防护用品:工作服、工作帽、安全鞋、耳塞、耳罩、防尘口罩、焊接口罩、透明护目镜、气焊护目镜、全尺寸透明面罩、自动变光焊帽、短皮手套、棉纱手套、耐溶剂手套、焊接防护服、焊接袖套、焊接手套、焊接护腿。

(3)场地配套:焊接工作台、工作桌、照明系统、220V和380V电源、抽排系统、灭火器、5S相关工具。

(二)技术要求与注意事项

(1)遵守安全文明生产操作规程及实训场地规章制度,服从教师安排。

(2)认真观察教师操作示范,并做好记录。

(3)按顺序规范操作吸尘设备和集烟设备。

(4)灭火器检查时确保压力正常,指针在绿色区域,存在异常的灭火器记录及时处理。

(5)不同作业项目操作注意事项及安全防护用品选用见表2-1。

车身维修连接作业安全防护须知　　　　表2-1

作业项目	防护用品	注意事项	备注
板件分离	防尘口罩、耳塞、护目镜或全尺寸防护面罩、棉纱手套、皮手套	使用高速旋转工具时使用皮手套	全程穿戴工作服、工作帽及安全鞋
气体保护焊	焊接口罩、焊接变光焊帽、工作帽、焊接围裙、焊接手套、护腿	开启集烟设备,距离工件30cm	
电阻点焊	焊接围裙、焊接手套、透明面罩、防尘口罩	禁止佩戴金属饰品	
气焊	焊接围裙、焊接手套、气焊墨镜、防尘口罩	做好防火措施	

续上表

作业项目	防护用品	注意事项	备注
电弧焊	焊接口罩、电焊面罩、工作帽、焊接围裙、焊接手套、焊接护腿	开启集烟设备，距离工件30cm	全程穿戴工作服、工作帽及安全鞋
胶粘铆接	口罩、护目镜、耐溶剂手套、棉纱手套	提前准备冲洗装置	

(三) 操作步骤

(1) 教师示范操作，按板件分离、气体保护焊接、电阻点焊、气焊、电弧焊、胶粘铆接、集尘设备、集烟设备及灭火器顺序依次进行。

(2) 观察教师操作过程，观察并记录不同作业项目所做的个人安全防护，集尘设备、集烟设备及灭火器的检查和使用方法。

(3) 每个小组按照记录，根据不同作业项目，每人穿戴一次防护用品。

(4) 在教师指导下分组操作中央集尘设备和移动式集尘设备，每个小组操作1次。

(5) 在教师指导下分组操作中央集烟设备和移动式集烟设备，每个小组操作1次。

(6) 观看教师讲解演示灭火器的选择，检查和使用方法，记录步骤。每个小组选1人讲解示范。

(7) 5S管理。按照安全文明生产操作规程的要求将工位进行复位，关闭电、气及相关设备，对场地环境进行清扫清洁，填写工位使用记录表。

三、学习拓展

在车身维修工作中，供气式面罩对呼吸系统防护效果最好，能对个人呼吸系统有较好的保护，如图2-29所示。使用时，操作者必须确保压缩机供应的空气不含有害气体、蒸汽和微粒，禁止使用氧气或含氧量高的空气。为了把压缩机中带来的污染物从呼吸空气中去除，必须在活性炭吸附器和腰带装置之间或在安装在墙面上的活性炭吸附器和空气供应网之间安装一个带压力表的压缩空气过滤器。使用一条带快速安全连接器的压缩空气供应软管把压缩空气供应系统与上述腰带装置连接起来，如图2-30所示。

 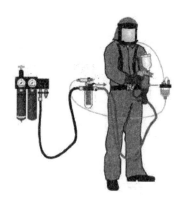

图 2-29 供气式面罩　　图 2-30 供气式面罩及连接装置

1. 供气式面罩组成部件

供气式呼吸面罩配有可连续变化的空气供应控制器、可以打开的护面镜、可更换的护面镜金属薄片、防静电头发和脖子保护罩、可更换的头盔插入件和头盔内衬、备用护面镜金属薄片、带过滤器滤芯和控制阀的可调节腰带、活性炭过滤器、气流量体积指示器、快速连接器，用于连接呼吸面罩的进气和出气，以及送至喷枪的出气环路。

2. 空气清洁装置的操作方法

活性炭滤芯的使用寿命和呼吸空气的质量，取决于提供的压缩空气的预清洁程度。

为了达到上述目的，必须安装带冷凝物自动释放装置的压缩空气过滤器。这个装置几乎能滤除压缩空气中的所有水分和灰尘微粒。当安装在压缩空气过滤器上的两个压力表的读数差超过 1bar 时（ 1bar = 10^5Pa）（使用时间一年时），就必须更换精细过滤器的滤芯了。

如果指示条颜色变成蓝色，就可以判断出活性炭过滤器已饱和。当滤芯饱和后，只需摘下防护帽，拧下透明的塑料圆顶帽，换上一个新滤芯即可。

3. 注意事项

空气供应系统压力至少应比调节后的操作压力高 1bar。当压缩空气工具与腰带装置和活性炭吸附器配套使用时，应将操作压力提高到能提供规定的气流量的程度（空气清洁装置的压力指示在绿色区域范围内）。

压缩空气软管呼吸面罩采用呼吸面罩头盔（护面罩关闭）保护呼吸系统，不得在有毒的环境中使用，有毒的环境中会造成缺氧或超过最大工作场所浓度值。

呼吸面罩头盔由正确剪切的金属薄片制成。安装金属薄片时,必须确保它紧贴护面镜的内部密封边缘。在每次使用前,整个装置都应进行性能及泄漏测试。

四、评价与反馈

(一) 自我评价

(1) 通过本项目的学习,你是否已经知道以下问题:

① 在车身连接、分离作业时存在哪些安全隐患?应该做好哪些防护措施?

② 在分离车身连接的金属板件时,需要做好哪些防护措施?

③ 对车身板件进行焊接作业时,应该做好哪些防护措施?

④ 对车身板件进行胶粘铆接作业时,应该做好哪些防护措施?

(2) 实训完成情况如何?

(3) 通过本项目的学习,你认为自己的知识和技能还有哪些方面有待进一步提高?

(二) 小组评价

小组评价见表 2-2。

小 组 评 价　　　　　表 2-2

序号	评 价 项 目	评价情况
1	学习态度是否积极主动	
2	是否服从教学安排	
3	是否全勤	
4	是否按照安全和规范的规程操作	

续上表

序号	评价项目	评价情况
5	是否遵守学习、实训场地的规章制度	
6	是否积极主动地与他人合作,探讨问题	
7	是否能保持学习、实训场地的整洁	
8	团结协作情况	

参与评价的同学签名：_____ 日期：_____

(三) 教师评价

_____

_____

签名：_____ 日期：_____

五、技能考核标准

技能考核标准见表2-3。

技能考核标准　　　　　　　　　　表2-3

序号	项目	操作内容	规定分	评分标准	得分
1	车身维修作业项目安全防护措施	板件分离作业安全防护用品选用	10分	正确选用个人安全防护用品,并叙述其作用,选用错误或作用叙述错误,每项扣2分	
2		气体保护焊作业安全防护用品选用	10分	正确选用个人安全防护用品,并叙述其作用,选用错误或作用叙述错误,每项扣2分	
3		电阻点焊作业安全防护用品选用	10分	正确选用个人安全防护用品,并叙述其作用,选用错误或作用叙述错误,每项扣2分	
4		气焊作业安全防护用品选用	10分	正确选用个人安全防护用品,并叙述其作用,选用错误或作用叙述错误,每项扣2分	

续上表

序号	项目	操作内容	规定分	评分标准	得分
5	车身维修作业项目安全防护措施	电弧焊作业安全防护用品选用	10分	正确选用个人安全防护用品,并叙述其作用,选用错误或作用叙述错误,每项扣2分	
6		胶粘铆接作业安全防护措施	10分	正确选用个人安全防护用品,并叙述其作用,选用错误或作用叙述错误,每项扣2分	
7	车间抽排设备使用	集尘设备使用	10分	操作步骤或方法错误每次扣5分,作用叙述错误,扣3分	
8		集烟设备使用	10分	操作步骤或方法错误每次扣5分,作用叙述错误,扣3分	
9	车间消防设备选用	灭火器检查及使用	10分	选用错误扣10分;检查及使用方法描述错误扣5分	
10	5S管理	实训场地5S管理	10分	设备、工具未复位,每项扣2分;未清洁扣5分,清洁不干净每处扣2分,扣完为止	
		总分	100分		

项目三　车身材料

☆ 知识目标

1. 掌握钢材的类型及其特点,掌握不同强度等级钢材在车身上的应用;
2. 掌握铝材的类型及其特点,了解铝制材料在车身上的应用;
3. 了解非金属材料及复合材料的类型、特点及在车身上的应用。

☆ 技能目标

1. 能够在实车及白车身上识别金属材料;
2. 能够在实车及白车身上识别非金属材料及复合材料。

4 课时。

任务描述

小李是一名汽车维修店的钣金技师,今天店里刚刚接到一台捷豹路虎的事故车,现需要他对该车做出一个全面的诊断,给维修经理一份检测报告。捷豹路虎现在全系车型都是全铝车身,小李在做评估和诊断的时候就需要用到铝材料的相关知识。

本项目讲解车身用各种材料的特征及其在车身上的应用。

一、理论知识准备

随着社会经济的不断发展,人们对车辆安全性、舒适性及美观性的需求愈加明显。同时,环境保护的严峻形势及全球能源危机对汽车工业提出新的挑战。车身作为车辆各总成及零部件的载体及被动安全最重要的组成部分,其整体强度、刚度、安全性、美观性、可靠性以及轻量化需求决定了多样化车身材料的应用。尤其是在材料科学快速发展的支撑下,车身材料的种类及形式也愈加多样。

从材料的本质上看,车身材料大致可分为三大类:金属材料、非金属材料和复合材料。其中,金属材料包括:钢材、铸铁等重金属材料和铝、镁、钛等轻金属及其合金材料、泡沫金属材料等。金属材料使用最多,其质量约占车身整体质量的67%以上。非金属材料包括：塑料、纤维、树脂、玻璃、橡胶、非金属泡沫材料等。复合材料包括：玻璃纤维增强塑料、纤维增强金属、纤维增强陶瓷等。结合车身材料使用比例大小，本项目主要介绍钢材、铝材、玻璃、塑料、橡胶及复合材料。

(一) 金属材料

1. 钢材

钢材是钢制车身最主要的车体材料，通常厚度为0.6~2.5mm。钢材与其他材料相比，具备价格便宜、机械加工性优良、可热处理调整等优点。车身制造中所使用的钢材通常以钢板(板材)形式呈现。钢材的分类方法及其类型较多，具体如下：

1) 根据化学组成分类

根据钢材的化学组成成分不同可分为碳素钢、合金钢和铸铁。

(1) 碳素钢。简称碳钢，通常指碳的质量分数小于2.11%的铁碳合金。其具有较好的力学性能和工艺性能，而且冶炼方便、价格低廉，因此是制造各种机器、工程结构、量具和刀具等最主要的材料，在汽车零件制造中也得到广泛的应用。碳素钢分类如下：

①按碳的质量分数(含碳量)，可分为低碳钢($\omega_C \leq 0.25\%$)、中碳钢($0.25\% < \omega_C \leq 0.60\%$)和高碳钢($\omega_C > 0.60\%$)。

②按钢的质量(钢中有害元素硫、磷的含量)，可分为普通碳素钢($\omega_S < 0.055\%$，$\omega_P < 0.045\%$)、优质碳素钢($\omega_S < 0.040\%$，$\omega_P < 0.040\%$)、高级优质碳素钢($\omega_S < 0.030\%$，$\omega_P < 0.035\%$)和特级优质碳素钢($\omega_S < 0.025\%$，$\omega_P < 0.030\%$)。

③按钢的应用不同，可分为碳素结构钢和碳素工具钢，碳素结构钢用于制造汽车零件和工程构件，多为低碳钢和中碳钢。碳素工具钢，用于制造刀具、量具和模具，多为高碳钢。

④按炼钢的脱氧程度不同，可分为镇静钢(完全脱氧)、沸腾钢(不完全脱氧)和半镇静钢(脱氧程度不十分完全)等。

(2) 合金钢。是指在碳素钢的基础上，为了改善钢的某些性能，在冶炼时有目的地加入一些如硅(Si)、锰(Mn)、铬(Cr)、镍(Ni)等合金元素炼成的钢。合金钢在相同的淬火条件下，能获得更深的淬硬层；具有良好的综合力学性能；具有良好的耐磨性、耐蚀性和耐高温性等特殊性能。但合金钢冶炼成本高,价格昂贵,焊接和热处理工艺性也较为复杂。但为保证使用可靠性和安全性,汽车上的重要零件大多采用合金钢制造。合金钢的分类如下:

①按合金钢的应用可分为:合金结构钢、合金工具钢和特殊性能钢。

②按合金元素的含量可分为低合金钢(合金元素总质量分数小于5%)、中合金钢(合金元素总质量分数为5%～10%)和高合金钢(合金元素总质量分数大于10%)。

③按合金元素的种类分类,有锰钢、铬钢、硅锰钢等。

(3) 铸铁。铸铁是碳的质量分数大于2.11%的铁碳合金。是以铁、碳、硅为主要组成元素,且含有比碳钢更多锰、硫、磷等杂质的多元合金。铸铁生产工艺简单、成本低,同时具有良好的铸造性能、可加工性、耐磨性和减振性。特别是由于采用了球化和变质处理,使铸铁的力学性能有了很大提高,在汽车制造业中多应用于汽车发动机的缸体、缸盖、活塞环及变速器的外壳、后桥壳等零件的制造。

2) 根据制造流程分类

车身钢板根据加工制造流程不同可分为热轧钢板和冷轧钢板两类。

(1) 热轧钢板是在800℃以上的高温下轧制成型的,厚度一般为1.6～8mm,用于制造汽车上强度要求较高的零部件,如横梁、车架、加强件等。

(2) 冷轧钢板是由热轧钢板经过酸洗后冷轧变薄,并经过调质处理制成。厚度一般为0.4～1.4mm。冷轧钢的表面质量好,具有良好的可物理性能和工艺性能。大多数整体式钢制车身都采用冷轧钢板制成。主要包括车顶板、发动机舱盖、车门内外板等车身覆盖件。

3) 根据力学性能分类

车身不仅仅是承载结构,需承担汽车自重以及行驶过程中产生的运动载荷。同时,车身也是最重要的被动安全结构,需承担车辆发生碰撞时所产生的各种冲击。因此,在设计时,不同强度等级的材料在车身上的合理布局极其重要。所以,在车身制造中,通常根据力学性能(强度)不同对钢材的进行分类。

随着材料相关学科的不断发展进步,通过力学性能对钢材进行分类的标准也在不断变化,与此同时,不同汽车制造厂,对车身钢材强度等级的界定标准也有所不同,尤其国内与国外的企业存在较大差距。但总体上看,制造厂基本都将车身钢材分为低强钢、高强度钢、较高强度钢、超高强度钢及热成型钢。以某车型为例,其车身钢材类型及力学性能见表3-1。

车身常用钢材类型、编码及力学性能 表 3-1

车身钢板材料组(类型)		屈服强度 σ_s (N/mm²)	抗拉强度 σ_b (N/mm²)	断裂延伸率 A_{80} (%)
LSS	低强钢	140~300	270~420	≥26
HSS	高强度钢	180~480	350~560	≥19
AHSS	较高强度钢	≥300	≥550	≥10
UHSS(冷成型)	超高强度钢	≥600	≥1000	≥5
UHSS(热成型)	热成型超高强度钢	≥1000	≥1400	≥5

4) 钢材在车身上的应用

车身制造所选用的钢材种类较多,比较常见的有低碳钢(LCS)、无间隙原子钢(IF)、高强度无间隙原子钢(HSSIF)、烘烤硬化钢(BH)、碳锰钢(CMn)、各向同性钢(IS)、高强度低合金钢(HSLA)、双相钢(DP)、复相钢(CP)、相变诱导塑性钢(TRIP)、微合金钢(M)、马氏体钢(M)、热冲压用硼钢(Bsteel)、硼合金钢(BOR)等。

各种钢材具有不同的物理性能、化学性能及工艺性能特点。在设计时,应根据车身各区域对强度、刚度、防腐性等需求不同对各种类别、型号的钢材进行选用。车身各区域不同强度等级钢材分布情况如图 3-1 所示。

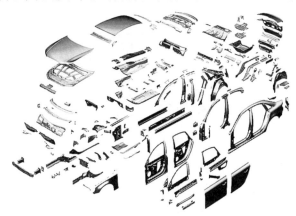

■ 较软深拉延钢板   ■ 较高强度钢板   ■ 热成型(成型淬火)钢板
■ 高强度钢板   ■ 超高强度钢板   ■ 铝质板材

图 3-1 钢制车身不同强度材料分布

(1) 低强钢(Low Strength Steel,LSS):抗拉强度 σ_b 为 270~420N/mm²,低强钢通常为含碳量低于 0.25% 的碳素钢板(低碳钢),强度及硬度较低,工艺性能较好。维修时进行焊接、热收缩及冷加工等操作时对强度影响较小。但低碳钢强度较低,需增加钢板厚度以满足车身结构强度需要,从而导致汽车质量增加,并不利于车身轻量化方向发展。因此,低碳钢在整体式车身上的应用比例不断降低。但从成本控制、加工制造难度及维修的角度上考虑,大部分车身的覆盖件如车门外板、前翼子板、侧围板及车顶板等仍然使用低强钢通过冲压成型方式制造,故此类钢板也称之为深冲钢板或深拉延钢板,如图 3-2 所示。目前低强钢较常用的类型是无间隙原子钢(IF)。

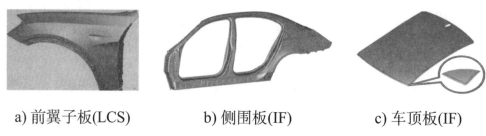

a) 前翼子板(LCS)　　b) 侧围板(IF)　　c) 车顶板(IF)

图 3-2　低强钢(LSS)在车身部件上的应用

(2) 传统高强度钢(Conventional High Strength Steel,CHSS):抗拉强度 σ_b 为 350~560N/mm²,高强度钢泛指强度高于低碳钢的各种类型的钢材,同等强度条件下,高强度钢板的厚度比低碳钢板更薄、质量更小。所以,在满足强度要求的前提下,增加高强度钢板使用比例成为降低车身质量的重要举措。CHSS 钢多用于车身内部板件及部分覆盖件,如 A 柱、B 柱、C 柱内板,地板、行李舱、车门外板等。目前较常用的类型有烘烤硬化钢(BH)、高强度无间隙原子钢(HSS-IF)、各向同性钢(IS)和高强度低合金钢(HSLA),如图 3-3 所示。

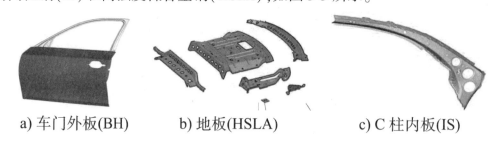

a) 车门外板(BH)　　b) 地板(HSLA)　　c) C 柱内板(IS)

图 3-3　传统高强度钢(CHSS)在车身部件上的应用

(3) 较高强度钢(Advanced High Strength Steel,AHSS):抗拉强度 σ_b 为 550~1380N/mm²,也称之为先进高强钢,不仅具有较高的强度,还具有较好的吸能性,在汽车轻量化和提高安全性方面起着非常重要的作用,在车身制造中,被广泛用于 A

柱/C柱加强件、车顶纵梁、车门槛、车门防撞梁、横梁、纵梁等零部件或结构的制造。目前较常用的有双相钢(DP)、相变诱导塑性钢(TRIP)、马氏体钢(M)、复相钢(CP)、热成型钢(HF)等,如图3-4所示。

a) 车顶纵梁(DP)　b) A柱加强件(TRIP)　c) 车门防撞梁(M)　d) 纵梁(HF)

图3-4　较高强度钢(AHSS)在车身部件上的应用

(4) 超高强度钢(Ultra High Strength Steel, UHSS): 抗拉强度 $\sigma_b \geqslant$ 1000N/mm^2, 是车身钢材中强度最高的。根据其加工特点,还分为冷成型和热成型两类,热成型超高强度钢抗拉强度超过 1300N/mm^2, 也称之为特高强度钢。UHSS钢通常用于制造车身结构件中的核心部分,如地板横梁、车顶横梁、发动机支撑件、纵梁延长件(根部)、B柱加强件等,对于提高车身被动安全具有极其重要的意义。目前较常用的主要有:相变诱导塑性钢(TRIP)、马氏体钢(M)、双相钢(DP)、复相钢(CP)、硼合金钢(BOR)等,如图3-5所示。

a) 地板通道(TRIP)　b) 发动机支撑件(CP)　c) 纵梁延长件(DP)　d) B柱加强件(BOR)

图3-5　超高强度钢(UHSS)在车身部件上的应用

高强度钢受到碰撞时不容易变形,但是一旦变形后,它比低碳钢更难修复到原来的形状。在常规钢板的修理过程中,可以采用加热的方法来释放应力或焊接新的零部件。但高强度钢加热后,内部的金属晶粒会发生改变,其组织结构将会被破坏,强度将急剧下降。因此高强度钢通常不允许使用加热方式修复,或有极其严格的加热修复使用条件限制。否则,会造成板件内部结构的损害,严重影响车身安全。针对高强度钢的维修,对技术人员及维修工艺提出了更高的要求,在维修时应认真阅读车身维修手册并严格按照相关要求进行作业。

5）特殊钢材在车身上的应用

除了满足车身强度及刚度的需要，车身还必须具备足够的防腐性及降噪减振的能力以提高车身的使用寿命及驾乘舒适性。车身制造中还使用了一些特殊性能的钢板，如不锈钢、防锈钢及夹层制振板等。

（1）不锈钢板。是一种碳钢和铬、镍元素制成的合金，碳钢的含铬量约为12%。汽车消声器、排气管、燃油箱、车架都有使用不锈钢制作的。

（2）防锈钢板。是在钢板表面镀一层金属薄层，镀层的形式有镀锌、镀铝和镀锡。镀锌钢板广泛用于车身钢板，而镀铝钢板用于排气管护板，镀锡钢板则用于燃油箱。

（3）夹层制振板。在钢板表面或中间会覆有塑胶，将振动力量转换成热的形式，从而产生抑制效果，降低振动噪声。夹层制振板通常用于下隔板或后舱隔板。

2. 铝材

1）铝合金材料的特点

铝是银白色的轻金属，密度低，属于轻质结构材料。纯铝中加入适量的硅、铜、镁、锰等合金元素制成铝合金，则不仅保持了纯铝密度小、导热性、导电性及抗大气腐蚀性能好的优点，其强度和硬度也得到了改善。铝合金可用于制造质轻、强度要求较高的零件，在汽车上的应用也日趋广泛。不仅可用于制造活塞、汽缸体、汽缸盖等发动机零件，还可用于制造轮毂、离合器壳、转向器壳等底盘零件，在车身制造中，铝制材料的应用也越加广泛，部分中高端车型甚至使用全铝车身。

铝合金材料的特点：

（1）铝合金质轻且柔软。铝的密度为 $2.71g/cm^3$，约为钢密度（$7.87g/cm^3$）的 1/3。

（2）强度好。纯铝的抗拉强度约为 $80N/mm^2$，是低碳钢的 1/5。但经过热处理强化及合金化强化，其强度会大幅增加。

（3）耐蚀性能好。铝合金接触空气时表面会形成一层致密的氧化膜，这层膜能有效防止腐蚀，再对其实施氧化铝膜处理法，就可以全面防止腐蚀。

（4）加工性能好。铁道车辆用型材挤压性能好，可以二次机加工、弯曲加工也较容易。

（5）易于再生。铝的熔点低（660℃），再生简单。在废弃处理时也无公害的，有利于环保，且符合可持续发展战略。

2)工业铝材分类及表示方法

(1)工业铝材分类。

工业铝材根据成分和工艺特点,可分为变形铝合金和铸造铝合金两大类,如图3-6所示。变形铝合金可分为防锈铝、硬铝、超硬铝和锻铝四种,塑性好,变形抗力小,适合通过压力加工成型,常用于各种车身构件的制造。铸造铝合金力学性能不如变形铝合金,但其铸造性能好,可通过铸造生产形状复杂的铸件,简称铸铝。其根据添加元素的不同,常用的铸造铝合金有铝硅合金、铝铜合金、铝镁合金及铝锌合金等,其中以铝硅合金应用最广泛。

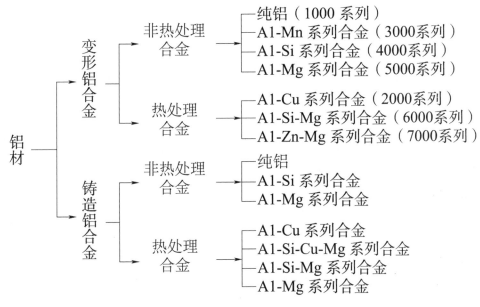

图3-6 铝材分类

(2)工业铝材表示方法。

①变形铝合金。铝制车身通常使用变形铝合金制造,根据《变形铝及铝合金牌号表示方法》(GB/T 16474—2011)规定,铝含量不低于99.00%时为纯铝,其牌号用1×××系列表示,牌号第二位字母表示原始纯铝的改型情况。如果字母为A,则表示为原始纯铝;如果是B~Y的其他字母,则表示为原始纯铝的改型,与原始纯铝相比,其元素含量略有改变。最后两位数字则表示最低铝百分含量。变形铝合金牌号用"2×××~8×××"系列表示,牌号的第一、三、四位为数字,第二位为字母,如果字母是A,则表示原始合金;如果字母是B~Y的其他字母,则表示为原始合金的改型合金,与原始合金相比,其化学成分有所变化。第一位数字使用2~7是依主要合金元素Cu、Mn、Si、Mg、Mg、Si、Zn的排列顺序分别来表示变形铝合金的组别(系列),不同系列的铝合金化学元素组成及其物

理性能、化学性能、工艺性能及使用范围均有较大差异，具体如表 3-2 所示。后两位数字表示同一组别中不同铝合金的序号。例如"2A11"表示以 Cu 为主要合金元素的 11 号"Al-Cu 系列变形铝合金"。

变形铝合金牌号、特性及应用　　　　表 3-2

牌　　号	特性及应用
纯铝 （1000 系列）	纯度为 99% 以上的铝材质材料，导电性佳，但强度弱，用于家庭用品和电气器具等
Al-Cu 系列合金 （2000 系列）	一般称为杜拉铝，此种合金强度像钢一样，但焊接性较差，用于飞机的机身
Al-Mn 系列合金 （3000 系列）	此种合金改善纯铝的强度，用于建材和烹饪用的平锅、壶等
Al-Si 系列合金 （4000 系列）	此种合金因为加入硅，所以抗磨损性佳；因为加入铜、锰或镍，所以耐热性佳，为锻造汽缸活塞所使用的材料
Al-Mg 系列合金 （5000 系列）	在所有非热处理铝合金中，此种合金强度最强，且焊接性及耐腐蚀性都很好，用于建材、船舶和汽车焊接构材
Al-Si-Mg 系列合金 （6000 系列）	此种合金强度强、耐腐蚀性佳且具有抗压性，用于建筑材料中的窗框
Al-Zn-Mg 系列合金 （7000 系列）	此种合金在所有铝合金中强度最强，用于汽车和机车的车架和保险杠加强梁

②铸造铝合金。车轮、发动机部件、底架、减振器支架以及空间框架等结构件常用铸造铝合金制造。铸造铝合金目前仍是车用铝合金的主要形式，但随着车身轻量化的发展，其份额不断下降。2016 年铸造铝合金在汽车中使用的份额较 2012 年下降了 8%。相反，变形铝合金的份额则由 2012 年的 13% 显著增长为 2016 年的 18%。尤其是全铝车身，铸造铝合金的份额更低。根据《铸造铝合金》（GB/T 1173—2013）规定，铸造铝合金牌号由 ZAl + 主要合金元素的元素符号及其名义含量数字组成，如 ZAlSi12 表示为 Si 名义含量 12%，其余为 Al 的铝硅铸造合金。如果合金元素质量分数小于 1%，一般不标数字，必要时可用一位小数表示。

3）铝材在车身制造中的应用

铝制件在汽车上的使用呈现逐年递增的趋势，局部或整体使用铝材的车型越来越多。尤其是随着电动汽车的兴起，使得全铝车身也备受各大汽车厂商青睐，如宝马、奥迪、沃尔沃、路虎、捷豹等，全铝车身如图3-7所示。

a) 捷豹全铝车身　　　　　　　　b) 奥迪全铝车身

图3-7　全铝车身

车身铝材基本均为铝合金，通过增减合金元素的配比和采用适当的热处理工艺等，使其达到所需性能。车身使用的变形铝合金主要包括Al-Mg系（5000系）、Al-Mg-Si系（6000系），以及少量Al-Cg系（2000系）和Al-Zn-Mg系（7000系）。

5000系铝合金屈服点范围为110～160N/mm^2，最大抗拉强度为300N/mm^2。不可热处理强化，成型性能优良，但成型后易出现屈服点延长而表面起皱，影响产品外观质量，因此主要用于内板等形状复杂的部位。如前隔板、轮罩、备胎槽等。铝制前隔板如图3-8所示。6000系铝合金成型时不会产生滑移带，且有较高的抗凹痕性，可塑性好，强度高，表面质量较好，适用于要求强度高的外部件和结构件。如前翼子板、侧围板、车顶板、发动机舱盖、行李舱盖、发动机支架、纵梁外板等。如图3-9a)、b)所示。7000系铝合金强度最高，可用来生产挤压型材，在车身

图3-8　铝制前隔板

强度要求较高的位置使用，如车架、保险杠加强梁、车顶横梁、地板通道及部分加强件等。

车身制造中除了使用大量变形铝合金外，在部分几何形状复杂，难以通过冲压成型，且受力承载较大，对强度要求较高的结构，使用铸造铝合金进行制造。如梁头吸能结构、横梁、各种支座等，在车身制造中，采用铸造铝合金最显著的结构是减振器座，如图3-9c)所示。

　　a) 铝制覆盖件　　　　b) 铝制结构件　　　c) 铸铝件(减振器座)
　　　(发动机舱盖)　　　　　(纵梁外板)

图 3-9　典型铝制车身构件

(二) 非金属材料

非金属材料也广泛应用于车身装饰件、密封件、缓冲件及其他一些特殊用途的部件。车身非金属材料主要包括：玻璃、塑料、橡胶、纤维、树脂、非金属泡沫材料等。

1. 玻璃

玻璃是由石英砂、纯碱、长石、石灰石等为主要原料，并加入某些金属氧化物辅料，在 1550~1600℃ 的高温窑中煅烧至熔融后，经成型、冷却所获得的非金属材料。玻璃通常具有透明、隔音、隔热等特性，并具有良好的化学稳定性。汽车玻璃既要有良好的光学性能，还要有良好的强度、刚度以及较好的耐磨性、耐热性、耐光性和安全性。现代汽车安全玻璃主要有夹层玻璃、钢化玻璃及区域钢化玻璃三大类。

1) 夹层玻璃

内部有一种透明可黏合性的塑料膜贴在两层或三层玻璃之间，将塑料的强韧性和玻璃的坚硬性结合在一起，增加了玻璃的抗破碎能力。

2) 钢化玻璃

将普通玻璃淬火使内部组织形成一定的内应力，从而使玻璃的强度得到加强。在受到冲击破碎时，玻璃会分裂成带钝边的小碎块，不易对乘客造成伤害。

3) 区域钢化玻璃

钢化玻璃经过局部特殊处理，在受到冲击破碎时其玻璃的裂纹仍可以保持一定的清晰度，保证驾驶员的视野区域不受到影响。

目前，汽车玻璃向多功能及智能化发展，应用了多种附带特殊功能的玻璃，如带单面透视、带雨量感应、带热线反射、带调光、带加热除霜、带显示及其他特殊功能的玻璃。

2. 塑料

塑料是以合成树脂为基体,并加入某些添加剂制成的高分子材料。车身塑料件是在一定温度和压力作用下将塑料塑造成各种形状的车身零部件。塑料在汽车上的应用发展很快,从最初的内饰件发展到可替代金属制造的各种机械配件和车身板件。使用塑料替代金属,既可获得汽车轻量化的效果,又可改善汽车的耐磨、防腐、避振、降噪等性能。但塑料也存在诸多不足,包括力学性能较低,耐热性及导热性差,易老化、易燃烧、温度变化时尺寸稳定性差等。塑料按热性能不同,可分为热固性塑料和热塑性塑料两大类。热固性塑料是指经过一次固化后,不再受热软化,只能塑制一次的塑料。这类塑料耐热性好,受压不易变形,但力学性能较差。热塑性塑料是指受热时软化,冷却后又变硬,可反复多次加热塑制的塑料。这类塑料加工成型方便、力学性能较好,但耐热性相对较差、容易变形。

3. 橡胶

橡胶是一种以生胶为主要原料,并添加适量的配合剂制成的高分子材料,有天然橡胶(NR)和合成橡胶两大类。汽车通常使用合成橡胶,如苯乙烯丁二烯橡胶(SBR)、丁腈橡胶(NBR)、氯丁橡胶(CR)等。合成橡胶具备极高的弹性、良好的热可塑性、黏着性、绝缘性、耐寒性、耐蚀性及密封性等特点,被广泛用于汽车零部件制造。如轮胎、车门窗密封条、密封胶圈等。橡胶的缺点是导热性差,硬度和抗拉强度不高,容易老化等。

(三) 复合材料

复合材料是由两种或两种以上性质不同的材料通过人工组合而成的固体材料。它不仅综合了各组成材料的优点,而且还具有单一材料无法达到的优越的综合性能。因此,复合材料在各个领域都得到了广泛应用。复合材料一般由基体相和增强相组成。基体相起形成几何形状和粘接的作用,增强相起提高强度和韧性的作用。

1. 复合材料的分类

复合材料按性能可分为:功能型复合材料和结构型复合材料两种;按基体分类可分为高分子基(PMC)、金属基(MMC)和陶瓷基(CMC)复合材料;按增强相的种类、形状分类,可分为颗粒状、层状和纤维增强复合材料。纤维增强复合材料应用最多,高分子基的纤维增强复合材料通常也称纤维增强塑料(FRP),金属的纤维增强复合材料也称纤维增强金属(FRM),陶瓷基的纤维增强复合材料称纤维增强陶瓷(FRC)。纤维增强复合材料还包括碳纤维增强碳素复合材料(C/C)。在FRP材料中,应用最多的是玻璃纤维增强塑料(GFRP,俗称玻璃钢)。在FRM材料中,有连续纤维增强金属、晶须增强金属和粒子增强金属。在FRC材料中,有碳纤维系FRC、陶瓷纤维系FRC和晶须纤维系FRC,以及属于CMC类的C/C复合材料。

2. 复合材料的性能特点

复合材料的性能优点主要有比强度和比模量高、抗疲劳性能好、耐高温性能好及减振性能好。此外,许多复合材料还有良好的断裂安全性、化学稳定性、减磨性、隔热性以及良好的成型工艺等性能。复合材料也有不足之处,比如伸长率较小,抗冲击性低,横向拉伸和层间抗剪强度较低,尤其是生产成本要比其他工程材料高很多。

3. 复合材料在汽车上的应用

复合材料在汽车上的应用越来越多,车身外板零件如挡泥板、发动机舱盖、车顶盖、保险杠、行李舱盖等,车身内零件如变速器操纵杆、发动机壳、侧门框装饰、风窗窗框等都采用复合材料制成。目前,汽车上常用的复合材料主要有纤维增强复合材料、金属基复合材料、陶瓷基复合材料等。纤维增强复合材料(FRP)由纤维、树脂、填充料三部分组成,其基体是塑料,是汽车轻量化的最重要的材料。常用于制造汽车通风和空调系统元件、空气滤清器壳、仪表板、发动机舱盖、行李舱盖和座椅架等。金属基复合材料(MMC)通常是由低强度、高韧性的金属基体和高强度、高弹性模量的纤维组成的。主要用于制造车顶内外衬、地板、侧门等。陶瓷基复合材料,通过在陶瓷材料中加入颗粒、晶须及纤维等得到,具有高强度、高弹性模量、低密度、耐高温、高的耐磨性和良好的韧性。目前已用于高速切削工具和内燃机部件上。

二、任务实施

(一) 准备工作

白车身一台(图3-10)、解剖车一台(图3-11)、举升机一台、棉纱手套若干、实训工作页(表3-3)。

图 3-10　白车身　　　　图 3-11　解剖车

实 训 工 作 页　　　　　　　　　　　　　　　表 3-3

班级		组员:(姓名及学号)	
组号			
	车身材料	零部件名称	
金属材料	低强钢(LSS)	例:前翼子板	
	高强度钢(HSS)		
	较高强度钢(AHSS)		
	超高强度钢(UHSS,冷成型)		
	超高强度钢(UHSS,热成型)		
	铝合金		
非金属材料	玻璃		
	热固性塑料		
	热塑性塑料		
	橡胶		
复合材料			

(二)技术要求与注意事项

(1)检查白车身及解剖车是否安全固定。

(2)进入实训场地穿戴统一工作服、工作帽、安全鞋,进入车身作业需佩戴棉纱手套。

(3)以小组为单位开展实训(两组)。

(4)举升机由教师统一操作,白车身升降过程中车底不可有人。

(5)观察车身底部时应确保举升机保险销已锁紧。

(三)操作步骤

(1)按照实训工作要求观察白车身车身材料分布情况,并进行记录。

(2)通过举升机将白车身举起,观察底部车身材料分布情况并做记录。

(3)小组交换,检查解剖车车身材料分布情况并做记录,解剖车底部不做检查。

(4)实训完毕,对实训场地进行5S管理。

注:另一组学生顺序相反,先检查解剖车,再检查白车身。

三、学习拓展

镁及镁合金在汽车车身上的应用

镁的密度为 $1.74g/cm^3$,比钢轻 75%,比铝轻 33% 左右。与铝相比,镁具有更高的比强度、延展性和抗冲击性;与钢相比,镁可以提供更好的缓冲阻尼和耐冲击性;与塑料相比,镁具有更高的强度和刚度,以及更好的热稳定性和导热性。镁合金也是最轻的金属结构材料,其密度为 $1.75 \sim 1.90g/cm^3$。镁合金比强度和比刚度高,在相同质量的构件中,选用镁合金可使构件获得更高的刚度。镁合金有很高的阻尼容量和良好的消振性能,它可承受较大的冲击振动负荷,适用于制造承受冲击载荷和振动的零部件。镁合金具有优良的切削加工性和抛光性能,在热态下易于加工成型。但镁及镁合金材料也存在冶炼提取难度大、制造成本相对高、使用成本相对高、售后的维修成本相对高等缺点。

镁合金熔点比铝合金熔点低,压铸成型性能好。镁合金铸件抗拉强度与铝合金铸件相当,一般可达 250MPa,最高可达 600MPa 以上。屈服强度、伸长率和铝合金也相差不大。镁合金还具有良好的耐腐蚀性能、电磁屏蔽性能、防辐射性能,可进行高精度机械加工。镁合金具有良好的压铸成型性能,压铸件壁厚最小可达 0.5mm,适应制造汽车各类压铸件。镁合金零件带给汽车的好处是显而易见的。一是它的质量小,换用镁合金就能减小整车质量,也就间接减少了燃油消耗量。二是它的比强度高于铝合金和钢,比刚度接近铝合金和钢,能够承受一定的负荷。三是它具有良好的铸造性和尺寸稳定性,容易加工,废品率低,从而降低了生产成本。四是它具有良好的阻尼系数,减振量大于铝合金和铸铁,用于壳体可以降低噪声。随着变形镁合金材料和制造工艺的发展,镁合金作为车身结构件的大量使用正在成为可能,而且应用的潜力很大。目前,国外镁合金应用的发展趋势为:向大型零部件发展,如车门、行李舱盖、整体仪表面板支架等;向抗疲劳、耐高温、结构件发展,如发动机、轮毂、悬架支撑臂等;开发应用变形镁合金材料,如轧制板材、挤压型材用于车身等。

应用镁合金的零部件有:内侧车门框、行李舱盖、活动式车顶板等。大型汽车的零部件可以利用连接技术形成复合结构,例如将挤压而成的铝型材与镁压铸件相结合构成车门总成。采用这种复合结构方案,可使镁压铸件的尺寸减小,显著降低设备和模具的制造费用。近年来,镁合金在汽车工业中的应用也越来越广泛。例如,德国大众公司在 A8 型的轿车上用镁合金制造仪表板,并在该型号的单车上使用镁合金达 40kg。奔驰公司将镁合金制造的座椅框架用在其 SEL 型的跑车上。宝马公司的一种双门敞篷跑车车门改用镁制造,与钢结构车门相比,减重 7.5kg。

四、评价与反馈

(一)自我评价

(1)通过本项目的学习,你是否已经知道以下问题:
①汽车车身上用到的材料都有哪些?

_____

②不同材料在汽车车身上的应用情况?

_____

(2)不同强度等级钢材在车身上的分布情况是什么?

_____

(3)实训完成情况如何?

_____

(4)通过本项目的学习,你认为自己的知识和技能还有哪些方面有待进一步提高?

_____

(二)小组评价

小组评价见表 3-4。

小 组 评 价　　　　　　　　　　　　表3-4

序号	评 价 项 目	评 价 情 况
1	学习态度是否积极主动	
2	是否服从教学安排	
3	是否全勤	
4	着装是否符合要求	
5	是否合理规范使用仪器和设备	
6	是否按照安全和规范的规程操作	
7	是否遵守学习、实训场地的规章制度	
8	是否积极主动地和他人合作、探讨问题	
9	是否能保持学习、实训场地整洁	
10	团结协作情况	

参与评价的同学签名：_____　日期：_____

(三) 教师评价

_____

_____

　　　　签名：_____　日期：_____

五、技能考核标准

技能考核标准见表3-5。

技能考核标准　　　　　　　　　　　　表3-5

序号	项　　目	操作内容	规定分	评 分 标 准	得分
1	实训准备	安全防护	6分	穿戴工作服、工作帽、安全鞋、棉纱手套，缺失每项扣2分	
2	车身金属材料识别	找出使用低强钢制造的零部件	12分	正确每项得2分，错误不得分，总计得分不超过规定分	

续上表

序号	项目	操作内容	规定分	评分标准	得分
3	车身金属材料识别	找出使用高强度钢制造的零部件	10分	正确每项得2分,错误不得分,总计得分不超过规定分	
4		找出使用较高强度钢制造的零部件	8分	正确每项得2分,错误不得分,总计得分不超过规定分	
5		找出使用冷成型超高强度钢制造的零部件	8分	正确每项得2分,错误不得分,总计得分不超过规定分	
6		找出使用热成型超高强度钢制造的零部件	18分	正确每项得2分,错误不得分,总计得分不超过规定分	
7		在车身上找出使用铝合金制造的零部件	6分	正确每项得2分,错误不得分,总计得分不超过规定分	
8		找出使用热固性塑料制造的零部件	10分	正确每项得2分,错误不得分,总计得分不超过规定分	
9		找出使用热塑性塑料制造的零部件	2分	正确每项得2分,错误不得分,总计得分不超过规定分	
10		找出使用橡胶制造的橡胶制造的零部件	6分	正确每项得2分,错误不得分,总计得分不超过规定分	

续上表

序号	项目	操作内容	规定分	评分标准	得分
11	车身复合材料识别	找出使用复合材料制造的零部件	6分	正确每项得2分,错误不得分,总计得分不超过规定分	
12	5S管理（5分）	全程5S管理	8分	设备、工具未复位,每项扣1分。场地未清洁扣5分,清洁不干净每处扣1分,扣完为止	
	总分		100分		

项目四 电阻点焊

学习目标

☆ 知识目标

1. 了解电阻点焊焊接原理、工作过程及其特点;
2. 掌握电阻点焊安全操作规范及设备维护要点;
3. 掌握电阻点焊标准工艺流程和质量评价标准。

☆ 技能目标

1. 能够正确调试焊接设备并按照标准要求维护设备;
2. 能够按照标准工艺流程完成电阻点焊操作;
3. 能够按照质量评价标准对焊接成品进行评价;
4. 能够分析检验电阻点焊焊接质量。

建议课时

8课时。

任务描述

一辆帕萨特轿车发生侧面碰撞,导致左侧门槛严重变形需进行更换,按照厂家《车身维修技术手册》要求,该区域维修更换除使用气体保护焊进行缝焊连接外,凸缘区域要求使用电阻点焊连接维修工艺。为此,车身维修技师小陈需学习掌握车身电阻点焊的相关知识和技能。

一、理论知识准备

电阻点焊属于压力焊,故也可称之为电阻加压焊接。汽车车身生产制造领域中,电阻点焊在车身板件连接工艺中应用最广泛。在钢车身制造中,有近90%的车身板件连接采用电阻点焊。近年来,随着对车身维修质量要求的不断提高,恢复原厂车身强度及刚度已成为评价维修质量最重要的指标。在此背景下,应用于车身维修领域的新型电阻点焊机不断被研发,其焊接的可靠性得到显著提升,电阻点焊焊接工艺也在车身维修领域中逐渐普及。本项目主要针对车身维修中所使用的电阻点焊进行介绍。

(一)电阻点焊焊接原理、工作过程及特点

1. 电阻点焊焊接原理

如图4-1所示,电阻点焊应用电流热效应原理,通过焊接变压器将电网输入的高电压小电流转换为低电压大电流输出,并通过焊枪电极夹紧叠加的母材形成电流回路,利用母材本身的电阻 R_3、R_5,电极头与板件间的接触电阻 R_2、R_6,母材与母材之间的接触电阻 R_4 共同产生电阻热。在热量及焊枪持续保持的夹紧力作用下,母材内侧接触部位熔化形成一体,待焊点冷却固化后形成焊核,实现母材间的连接。

注:接触电阻指导体之间所产生的电阻。主要受接触件材料、正压力、表面状态、使用电压和电流等因素影响。

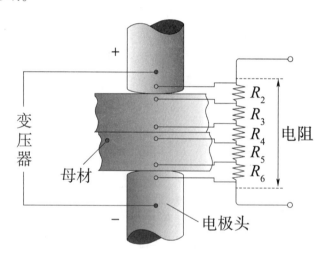

图4-1 电阻点焊原理图

电阻点焊所产生的焊接热量由下式决定:

$$Q = I^2 R t$$

式中:Q——产生的热量,J;
I——焊接电流,A;
R——电极间电阻,Ω;
t——焊接时间,s。

2. 电阻点焊工作过程

电阻点焊工作过程(工作循环)包括:电极趋近阶段、加压及保持阶段、通电焊接阶段、压力保持及固化阶段、释压阶段以及松开阶段,如图4-2所示。

项目四 电阻点焊

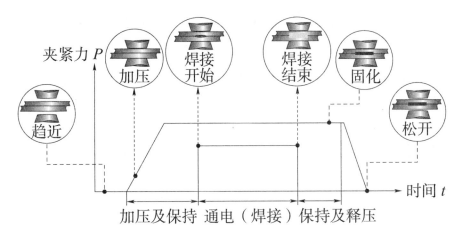

图 4-2　电阻点焊焊接过程示意图

1）电极趋近阶段

按动焊接开关后，焊臂及电极头在气压或液压动力系统作用下，逐步靠近母材。

2）加压及保持阶段

上、下电极头对叠加在一起的待焊母材（板件）逐步施加压力，加压阶段压力大小与时间呈正比例增加关系，压力达到峰值后保持不变。

3）通电焊接阶段

焊接电流通过工件，由电阻热将两工件接触表面加热到熔化温度，并逐渐向四周扩大形成焊核，在此阶段电极头对板件施加的压力保持不变。部分智能焊机在此阶段有两次通电过程，第一次为弱电流信号，用于测试板件电阻值及厚度，该信号反馈至焊机主板，经过自动计算后确定焊接参数，第二次通电为正式焊接。

4）压力保持及固化阶段

当焊核尺寸达到所要求的大小时，焊机自动切断焊接电流，但电极压力仍继续维持一段时间，直至焊核在电极压力作用下冷却结晶形成焊点。

5）释压阶段

焊点形成后，电极与母材间压力逐渐降低直至松开。

6）松开阶段

释压结束后，两电极松开，逐渐远离母材。

3. 电阻点焊特点

1）电阻点焊的优点

（1）焊接效率高，作业速度快，适用于大批量生产；当焊接位置可满足电阻点焊使用时,可以完全取代塞孔焊,省略了打孔、毛刺清除及焊点打磨工作,提高工作效率。

(2)焊接成本低,不需添加其他焊料就可达到良好的连接效果;电阻点焊焊接时无须填料,且不需使用保护气体。所以在正常情况下使用电阻点焊时,除必需的电力消耗外,几乎没有其他消耗,因而使用成本低廉。

(3)焊接热影响区域小,热变形量小;从整体结构来看,由于热量集中,受热范围小,热影响区也很小,未焊接部位不会硬化,所以焊接变形不大,且易于控制。

(4)可恢复原厂车身强度;工艺与原厂制造相同,采用内部热源,冶金过程简单,焊点在压力作用下结晶,化学成分均匀且与母材基本一致,基本能恢复原厂焊接强度。

(5)劳动条件较好,操作难度低;焊接时既不产生有害气体,也没有强光辐射。焊接过程简单,操作容易,易于实现机械化、自动化,劳动强度较低。

2)电阻点焊的缺点

(1)对供电系统要求高、耗电量大、电磁辐射强;焊接瞬间电流可达10000A以上,对电网冲击较大,且可产生较大电磁辐射,对孕妇、婴幼儿等特殊人群有较大伤害。

(2)机器设备体积较大,设备成本高;电阻点焊设备整体比较复杂,除了需要大功率的供电系统外,还需精度高、刚度较大的机械系统,因而设备成本相对较高。

(3)焊接位置及区域受母材的厚度、形状和接头形式限制;车身维修时使用电阻点焊只能在有凸缘或板件重叠(搭接)的部位进行焊接。

(4)检测困难,焊接质量仅靠外观无法判断;电阻点焊是母材重叠面的接合,所以较难从外观判断接合状况,焊接质量需使用工艺试样或焊件的破坏性检验来检查。

4. 安全操作规范

(1)操作全程必须佩戴焊接防护面罩、皮手罩及防飞溅物的工作服。

(2)焊枪电极间夹紧力可达到5000N,焊接操作时严禁触碰电极内侧。

(3)焊接操作过程中禁止佩戴戒指、手表、项链等一切导电的首饰。

(4)做过移植手术,尤其是使用电子器官人员,需距离焊接设备3m以上。

(5)应合理设置警告标签并确保随处可见,禁止无关人员靠近工作区域。

(6)在进行作业前,必须经过专业培训且非常熟悉设备的操作流程。

(7)作业区需保证足够的亮度以及配备紧急断电系统。

(二)电阻点焊设备及维护

1. 电阻点焊设备组成

电阻点焊设备主要由焊机控制器、变压器、可更换电极臂的焊钳、电极、冷却系统、增压系统等部分组成,如图4-3所示。

a) 纳斯达VAS6239A　　b) 卡尔拉得CTR 12000　　c) InvertaSpot GT

图4-3　常见的电阻电焊机

1)焊机控制器

主要功能是完成点焊时的焊接参数输入、点焊程序控制、焊接电流控制及焊接系统故障自诊断。目前,大部分电阻点焊机已经实现了半自动全智能模式,仅需了解焊机的工作原理及掌握面板控制调节,并根据维修手册所给出的相关参数进行调整,便可实现高质量的电阻点焊作业。

2)变压器

主要功能是将220V或380V的高电压转变为2~5V的低电压供电阻点焊使用。小型点焊机变压器一般安装在焊钳上,也可远程安装并通过电缆和焊枪相连。

3)焊钳

焊钳是电阻点焊的执行机构,直接与母材板件接触。按变压器与焊钳的结构关系,可将焊钳分为分离式和一体式两种形式。

(1)分离式焊钳。变压器独立,焊钳上无变压器,从而减小了的焊机输出端

(焊枪)负载。运动速度高,价格便宜。其主要缺点是需要大容量的阻焊变压器,电力损耗较大,能源利用率低。

(2)一体式焊钳。焊钳与变压器安装在一起,共同固定在焊枪末端,其主要优点是节省能量。缺点是焊钳质量增大,要求负载能力变大。

4)电极

点焊时电极主要有三大功能:向工件传导电流、向工件传递压力及传导分散焊接区的部分热量。由于电极的端面直接与高温的工件表面接触,因此要求电极除了具有优良的导电、导热能力外,还应具有承受高温和高压的能力。电极材料多为各种铜合金。电极大小和形状的选择应根据焊接对象材料成分及厚度来选择。

2. 电阻点焊设备维护

为延长设备使用寿命,同时保障焊点质量,使其具备足够的强度,且减小板件变形量,电阻点焊设备需定期及在每次焊接操作前进行维护。具体如下:

1)电阻点焊设备清洁除尘

电阻点焊设备在使用前后,需要对设备进行彻底清洁,并放置指定区域。可使用吹尘枪吹除设备上的灰尘和铁屑,并用干毛巾或擦拭纸擦拭干净,如图4-4所示。此外,每6个月需拆开机箱使用吹尘枪对其内部进行清洁。

图4-4 电阻点焊设备清洁除尘

2)电极头维护

(1)电极头清洁。电阻点焊长时间工作后,电极头会产生变形和磨损,使其接触面积增大,尤其焊接表面带镀层的板件(如镀锌板),电极头表面会黏附焊渣和杂质,若不能及时清洁,将会影响焊接时的导电效果,产生大量飞溅,加速电极头损耗烧蚀,如图4-5a)所示。继续使用,将使焊点出现失圆、焊核偏移、板件变形量增加、焊接强度降低等焊接缺陷,如图4-5b)所示。因此,焊接操作前需对电极头进行清洁维护,以确保电极头保持良好的工作状态。电极头维护通常使用海绵砂纸或普通120~240号砂纸将电极包裹,并呈顺时针旋转,将其表面杂质进行研磨处理即可,砂纸使用顺序按粒度由粗到细,如图4-5c)所示。如果烧蚀严重可用专用锉刀锉削,再使用砂纸研磨,确保电极头与板件接触区域平整、圆润且无深划痕。电极头维护后效果如图4-5d)所示。

 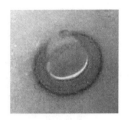  

a) 电极头烧蚀　　b) 焊接缺陷　　c) 电极头研磨　　d) 电极头维护效果

图 4-5　电极头维护

（2）电极头校对。电极头不仅是导电元件，也是施压元件，长期使用后，尤其是在操作不规范、焊枪倾斜不垂直板件进行焊接的情况下，将导致电极臂偏移或变形，使两个电极头不能对准在同一条轴线上，如图 4-6a)、b)所示。如电极头对准误差过大时，将导致焊接加压不充分，电极头严重损坏，焊接变形量增加，焊接强度降低。因此，电阻点焊焊接操作前，必须检查电极头对准情况，如有异常及时调整，如图 4-6c)所示。调整时先拧松电极臂紧固螺栓，再通过前后移动或旋转电极臂使电极头中心区域对准在同一轴线上，若电极臂变形严重，无法通过调整使电极头对准，则需更换电极臂。

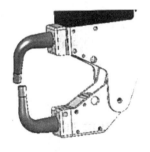 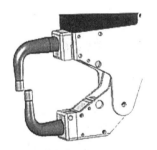 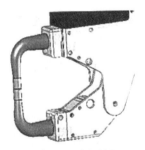

a) 电极臂左右偏移(错误)　　b) 电极臂前后偏移(错误)　　c) 电极臂同轴(正确)

图 4-6　电极校对示意图

3）冷却液检查

电阻点焊机按冷却方式不同有风冷和水冷两种。风冷式电阻点焊因散热不充分，无法提升焊接电流上限，致使焊接电流过小，焊点强度无法满足要求。故风冷式电阻点焊基本已被淘汰，目前车身维修中所使用的基本为水冷式。在焊接前，需对冷却液水位进行检查，水位应处于标准上限值与下限值之间，如图 4-7 所示。此外，应根据场地环境温度按照比例要求添加防冻液，并使用纯净水与之混合，如图 4-8 所示。

图 4-7　冷却液液位检查　　图 4-8　专用冷却液

(三) 影响焊接品质的因素

电阻点焊焊接品质主要受焊接电流、焊接时间及夹紧力三大因素影响。此外,还受电极头、电极臂、母材以及焊点数量、间距及边距、场地环境以及操作者设备使用熟练程度等因素的影响。

1. 焊接电流

焊接电流是电阻点焊最主要的工艺参数之一,对焊接热量输出有最直接的影响。焊接电流大小选用应合适,通常情况与待焊母材厚度成正比,与母材材质也有一定关系。焊接电流过小,则母材熔合不充分,强度不足。随着焊接电流的增加,母材熔化速率增加,焊点尺寸及强度将在一定范围内迅速增加。但当焊接电流超过规定值时,过大的焊接电流则会导致飞溅增加、出现焊接裂纹、焊核厚度变薄、热影响过大等缺陷,反而导致接头强度下降。同时,过大的焊接电流还将引起电极头过热,加速电极磨损。

2. 焊接时间

焊接时间即焊接电流通过焊点的时间。在焊接电流参数固定的情况下,焊接时间过短,则焊接热量过小且焊点融合不充分,焊点强度难以保证。焊接时间越长,焊点热量则越大,母材受热时间也越长,焊点融合时间增加,焊点会变得越大,强度得到提高。但焊接温度在某个时间内将达到饱和而不会再增高。若焊接温度已达到饱和点后还继续通电焊接,焊核将不会继续增大,反而会使母材极度凹陷和热变形,同时易产生气孔缺陷并使焊接飞溅增加。所以,虽然焊接时间与焊接电流在一定范围内可以互补,但为保证焊核尺寸和焊点强度、减小热变形量及控制热影响范围,应在合适的电流基础上,匹配对应的焊接时间。匹配原则取决于金属的性能、强度及焊机的功率。

3. 夹紧力(电极压力)

电极压力对接触电阻有直接影响。随电极压力增加,母材与电极头、母材与母材之间的接触微点数量及面积也逐渐增加,同时接触微点从弹性变形过渡到塑性变形,即接触面积增加,板件变薄,从而使接触电阻降低。此时,焊接电流虽略有增大,但不能补偿由于接触电阻减小而引起的产热减少。为保证焊点强度不变,在增大电极压力的同时,应增大焊接电流或延长焊接时间。此外,焊接母材硬度越高,所需夹紧力越大。电极压力选择应适宜,压力过大时焊接后板件压痕深度较大,如果超过板件厚度的20%,将导致金属强度降低,并可能因电极头的淬火作用导致按压点周围出现裂缝。电极压力过小,则易引起飞溅损伤板件或未熔合等缺陷,同样也会使焊点强度降低。

4. 电极头

电极头的接触面积影响电流密度大小,进而影响焊点尺寸。要求有良好的导电、导热性、强度及硬度。电极头通常以铜为主要材料,另加入如铬、银、铍等合金元素,并根据实际需要制成,如图4-9所示。

图4-9 常用电极头

1)电极头端部直径选择

电极头端部直径与电极头接触面积、焊核大小成正比,焊接母材厚度与焊核大小也成正比。因此,电极头端部直径取决于焊接母材厚度,如图4-10所示。一般定义电极头的直径大小由下式决定:

$$D = 2T + 3$$

式中:D——电极头端部直径,mm;

T——板材的厚度,mm。

2)电极头端部角度选择

电极头端部太尖时,则接触面过小,单位面积压力过大、通过焊点的电流密度增加,易在焊核处产生深凹痕。反之,电极头端部太平,接触面过大,单位面积压力减小、电流密度减小,影响焊接强度。车身焊接所使用的电极头及其标准角度为25°,如图4-11所示。

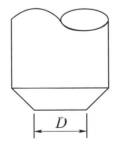   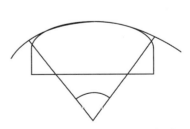

图4-10 电极头端部直径　　图4-11 标准电极头角度

5. 电极臂

电极臂（焊臂）要求有足够的强度和刚度，以及出色的导电性和散热性，通常使用铜或铝合金制造。为尽可能满足车身各位置的焊接，电极臂的长度差异较大，为 40~500mm，如图 4-12 所示。在设置焊机参数时，应充分考虑焊钳类型及电极臂尺寸。

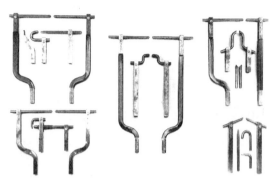

图 4-12　各型电极臂

车身电阻点焊设备所采用的焊钳有 C 形或 X 形两类，如图 4-13 所示。焊接时，两种类型的焊钳均需符合 5000N 的端头压力，当需要配置更长的电极臂时，C 形焊钳输出压力与电极头压力基本不变。但 X 形焊钳则因电极臂加长，传递至电极头的压力也将减小。但使用长度超过 300mm 的电极臂时，X 形焊钳将减小至少 1000N 左右的压力。

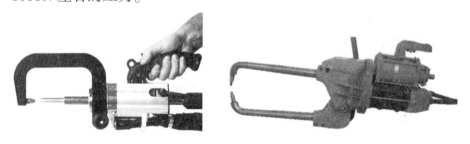

a) C 形焊钳　　　　　　　　b) X 形焊钳

图 4-13　电阻点焊焊钳

6. 母材

1）母材材质

母材的材质决定着材料的物理性能、化学性能等，包括熔点、熔化潜热、导电性、热传导率等性能，决定了熔化母材形成焊点所需的热量。因此，不同材质的母材进行电阻点焊所对应的焊接参数也存在较大差异。如铝的热传导率约为不锈钢的 10 倍,焊接时热量损失要远大于不锈钢。因此,焊接电流选择也要比不锈钢大。

2)表面状态及间隙

母材表面的氧化物、油污和其他杂质以及母材的间隙对接触电阻有较大影响。过厚的氧化层或母材间过大的间隙将使电流不能通过,无法焊接,而存在的局部导通将会使电流密度突然增大,产生飞溅或表面烧损。因此,为了获得优质的焊点,焊接前必须彻底清洁母材正反面,同时确保焊接区域平整,母材之间完全贴合。

3)母材厚度

母材厚度增加,则焊接所需热量也随之增加。母材厚度是选择其他焊接参数最重要的指标,为保证母材焊透,母材厚度与焊接电流及焊接时间成正比关系。

7. 焊点数量、间距及边距

焊接参数不变,则母材整体连接的强度与焊点的数量及间距和边距有直接关系。

1)焊点数量

车身维修所使用的电阻点焊机功率一般小于车身制造领域。因此,车身维修中进行电阻点焊作业时,焊点数量应在制造厂基础上增加30%。

2)焊点间距

焊点间距指相邻两焊点之间的距离。在一定范围内,母材间连接的强度随着焊接间距的减小而增大。但受电流分流现象影响,焊点间距减小到一定程度后则板件的连接强度将不再增大。此时,焊点数量越多,则电流分流越多,单个焊点强度下降越明显。因此,焊点间距大小应给予控制。焊点间距的选择见表4-1。

电流分流现象是指焊接电流流经当前正在形成的焊点的同时也会通过周边已形成的焊点产生分散电流,也称之为无效分流。分流现象会造成焊接电流减小,焊接热量下降,严重的分流现象对焊接强度则有明显影响。引起分流现象的主要原因是焊点间距过短,如图 4-14 所示。此外,固定夹钳过于靠近焊接区域也会引起分流,如图 4-15 所示。

3)焊点边距

焊点边距指焊点到母材边缘的距离。焊点边距过大,则会降低母材边缘连接强度,如果边距过小则会导致母材变形。焊点边距的选择见表4-1。

焊点间距与边距　　　　　　　表4-1

母材厚度（mm）	焊点间距 S(mm)	焊点边距 P(mm)	图例
0.4	$11 \leqslant S < 14$	$5 \leqslant P < 6$	
0.8	$14 \leqslant S < 17$	$5 \leqslant P < 6$	
1.0	$17 \leqslant S < 22$	$6 \leqslant P < 7$	
1.2	$22 \leqslant S < 30$	$7 \leqslant P < 8$	
1.6	$S \geqslant 30$	$P \geqslant 8$	

图4-14 焊点间距过短造成分流　　图4-15 固定夹钳造成分流

8. 场地环境

场地环境包括电网输入电压、工作环境温度、压缩空气压力等。为确保焊接质量,保护焊接设备,电源应符合设备要求,电压波动量应小于焊机额定输入电压值的±10%。工作环境温度应适宜,确保焊接过程中母材、电极头及设备的散热性。压缩空气输入压力应大于6bar。此外,电阻点焊设备不宜长时间在阳光下暴晒,注意防尘及防潮。

(四)电阻点焊质量检测

1. 电阻点焊质量检测

电阻点焊质量检测主要有外观检验、非破坏检验和破坏检验三种。由于车身属于车辆被动安全结构,关系驾乘人员行驶安全性。因此,车身维修需保证同时满足三种电阻点焊质量检测要求。

1)电阻点焊外观检验

通过目测及触感进行判断,具体要求见表4-2。

项目四 电阻点焊

电阻点焊外观目测检验说明　　　　表 4-2

序号	项 目	检 验 说 明
1	焊接位置	焊接位置位于凸缘中心线上,且焊点不超过边缘;2 层板件焊接时错开原焊点施焊,3 层板件焊接时在原焊点位置施焊
2	焊点数量	维修焊点数量≥原厂焊点数的 1.3 倍
3	焊点间距	20~30mm,分布均匀
4	压痕	焊接表面的压痕深度≤板厚的 50%,压痕均匀,板件无明显变形
5	热影响	热影响区域均匀且颜色不发蓝,外圈宽度<3mm
6	裂纹、气孔	无裂纹、气孔
7	飞溅物	棉纱手套划过表面不挂丝

2)电阻点焊非破坏性检测

非破坏测试使用錾子于焊点边缘 7~10mm 的区域,往里錾入至撑开板件,錾子进入深度约为 20mm,如图 4-16 所示。若两块板件厚度相同时,撑开间隙要求达到 4mm,撑开后焊点无脱开则表示焊接合格。若两块板件厚度不相同时,撑开间隙度要求达到 2mm,撑开后焊点无脱开则表示焊接合格。

焊点检测合格以后,使用手工具整形恢复原状,如图 4-17 所示。如果焊点有脱开现象则重新调试焊接,进行补充加固焊接。

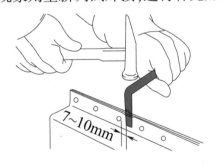 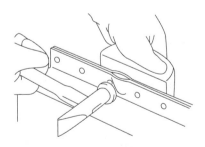

图 4-16　非破坏测试　　　图 4-17　状态恢复

3)电阻点焊破坏性检测

电阻点焊破坏性检测可用以正式焊接前焊点质量检测以便焊接参数调整。可将试焊板一层夹持于台钳上,另一层板件使用大力钳夹住撕裂测试焊点,如

图 4-18 所示。撕裂后其中一块板件上应留有大于焊核直径的孔洞,如图 4-19 所示。车身维修撕裂孔洞直径应大于 4mm,如果没有孔洞或孔洞过小,需要重新调试设备再次焊接检验。

图 4-18　破坏性测试

图 4-19　测试结果合格

(五)电阻点焊应用范围及标准工艺流程

1. 电阻点焊应用范围

整体式车身维修更换覆盖件和结构件时,为了保证维修后焊接板件能够符合原厂质量标准,在前纵梁、A 柱、B 柱、C 柱、车门槛、后侧围、行李舱后围板和车顶的裙边位置处均可采用电阻点焊焊接。但不同车身位置,在空间位置对电阻点焊产生的干涉也不同,故所选用的电极臂也不同。如图 4-20 所示,图中展示了不同车身位置进行电阻点焊所使用的不同类型的电极臂,具体选用可参考使用说明。例如"01/06/415 MX 418901"中 01 表示 X 型电极臂,用于凸缘区域焊接,06 表示特殊电极臂类型,415 表示电极臂长度为 415mm,418901 表示配件编号。前纵梁根部、行李舱地板、轮罩内侧等区域因位置特殊,与电极臂存在干涉,难以实现电阻点焊,这些区域在更换新件时,仍然需要采用气体保护焊塞孔焊进行部件连接。

2. 电阻点焊标准工艺流程

1)焊接前准备工作

(1)清理毛刺:使用打磨工具或手刨砂纸对母材因切割或冲压等前期作业后产生的毛刺进行清理。

(2)母材打磨:使用角磨机、环带打磨机、双动打磨机等打磨工具对母材焊接区域正反两面进行打磨处理,打磨区域距离焊点中心不少于 20mm,打磨至裸金属。

项目四 电阻点焊

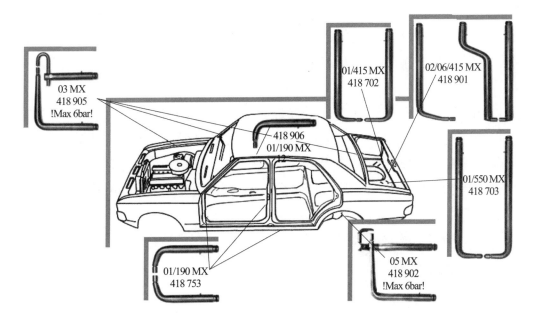

图 4-20 车身板件更换时电阻点焊位置

（3）焊接位置标记：参考表 4-1 所示，根据焊接母材板厚选定焊点边距、间距，使用划针标记焊接中心十字交叉线。车身外板件局部更换时，双层板需错开原厂焊点位置进行焊接，三层板件则需在原厂焊点处焊接。焊点数量应在原厂焊点数量上增加 30%。

（4）母材清洁除油及防腐：使用空气枪对母材进行除尘，之后使用除尘布、清洁剂对母材表面（正反面）进行整体清洁除油处理。清洁剂风干后，在焊接区域内侧贴合面上均匀施涂锌粉底漆，厚薄要求一致，无金属裸露或底漆流挂。

（5）母材拼装：根据技术文件要求使用大力钳等夹具对母材进行拼装，要求拼装各尺寸符合要求，同时焊接区域贴合面平整无间隙，边缘及棱线对齐。

（6）焊接设备检查及调试：按要求对电阻点焊进行焊前维护，连接电阻点焊电源及气源，开机后检查电阻点焊设备工作情况，故障报警灯不亮且工作指示灯应常亮。

2）焊接

（1）焊臂选用：车身结构及连接形式较为复杂，应根据焊接区域选择合适的焊臂，如图 4-21 所示。应结合技术文件要求合理规划焊接顺序，在确保焊接质量的前提下尽可能减少焊臂更换次数。

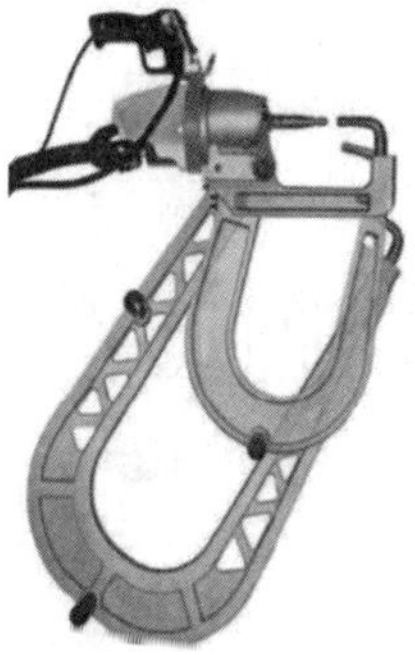

（2）试焊及焊点测试：根据母材特性初步选定焊

图 4-21 焊臂的选用

接参数,选用与母材同性质(材质、板厚相同)的废料进行试焊,通常试焊两个点,两点间距与正式焊接焊点间距一致,首先目测观察焊点外观是否达标,合格后对试焊的第二个点进行破坏性测试,产生直径4mm以上孔洞后方可正式焊接。

(3)正式焊接:电极臂垂直母材板件并对准十字交叉线中心点进行焊接,如图4-22所示。按动焊接开关直至完成一个完整的焊接循环,不可提前松开开关。同一区域焊接时应采用跳焊方式,如图4-23所示。同时,为避免焊核不均匀压痕及焊点周围非正常变形,焊接时夹具应跟随焊点一起移动,确保待焊区域贴合面无缝隙。

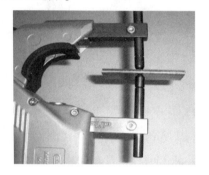 

图4-22 电极头垂直板件焊接　　图4-23 跳焊示意图

3)焊接后处理

为确保电阻点焊维修后连接强度符合要求,需抽样对焊点进行非破坏性测试,具体步骤参照本项目中非破坏性检测部分。检测合格后使用手锤及顶铁整平焊接变形区域、非破坏性检测区域及存在间隙的区域。

(六)电阻点焊焊接缺陷原因分析及防治措施

1. 电阻点焊常见缺陷

在电阻点焊过程中,由于作业人员操作不当、焊接参数选择错误或焊接准备工作不充分,将会导致各种焊接缺陷,从而影响焊接质量。电阻点焊常见缺陷有:未熔透(焊点过小)、压痕过深、气孔、裂纹、穿孔、飞溅等,如图4-24所示。

 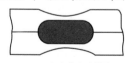 

a) 未熔透　　　　b) 压痕过深　　　　c) 气孔

图 4-24

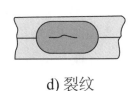  

d) 裂纹　　　　　　　e) 穿孔　　　　　　　f) 焊渣飞溅

图 4-24　电阻点焊常见焊接缺陷

2. 电阻点焊常见缺陷主要原因及防治措施

电阻点焊常见缺陷主要原因及防治措施见表 4-3。

焊接缺陷主要原因及解决对策　　　　　　　　表 4-3

缺陷	产生的主要原因	防治措施
未熔透（焊点过小）	电流不足，压紧力过大，焊接时间过短，电极端部过大	增加焊接电流，减小压紧力，增加焊接时间，研磨或选择合适的电极头
压痕过深	压紧力过大，电流过大，电极头端部太尖	减小压紧力，增加焊接电流，研磨或选择合适的电极头
气孔	压紧力不足、压力保持时间不够	增加压紧力，完成焊接全过程后再松开开关
裂纹	压紧力不足，焊接电流过大，电极头端部太尖，焊点未凝固前卸去电极压力，通电期间电极移动	增加压紧力，减小焊接电流，研磨或选择合适的电极头，完成焊接全过程后再松开开关，焊接过程中保持焊钳稳定
穿孔	电流过大，压紧力过大	减小焊接电流，减小压紧力
焊渣飞溅	电流过大，压紧力不足，母材表面过脏，电极头端部形状不标准	减小焊接电流，增加压紧力，做好母材打磨清洁工作，研磨或选择合适的电极头

除以上焊点自身缺陷外，焊点偏移、焊点周围非正常变形对母材连接的整体

强度也存在较大影响。焊点偏移主要指焊接位置偏移规定位置过多,如图4-25所示。主要原因:未按要求标记焊接位置,焊接操作不熟练。解决措施:严格按技术文件标记焊接位置,加强焊接训练。焊点周围非正常变形主要有焊点扭曲(焊核不均匀压痕)和焊点波痕,如图4-26、图4-27所示。主要原因:电极头端部不规则,上下电极错位,电极头端部在通电时偏移,母材与电极不垂直,焊接前母材间间隙过大。解决措施:焊接前对电极头进行校正对准及研磨修整,提前整平焊接位置并使用夹具夹紧使其贴合,焊接时电极头与母材表面垂直并保持焊钳稳定。

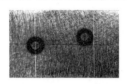
图4-25 焊点偏移

图4-26 焊点扭曲

图4-27 焊点波痕

二、任务实施

(一)准备工作

(1)设备及工具:电阻点焊设备、环带打磨机、双动研磨机、划线针、钢板尺、划规、大力钳、钣金锤、吹尘枪、钢砧、台钳、气管、记号笔。

(2)耗材:防锈底漆(锌粉底漆)、专用清洁剂、除尘布、模拟门槛板A/B板件、试焊片、砂纸打磨带、80号/120号圆盘砂纸、砂带。

(3)防护用品:工作服、工作帽、安全鞋、短皮手套、耳塞、防尘口罩、全尺寸防护面罩、焊接防护服、焊接手套。

(4)场地配套:焊接工作台、焊接工作架、照明系统、压缩空气、220V/380V电源、5S管理相关工具。

(二)技术要求与注意事项

(1)按照安全文明生产操作规程的要求,进行焊接前准备及焊接操作。施焊前必须进行安全隐患排查,任务全程必须严格根据作业项目正确佩戴安全防护用品。

(2)模拟门槛板材料为低碳钢,厚度1.0mm,A板件总长800mm±1mm,B板件总长600mm±1mm,凸缘宽度20mm±0.5mm。

(3)焊接前板件处理:切割A板件,切割直线度误差≤±1mm;凸缘正反面完全打磨,露出金属光泽;焊接区域使用十字交叉线标记,位置误差≤±1mm;板件使用清洁剂整体清洁,A/B板件内侧贴合面喷涂锌粉底漆,底漆全部覆盖且不流挂;A/B板件对齐,凸缘贴合固定,边缘误差≤±1mm,贴合间隙误差≤±0.5mm。

(4)焊接前设备调试及试焊:焊接前设备维护,需对电极头进行研磨;根据板厚选择焊接参数,使用试焊片进行试焊;试焊后破坏测试合格,撕裂孔洞直径≥4mm,不合格需重新选择参数直到破坏测试合格。

(5)焊接:母材夹紧、电极垂直板件,遵循跳焊的原则。

(6)焊接质量检测:焊点位置正确,焊核中心与十字交叉线中心重合,误差<1mm;焊点数量正确;焊点无严重凹陷、无飞溅物残留、无烧穿、焊核压痕均匀,热影响区均匀。A/B板件贴合间隙误差≤±0.5mm;A/B板件边缘对齐,误差≤±1mm;非破坏测试任意2个焊点且符合质量要求。

(7)5S管理:按照安全文明生产操作规程的要求将工位进行复位,关闭电、气及相关设备,对场地环境进行清扫清洁,填写工位使用记录表。

(三)操作步骤

1. 安全防护

穿戴个人安全防护用品,实训全程穿戴工作服、工作帽及安全鞋。同时,根据操作项目不同,按照标准工艺流程选用相应防护用品。

2. A/B板件前处理

(1)焊接位置打磨,使用双动打磨机或环带打磨机打磨A/B板件凸缘部分正反面,如图4-28所示。

(2)使用钢板尺及划针标记焊接位置十字交叉线及切割线,焊接位置端距20mm,边距10mm,间距40mm,数量20个,切割位置距离端头200mm,如图4-29所示。

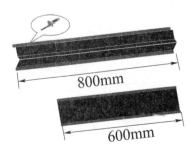

图4-28 板件打磨区域

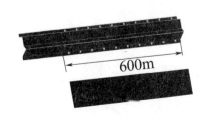

图4-29 切割线及焊点十字交叉线

(3)使用气动锯沿切割线位置进行切割,使用砂带打磨机对切割区域进行修整,使用砂纸清理切割毛刺。

(4)使用除尘布及专用清洁剂对板件整体进行清洁除尘,在 A/B 板件凸缘内侧贴合部分施涂锌粉底漆,如图 4-30 所示。

(5)锌粉底漆风干后,A/B 板件进行组合,对齐边缘后使用大力钳进行固定,大力钳固定时应错开焊接位置,如图 4-31 所示。

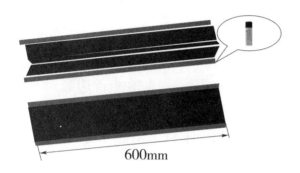

图 4-30　板件间隙调整示意图　　图 4-31　大力钳固定位置

3. 焊接设备检查及调试

(1)参照电阻点焊维护的流程及要求,进行设备除尘及电极头维护。

(2)连接电阻点焊电源及气源,开机后检查电阻点焊设备通电情况,通过设备自检检查压缩空气压力和焊钳状态,指示灯应为绿色,如图 4-32 所示。

(3)设备调试后按要求使用试焊片进行试焊,如图 4-33 所示。试焊后对第二个焊点进行破坏性测试,测试合格后方可进行正式焊接,测试不合格应重新调整参数进行再次试焊及测试,如图 4-34 所示。

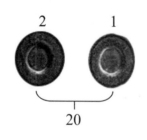
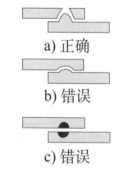

图 4-32　电阻点焊自检　　图 4-33　试焊　　图 4-34　破坏性测试

4. 正式焊接

按照标注位置进行焊接,焊点中心位于十字交叉线中心点上,如图 4-35 所示。焊接时采用跳焊的方式,大力钳跟随焊点一起移动,确保焊接时贴合面无缝隙。

5. 焊后板件处理及评价

使用手锤及手顶铁处理 A/B 板件凸缘间隙;结合"电阻点焊技能考核标准表"进行检查评价。

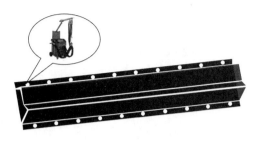

图 4-35 焊接位置

三、学习拓展

(一)压力焊原理

压力焊是指在加热或不加热状态下对组合焊件施加一定压力,使其产生塑性变形或融化,并通过再结晶和扩散等作用,使两个分离表面的原子达到形成金属键而连接的焊接方法。

压力焊是典型的固相焊接方法,固相焊接时必须利用压力使待焊部位的表面在固态下直接紧密接触,并使待焊接部位的温度升高,通过调节温度、压力和时间,使待焊表面充分进行扩散而实现原子间结合。

压力焊的类型很多,常用的电阻焊、摩擦焊、爆炸焊、锻焊、接触焊、气压焊、冷压焊均属于压焊范畴。各种压焊方法的共同特点是在焊接过程中施加压力而不加填充材料。多数压焊方法如扩散焊、高频焊、冷压焊等都没有熔化过程,因而没有像熔焊那样,有益合金元素烧损和有害元素侵入焊缝的问题,从而简化了焊接过程,也改善了焊接安全卫生条件。同时,加热温度比熔焊低、加热时间短,因而热影响区小。许多难以用熔化焊焊接的材料,往往可以用压焊焊成与母材同等强度的优质接头。

(二)压力焊分类

1. 按加热方式分类

1)加热

利用压力焊设备将被焊金属接触部分加热至塑性状态或局部熔化状态,然后施加一定的压力,以使金属原子间相互结合形成牢固的焊接接头,如锻焊、接触焊、摩擦焊、气压焊等就是这种类型的压力焊方法。

2)不加热

仅在被焊金属接触面上施加足够大的压力而不需进行加热,借助于压力所引起的塑性变形,以使原子间相互接近而获得牢固的压挤接头,这种压力焊的方法有冷压焊、爆炸焊等。

2. 按操作方法分类

1）电阻焊

电阻焊是焊件组合后通过电极施加压力，利用电流通过接头的接触面及邻近区域产生的电阻热进行焊接的方法。

2）摩擦焊

摩擦焊是利用焊件表面相互摩擦所产生的热，使端面达到热塑性状态，然后迅速顶锻，完成焊接的一种压焊方法。

3）超声波焊

超声波焊是利用超声波的高频率振荡对焊接接头进行局部加热和表面清理，然后施加压力实现点焊或缝焊的一种方法。

4）扩散焊

扩散焊是让焊件紧密贴合，在真空或保护气体中，在一定温度和压力下保持一段时间，使接触面之间的原子相互扩散而完成焊接的压焊方法。

5）爆炸焊

爆炸焊接也称爆炸复合或固态焊接，它是以炸药作为能源，利用炸药爆炸时产生的冲击波，使两层或多层的同种或异种材料高速水平或倾斜碰撞而接合在一起的方法。

四、评价与反馈

（一）自我评价

(1) 通过本项目的学习，你是否已经知道以下问题：

① 电阻点焊的工作原理和工作过程？

② 电阻点焊设备维护有哪些项目？具体操作方法是什么？

③ 在进行车身电阻点焊时存在哪些安全隐患？如何做好安全防护？

(2) 电阻点焊的工艺流程和注意事项有哪些？

(3)电阻点焊质量检测的方法和具体操作是什么?

(4)实训完成情况如何?

(5)通过本项目的学习,你认为自己的知识和技能还有哪些方面有待进一步提高?

(二)小组评价

小组评价见表4-4。

小组评价　　　　　　　　　表4-4

序号	评价项目	评价情况
1	学习态度是否积极主动	
2	是否服从教学安排	
3	是否全勤	
4	着装是否符合要求	
5	是否合理规范使用仪器和设备	
6	是否按照安全和规范的规程操作	
7	是否遵守学习、实训场地的规章制度	
8	是否积极主动地和他人合作、探讨问题	
9	是否能保持学习、实训场地整洁	
10	团结协作情况	

参与评价的同学签名:_____日期:_____

(三)教师评价

签名:_____日期:_____

五、技能考核标准

技能考核标准见表4-5。

技 能 考 核 标 准　　　　　　表4-5

序号	项　　目	操作内容	规定分	评分标准	得分
1	母材前处理	作业过程安全防护	3分	穿戴工作服、工作帽、安全鞋、手套、护目镜、口罩、耳塞每项缺失、错误扣1分,扣完为止	
		打磨焊接区域	5分	板件正反面完全打磨至裸金属,打磨不充分每30mm为一处,每处扣1分,扣完为止	
		A板切割	4分	切割后总长600mm,切割直线度误差≤1mm,每30mm为一处,每处超标扣1分,扣完为止	
		焊接位置标记划线	4分	标注十字中心,端距20mm±1mm,间距40mm±1mm,边距10mm±1mm,每处超标扣1分,扣完为止	
		板件清洁	4分	A/B板整体清洁,清洁不充分每面扣1分	
		接合面防腐	4分	A/B板接合面内侧喷涂防锈底漆(锌粉漆),喷涂不足或流挂每处扣2分,扣完为止	
		板件组合固定	3分	夹紧力度合适,板件不晃动、边缘对齐,偏差值<0.5mm,每项缺失、错误扣1分,扣完为止	

续上表

序号	项 目	操作内容	规定分	评分标准	得分
2	设备检查及调试	设备维护	3分	电极头上下对正,形状规则,无污渍或损伤。每项缺失、错误扣1分,扣完为止	
		开机检查	2分	未报告或未检查设备工作状态扣2分	
		设备调整	5分	焊钳、焊臂、电极头类型及母材材质、板厚、层数选择正确。每项错误扣1分,扣完为止	
		焊接作业安全防护	3分	工作服、工作帽、安全鞋、焊接手套、全尺寸面罩。每项错误扣1分,扣完为止	
		试焊操作	4分	有试焊操作及破坏性检测,试焊板与母材特性一致。每项缺失、错误扣2分,扣完为止	
3	焊接外观及质量	焊接操作	2分	采用跳焊方式,错误扣2分	
		焊点外观检查	18分	焊核位于十字交叉点,误差≤1mm;焊核直径4mm±1mm;焊点直径7mm±1mm;焊点圆度误差≤1mm。漏焊每点扣4分,超标每处扣1分,扣完为止	
		焊接质量检查	18分	焊点凹陷单面<0.5mm、无飞溅物残留、无烧穿、焊核压痕均匀,焊点扭曲误差≤1mm,非破坏性测试合格(每边一处)。非破坏性测试不合格扣5分,其他每处扣2分,扣完为止	

续上表

序号	项 目	操 作 内 容	规定分	评 分 标 准	得分
3	焊接外观及质量	焊接后焊件整体情况检查	8 分	母材接合部位间隙＜0.5mm；边缘对齐，误差≤1mm；板件整体变形≤1mm。超标每处扣 2 分，扣完为止	
4	5S 管理	5S 管理	10 分	设备、工具未复位，每项扣 1 分。场地未清洁扣 5 分，清洁不干净每处扣 1 分，扣完为止	
	总分		100 分		

项目五 气体保护焊连接工艺

学习任务1 气体保护焊概述

学习目标

☆ **知识目标**

1. 了解常见气体保护焊的类型、特点及其应用；
2. 掌握MIG/MAG气体保护焊工作原理及工作过程；
3. 掌握MIG/MAG气体保护焊设备的组成及维护的流程。

☆ **技能目标**

1. 能够通过气体保护焊主机操作面板对焊接参数进行调节；
2. 能够按照技术标准完成气体保护焊设备的维护。

建议课时

6课时。

任务描述

小李刚参加工作，担任某汽车品牌4S店的车身维修技师，因其焊接水平较高，很快便得到了单位领导和同事的信任。但近期，他发现自己在进行车身焊接维修作业时，焊接电弧总是不稳定，对焊接质量有较大的影响。为解决这个问题，小李需进一步学习气体保护焊设备的维护的相关知识和技能。

一、理论知识准备

气体保护焊是利用气体作为电弧介质并保护电弧和焊接区(熔池)的电弧焊，也称之为气体保护电弧焊。适用于焊接大多数金属和合金，尤其适用于焊接碳钢、低合金钢、不锈钢、耐热合金、铝及铝合金、铜及铜合金和镁合金。针对高强度钢、高强度铝合金、锌含量高的铜合金、铸铁、奥氏体锰钢、钛和钛合金及高熔点金属，使用气体保护焊进行焊接则要求将母材预热及焊后需热处理，需采用特制焊丝及更严格的保护气体控制要求。对低熔点的金属如铅、锡和锌等，不宜采用气体保护焊。表面包覆这类金属的涂层钢板也不适宜采用这类焊接方法。

气体保护焊通常按照电极是否熔化和保护气体不同,分为非熔化极(钨极)惰性气体保护焊(TIG 气体保护焊)和熔化极气体保护焊(GMAW 气体保护焊),熔化极气体保护焊包括惰性气体保护焊(MIG 气体保护焊)、氧化性/活性混合气体保护焊(MAG 气体保护焊)和管状焊丝气体保护焊(FCAW 气体保护焊)三大类。

TIG 气体保护焊又称为惰性气体钨极保护焊。最常用于 0.5~4.0mm 厚不锈钢的手工焊接及自动焊接。TIG 气体保护焊还用于较厚断面根部焊道的焊接,主焊缝采用堆焊。TIG 气体保护焊的热源为直流电弧,工作电压通常为 10~15V,电流可达 300A。通常采用工件作为正极,焊炬中的钨极作为负极的连接方式。TIG 气体保护焊所采用的惰性气体一般为氩气。

MIG 气体保护焊:金属极(熔化极)惰性气体保护焊,MIG 气体保护焊是使用熔化电极,以外加气体作为电弧介质,并保护金属熔滴、焊接熔池和焊接区高温金属的电弧焊方法。该焊接方式采用实心焊丝,使用惰性气体(如 Ar/He)保护电弧区域。

MAG 气体保护焊:金属极(熔化极)活性气体保护焊,MAG 气体保护焊是使用熔化电极,采用活性保护气体作为电弧介质(如 CO_2、Ar 和 CO_2 混合气、Ar 和 CO_2 及 O_2 混合气等),保护金属熔滴、焊接熔池和焊接区高温金属的电弧焊方法。钢制车身焊接常用纯 CO_2 或比例为 82% Ar + 18% CO_2 的混合气作为保护气,因使用混合气进行车身焊接效果优于纯 CO_2,故目前使用前者较多。由于此类混合气体中氩气占的比例较大,故常称为富氩混合气体保护焊。

FCAW 气体保护焊:管状焊丝气体保护焊,即药芯焊丝电弧焊。与其他气体保护焊非常相似,差别在药芯焊丝焊采用的是管状焊丝,其中装有粒状的焊剂,而不是气体保护焊所用的实心焊丝。FCAW 气体保护焊和手工电弧焊一样,焊接后会在焊缝金属上覆盖着一层焊渣。

按操作方式不同,气体保护焊可分为自动焊和半自动焊两类。半自动焊需操作者手动控制焊枪,完成引弧、维持电弧长度、移动电弧和熄弧操作;自动焊则焊接全程全部由机器设备自动完成。汽车制造业中车身接合多采用自动焊,部分接合部位采用半自动焊。在车身焊接维修中则采用半自动焊。

按焊接电源不同,气体保护焊可分为直流焊接和脉冲焊接两类。其中,脉冲电流熔化极气体保护焊是在一定平均电流下,焊接电源的输出电流以一定的频率和幅值变化来控制熔滴有节奏地过渡到熔池,由于脉冲电弧具有较强的熔池搅拌作用,可以改变熔池冶金性能,有利于消除气孔、未熔合等焊接缺陷。

因本教材主要针对车身连接相关工艺,故本项目内容主要介绍 MIG/MAG 气体保护焊。

(一) MIG/MAG 气体保护焊设备

1.气体保护焊设备连接

气体保护焊设备主要由焊接主机、焊接小车、控制面板、电源、气源、送丝机构、焊枪及搭铁等连接组成,如图 5-1 所示。

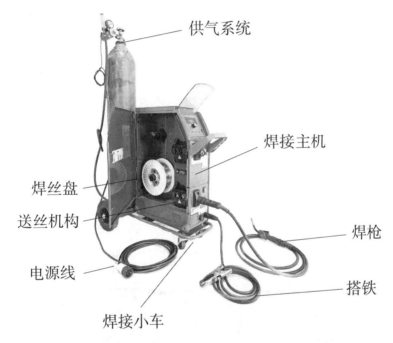

图 5-1 卡尔拉得 AUTO MIG 273i 设备连接图

2.气体保护焊设备基本构成

1)焊接主机

主要由机箱壳体、整流器、逆变变压器、控制变压器、主控板、操作面板、熔断装置及各类传感器构成。焊接主机是焊接设备的核心,对焊接品质的影响至关重要,不同厂商生产的焊机及不同型号的焊机内部组成存在一定差异,外形也有较大差异,如图 5-2 所示。焊接作业者在使用焊接设备之前务必要经过专业培训并认真阅读设备手册,熟悉焊机特性,掌握焊机操作面板各旋钮、按键、显示屏、指示灯等的功用。

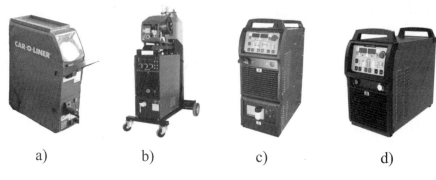

图 5-2　各型焊机

焊接主机操作面板主要有旋钮式和按键式两种,大多数焊机不仅可以调节焊接参数,还可以通过观察操作面板上的显示屏或指示灯实时监测焊机的工作模式或工作状态。图 5-3 所示的焊机还可调节二次参数,包括:提前送气时间、软启动、热启动时间、收弧电流缓降、焊丝回烧量、后置气、远程控制及焊枪控制切换等。此外,还有温度报警显示灯及焊机焊接工作指示灯等。目前,大部分焊机的焊接主要参数调节基本均在焊接主机操作面板上完成。目前,很多焊机还可以通过直接选择焊丝类型及母材的材质和厚度后由焊机自动匹配各焊接参数,操作者再根据试焊的效果进行参数微调。还有部分焊机通过操作者试焊即可由焊机主板控制器自动计算并匹配参数。

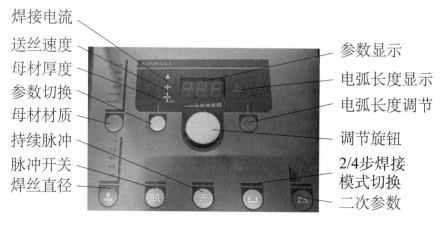

图 5-3　卡尔拉得 AUTO MIG 273i 焊接主机操作面板

2) 焊枪及电缆线

焊枪及电缆线包括焊枪、电源输入线、搭铁线钳及搭铁线。可形成完整的焊接电流回路,提供稳定、安全及可调节的焊接电弧电压。

(1) 焊枪:按使用范围不同可分为半自动焊枪和自动焊枪,自动焊枪的基本结构与半自动焊枪类似,安装在自动焊机的焊接小车或焊接机器人上,不需要手工操作。

按焊丝送给方式不同,焊枪主要可分为推丝式和拉丝式两类,按结构形式不同可分为鹅颈式焊枪和手枪式焊枪两类,如图5-4、图5-5所示。

图5-4　鹅颈式焊枪　　　　图5-5　手枪式焊枪

焊枪按冷却方式不同可分为气冷式和水冷式两种。焊枪采用气冷或水冷取决于焊接电流大小及保护气类型。通常情况,焊接电流在300A以内使用气冷式焊枪;焊接电流大于300A,则使用水冷焊枪。因受车身板材厚度所限,通常焊接电流小于150A,故采用气冷式焊枪。

按接口方式不同,主要可分为欧式接口和日式接口两种。欧式焊枪接口将保护气、焊接电路、控制线路和焊丝集成自一体;日式焊枪接口则将保护气、控制线路和焊接电路三者接口分开,如图5-6、图5-7所示。除此之外,还有米勒式接口、哈伯特式接口及美式接口等。

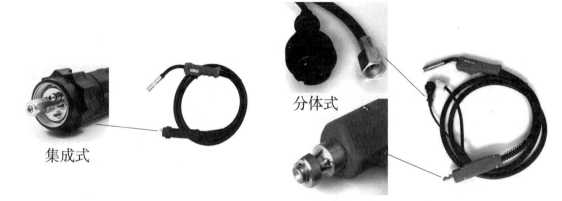

图5-6　欧式焊枪接口　　　　图5-7　日式焊枪接口

①导电嘴:安装于焊枪导电嘴座上,是直接向焊丝传递电流的零件,其内孔与焊丝接触而导电,如图5-8所示。导电嘴也是工作环境最恶劣,最容易耗损的

部件。使用时导电嘴的规格必须与焊丝直径匹配。导电嘴内径应合适,过大则导电性差,过小则送丝阻力增加,均会导致焊接过程不稳定,严重影响焊接质量。目前,常见导电嘴规格有 φ0.6、φ0.8、φ0.9、φ1.0、φ1.2、φ1.6,导电嘴孔径通常比焊丝直径大 0.02mm 左右。导电嘴所使用的材料要求导电性良好、耐磨性好、熔点高,通常选用紫铜 E-CU、铬锆铜 CU-Cr-Zr。

②喷嘴:用于向焊接区域稳定输送保护气体,以防止焊丝端头、电弧和熔池与空气接触。喷嘴形状多为圆柱形,也有圆锥形,多采用紫铜或陶瓷材料制作,如图 5-9 所示。喷嘴内孔直径与焊接电流大小成正比,通常为 12~24mm。

③送丝软管:用于承担焊丝从送丝机构向焊枪输送的任务,其正确选用及质量好坏对焊接稳定性有着极大的影响。目前,送丝软管主要有绝缘层送丝软管、钢送丝软管、特氟隆送丝软管等类型。目前,应用最广泛的是绝缘层送丝软管,由包有一层可防止漏气塑料外皮的绝缘钢丝制成,用于焊丝和冷却气体同轴输送的气冷焊枪中,如图 5-10 所示。

图 5-8　喷嘴　　　　图 5-9　导电嘴　　　　图 5-10　送丝软管

(2)气体保护焊设备所用的电缆线主要有电源输入缆线、焊枪缆线及搭铁缆线。因焊机通常使用 380V 或 220V 输入电压,故电源输入缆线必须有良好的绝缘外层及地线,同时应使用绝缘性能良好的专用插头或防爆插头,如图 5-11 所示。搭铁线为方便夹持工件,在线缆末端设置有导电性良好的夹钳,如图 5-12 所示。气体保护焊所使用的电缆线其铜芯要求一般不低于 $6mm^2$。此外,还应具有良好的抗机械损伤能力,耐油、耐热和耐腐蚀性能,轻便柔软,能较好地弯曲扭转,便于操作。焊接电缆不宜过长或过短,过长则电压降幅增大,过短则影响操作,应在满足操作要求的前提下尽可能短。

图 5-11　电源输入缆线及防爆插头　　　图 5-12　搭铁线缆及夹钳

3)供气系统

供气系统主要由气瓶、减压阀、压力表、流量计、送气软管及加热器组成,如图5-13所示。要求能为焊接提供稳定、纯净干燥的保护气气流,并具备气体流量可根据实际需要进行调节的功能。

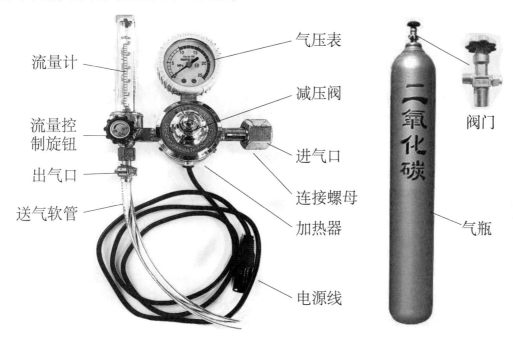

图5-13 气体保护焊供气系统

(1)气瓶:用于储存液态或气态保护气的移动式压力容器。根据相关标准,气体保护焊常用的气瓶为无缝钢制气瓶,公称容积为40L,公称工作压力为15MPa,使用环境温度范围为-20~60℃。

气瓶在安装拆卸及使用时禁止敲击、碰撞,安装时必须确保瓶身紧固。气瓶阀门冻结时,禁止用火烘烤,使用及存储气瓶时不可靠近热源,避免日光暴晒。若气瓶内存储液化CO_2,需注意液态CO_2体积膨胀系数较大,在-5~35℃范围内,满量充装的CO_2气瓶,温度每升高1℃,瓶内气体压力升高314~834kPa。因此,CO_2气瓶严禁超装,其充装系数应为0.6以下,且存储时需测定室温,若温度高于35℃,则需采取降温措施。使用液态保护气时,不宜将其完全用光,最后应保留气瓶充装量的0.5%~1%。

(2)减压阀是将气瓶内的高压气体降为低压气体,并且保持输出气体的压力和流量稳定不变的调节装置。通常,气体保护焊公称容积40L的瓶装保护气减压阀输入压力为15MPa,输出压力为0.15MPa。因此,气瓶压力范围为

0.15～15MPa。

(3)加热器:用于防止液态保护气转化为气态时因吸收大量热量导致温度过低而使空气中的水分凝结冻住减压阀及气表,阻碍保护气体顺畅流出。尤其是使用CO_2作为保护气体时,务必使用气体加热器进行加热。

(4)气压表:用于指示气瓶内压力值,检测气瓶内保护气是否充装过量或余量不足需要更换,如图5-14所示。气压表选用务必与瓶装气体成分对应,不可混用,通常在气压表上会标注适应气体类型。气压表以兆帕(MPa)为单位,饱瓶气体压力略小于15MPa,指针数值位于绿色区域,当气压表指针位于红色区域,则说明充装过量,当指针位于0刻度时则需要更换新气瓶。0刻度下方仍有三分之一小格,用于提示瓶内需保留的残余气体,该部分气体压力略大于0.15MPa。当焊接完毕后,需关闭气瓶阀门并将气表指针归零,避免非操作状态下气表及减压阀内长期残存压力,加剧磨损,甚至导致气压表指针失灵。

(5)流量计(图5-15):用于调节气体保护焊焊接过程中保护气流量,计量单位为升/分(L/min),输入压力(工作压力)为0.15MPa,与减压阀末端压力大小一致。因此,当气瓶压力小于0.15MPa后,流量计将无法正常工作,将影响气体保护作用,从而影响焊接质量。此外,不同类型的流量计对应的气体类型也不同。

 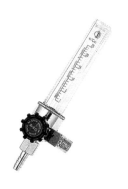

图5-14　气压表　　图5-15　流量计

(6)送气软管:用于连接流量计与焊接主机,稳定地输送保护气。送气软管内径大小应与流量计出气口及焊接主机进气口相匹配,不易形成死褶而影响保护气输送。

4)送丝机构

送丝机构用于按照操作者所设定的参数和焊枪开关控制为焊接持续不断地输送焊丝。主要由送丝电机(含减速装置)、驱动轮(主动轮)、压紧轮(从动轮)、轮轴、导丝杆、导向管、加压手柄、压臂、托架、弹簧帽、焊枪插座等组成。目前，较常见的有单轮送丝机构和双轮送丝机构两种，如图5-16、图5-17所示。送丝机构送丝过程要求均匀稳定，与设定参数相匹配。焊丝与送丝轮在正常焊接过程中不打滑，遇到焊枪导电嘴出丝孔堵塞后送丝阻力过大时两者之间能够打滑，防止焊丝无法从焊枪送出而在送丝导管端头冒出盘绕。送丝轮要根据焊丝材质和焊丝直径进行对应选择，不可混用。

图5-16　单驱动轮送丝机构　　　图5-17　双驱动轮送丝机构

（二）MIG/MAG 气体保护焊工作原理、过程

1. MIG/MAG 气体保护焊工作原理

利用焊丝代替焊条，在焊丝送给过程中与母材产生短路电弧，利用电弧产生的高温熔化焊丝及母材。而焊丝作为一极，其端部不断受热熔化，形成熔滴并脱离焊丝过渡到母材溶池中与母材融合，冷却凝固后形成焊道或焊点，以达到板件接合的目的。

焊接的同时，利用焊枪喷出的保护气隔离空气中的氧分子，保护焊接区域，确保获得优质的焊道或焊点，如图5-18所示。当带正极电的焊丝碰触母材时，即发生短路现象而产生高温，此时高温区域的空气中，氧分子亦瞬间活跃，易与母材发生化学反应，形成氧化物而改变焊道、焊点物理及化学特性或影响焊接持续性，因此需要隔离焊接区域的氧分子，避免熔池未凝固前使氧分子侵入，以保障焊接品质。

气体保护焊熔滴的过渡形式有两种：短路过渡和细颗粒过渡。两种不同过渡形式的适用范围和工艺要求是不相同的。短路过渡形式是采用细焊丝、小电流、低电压焊接时出现的。因为电弧短，液态溶滴还未增大时即与熔池接触形成短路，使电弧熄灭,熔滴脱离焊丝过渡到熔池中去,然后电弧重新引燃,如图 5-19 所示。

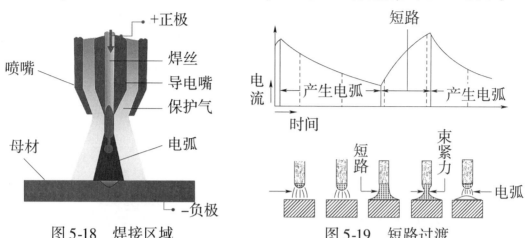

图 5-18 焊接区域　　　　　图 5-19 短路过渡

这种周期性短路与燃弧交替即为短路过渡过程。由于短路过渡母材受热量较少,变形小,熔深较浅,对钣金件整体几何形状影响较小,多用于薄板的焊接。由于汽车车身钣金件焊接多为薄板焊接,故汽车车身焊接多采用此种形式。细颗粒过渡适用于厚板的焊接,指在电弧电压和焊接电流比短路过渡高时,熔滴直径比焊条直径大,呈颗粒过渡。熔滴尺寸取决于表面张力和熔滴重力的大小,这种过渡形式主要借助熔滴自重落入熔池。其焊条熔化速度较慢,熔深浅,焊接过程不稳定,容易产生飞溅,焊缝表面粗糙。

2. MIG/MAG 气体保护焊工作过程

结合图 5-20,MIG/MAG 气体保护焊工作过程为:

(1)按动焊枪控制开关(触点开关),向焊接主机发出焊接信号。

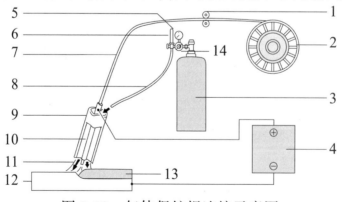

图 5-20 气体保护焊连接示意图

1-送丝轮轴;2-焊丝盘;3-气瓶;4-焊接主机输出电源;5-气压表;6-流量计;7-焊丝;8-送气软管;9-焊枪;10-导电嘴;11-电弧区;12-母材;13-焊道;14-减压阀

(2)供气系统首先开始工作,保护气经过保护气气瓶、减压阀、流量计、送气软管、焊接主机、焊枪等部件后从焊枪喷嘴进行提前送气,保护气(隔离气体)覆盖在即将焊接的母材及焊枪导电嘴周围,对其进行提前保护。

(3)送丝机构开始工作,在电机驱动下带动送丝轮轴(送丝驱动轮与送丝从动轮)旋转,依靠摩擦作用力推动焊丝从焊丝盘、送丝机构向焊枪传送,焊丝经过焊枪中焊丝软管最终从导电嘴中伸出。

(4)焊接主机内部变压器将220V或380V的输入电压转化为10V左右(安全电压)的输出电压,同时增大电流使其可以瞬间熔化焊丝及母材。电流从输出电源正极流出,经过焊枪线缆、导电嘴、焊丝、焊接电弧、母材、搭铁及其线缆后返回电源负极形成回路。焊丝进给过程中,不断在焊接部位与母材经历"短路→燃弧→收缩→脱落→燃弧→……"的过程,利用电弧区域产生的热量进行焊接,焊丝与母材共同熔化形成焊道或焊点,如图5-21所示。

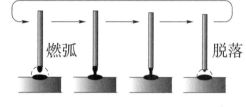

图5-21 焊接过程

(三)MIG/MAG气体保护焊特点

1. 优点

与电渣保护焊方法(如焊条电弧焊、埋弧焊等)相比较,在工艺上、生产率与经济效果等方面有着下列优点:

(1)焊接生产率高:焊丝熔化速度快,焊接速度单位时间内比手工电弧焊快一倍。熔敷率高,可达到90%;电弧强度大,穿透力强,焊接熔深大,可以不开坡口或开小坡口;生产率是焊条电弧焊的1~3倍;焊接能量及焊接变形小。

(2)焊接能耗低:焊接相同厚度的焊件时,熔化单位质量的填充金属所消耗的电能比手弧焊要少,是一种较好的节能焊接方法。

(3)适用范围广:可以进行平焊、立焊、横焊、仰焊等各种位置的焊接,即全位置焊接。从焊接构件的板厚来看,薄板可焊到1mm左右,最厚几乎不受限制(可以采取多层多道焊接)。

(4)焊接成本低:所使用的保护气来源广,价格相对便宜;焊件焊缝坡口尺寸小,熔敷金属少,材料成本低;消耗的电能少,其焊接成本只是埋弧焊和焊条电弧焊的40%~50%。

(5) 焊接电弧可见性良好:熔化极气体保护焊是明弧焊接,焊接过程中电弧可见性良好,容易对准焊缝和控制熔池熔化以及焊缝成型。

(6) 引弧性能好:熔化极气体保护焊能量集中,引弧容易,连续送丝电弧不中断。

(7) 焊接质量好:选择合适的保护气,焊缝抗裂性能好,受热变形量小。

2. 缺点

与焊条电弧焊相比,抗风能力差,设备较复杂。熔化极气体保护焊抗风能力较差,当焊接环境风速超过 2m/s 时,必须采取防风措施。

(四) MIG/MAG 气体保护焊设备基本维护

1. 焊机主机维护

因工作环境中存在大量粉尘,尤其是金属微粒,焊接设备长期使用后会有大量粉尘、金属微粒通过设备外壳缝隙、散热通风口进入焊接主机,覆盖在各电路板、线路接头等位置,易引发短路,故需定期对焊机主机进行清洁除尘。一般以 6 个月为周期,拆开焊机主机外壳,使用吹尘枪对其内部进行清洁除尘,此操作务必断电进行,且压缩空气需干燥。除尘周期也可根据工作环境及焊机使用频率进行调整。

2. 焊枪维护

气体保护焊焊枪使用后,易产生导电嘴磨损、飞溅物覆盖喷嘴、触点开关失灵、送丝软管磨损等现象。因此,应根据实际情况对焊枪进行维护。维护流程如下:

(1) 拧下喷嘴,使用木质刮刀或在螺丝刀上包裹除尘布对喷嘴内部黏附的焊接飞溅物进行清理,禁止使用尖锐工具直接清理喷嘴内部,避免损坏喷嘴内部绝缘涂层。清理完毕后使用吹尘枪吹除焊渣飞溅物。清理流程如图 5-22 所示。

图 5-22 喷嘴飞溅物清理流程

(2) 使用除尘布清理导电嘴及导电嘴接头。若导电嘴烧蚀严重或孔径磨损过大会影响电弧的稳定性,则需要更换导电嘴,如图 5-23 所示。如果焊渣附着于导电嘴的末端,则送丝机构将不能平顺地送丝,甚至堵塞导电嘴送丝孔,须使用平锉刀对附着在导电嘴端部的焊渣进行清理,如图5-24所示。更换导电嘴或清理干净导电嘴后,需使用活动扳手或开口扳手对导电嘴进行紧固,如图5-25所示。避免出现焊接过程中导电嘴松动导致焊接电弧不稳定,影响焊接质量。

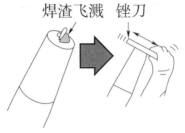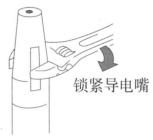

图5-23　送丝孔磨损　　　图5-24　导电嘴焊渣清理　　　图5-25　导电嘴紧固

(3)在导电嘴、导电嘴接头及喷嘴内部喷涂防焊渣剂或均匀涂抹薄薄一层防飞溅抗渣膏,如图5-26所示。禁止在焊接作业时,直接将焊枪枪头在高温状态下直接插入防飞溅抗渣膏,如图5-27所示。

图5-26　常见抗渣膏/剂　　　　图5-27　抗渣膏错误使用示例

(4)每年对送丝软管进行一次清洁,送丝软管中焊丝表面脱落的镀层及污物过多会严重影响送丝的稳定性,使得焊接不能顺利进行,所以送丝软管必须定期清理。清理时先清空焊枪内部焊丝,取下焊枪。然后使用开口扳手或梅花扳手拧下送丝软管安装螺母,抽出送丝软管。抽出送丝软管时勿将送丝软管接头损坏或使其脱落。随后可在干净、平整的平面上将软管逐段摔打(注意不要损坏热塑管),使得软管内的焊丝表面脱落镀层及污物松动,然后用干燥的压缩空气进行清除,如图5-28所示。

注意:焊枪的维护贯穿整个焊接操作过程,需根据实际情况及时清理黏附于喷嘴及导电嘴的飞溅黏附物,避免妨碍到气体对焊缝保护效果,最终影响焊接质量。同时避免焊丝在工作时与飞溅物短路造成导电嘴出丝孔堵塞或喷嘴烧蚀,致使焊枪损坏。

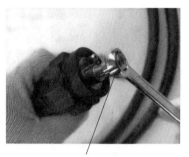

送丝软管接头

送丝软管安装螺母

图 5-28　清洁送丝软管

此外,在焊接作业过程中,经常出现焊丝伸出导电嘴长度过长或焊丝端头出现较大体积焊珠的现象,需要使用斜口钳对焊丝进行修剪,以满足合适的焊丝伸出长度。

3. 送丝机构维护

送丝机构依靠驱动轮(送丝轮)、焊丝和从动轮三者之间产生的摩擦力完成送丝,焊机长期使用后,与送丝轮、从动轮摩擦导致脱落的焊丝表面镀层不断附着在送丝轮槽中,长期积累后附着物过多将引起焊丝推力不足,导致焊接时送丝不均匀,影响焊接最终质量。所以,需定期对送丝机构进行维护。具体流程如下:

(1) 打开主机机箱盖板,拧松送丝驱动轮(送丝轮)固定螺栓,如图 5-29a) 所示。

(2) 松开送丝机构压力调节手柄,抬起压臂,手动顺时针转动焊丝盘,抽出焊丝,之后取下送丝驱动轮(送丝轮),如图 5-29b) 所示。

(3) 使用专用除尘布对齿轮和送丝槽内部进行清洁,如图 5-29c) 所示。

(4) 清洁完毕后安装送丝驱动轮,并确保焊丝位于焊丝槽内,通过压臂使送丝从动轮将焊丝压紧,再推动加压手柄固定压臂,如图 5-29d) 所示。该步骤与更换焊丝时一致。

a) 松开盖板及螺栓　　b) 取下送丝驱动轮　　c) 清洁送丝驱动轮　　d) 安装复位

图 5-29　送丝结构保养流程

4. 气瓶更换

气瓶更换是气体保护焊中最常见的操作,当气瓶内压力低于0.15MP时,则会影响减压阀和流量计正常工作,对焊接质量造成影响。更换公称容积40L的保护气气瓶的具体流程如下:

(1)将焊接小车移动至较平整及开阔位置,以便于操作。将焊接小车车轮锁死,避免气瓶更换时焊接小车移动而发生危险。

(2)检查气瓶内保护气是否完全耗尽。将气瓶阀门拧松至完全开启状态,检查气压表指针是否到0刻度以下,如图5-30a)所示。拧松气瓶阀门时应使用扳手,避免使用大力钳。

(3)拧紧气瓶阀门,使用开口扳手或活动扳手朝逆时针方向拧松气压表安装螺母,取下气压表及空气流量表,如图5-30b)所示。

(4)松开焊接小车上气瓶紧固铁链或尼龙带,采用双手怀抱方式取下气瓶,轻放置在缓冲胶垫上,如图5-30c)、图5-30d)所示。

(5)将新气瓶安装到焊接主机小车,气瓶开口朝向侧面,用铁链固定气瓶瓶身。

(6)安装气压表并拧紧安装螺母,并确保气压表面对正前方。

(7)打开气瓶阀门检查气压表及流量表是否工作正常,同时确保无漏气现象。

a) 检查保护气余量　　b) 拧下气压表　　c) 松开尼龙带　　d) 取下气瓶

图5-30　气瓶更换流程

5. 焊丝更换安装

焊丝用尽或需要选择其他型号焊丝时,需对焊丝进行更换,具体操作流程如下:

(1)取下气罩,使用斜口钳剪断焊丝端头,以便于退丝,如图5-31a)所示。

(2)打主机机箱,安装焊丝部位盖板,拧松送丝机构安全防护盖板(部分送丝机构无此配件),松开送丝机构加压手柄,抬起压臂,如图5-31b)所示。

(3)检查焊丝盘是否还有剩余焊丝,如果有余丝,则可反转焊丝盘将焊丝从焊枪内部抽回,抽回过程中,注意用手捏紧回抽的焊丝,避免焊丝蓬松状弹开。同时,将抽回的焊丝端头插在焊丝盘外缘特定小孔内,并将其折成锐角,如图5-31c)所示。如果已无焊丝,可使用钳子捏紧焊丝端头,直接将焊丝从枪头部位抽出来,抽出焊丝应盘绕成圈,捆扎后再进行处理。

(4)选择合适的焊丝,焊丝规格可参考焊丝盘上的标签。根据焊丝直径及材质不同,更换或调整送丝机构处对应规格型号的送丝轮及更换相应的导电嘴。

(5)将焊丝盘安装到机箱送丝盘轴上,拧紧固定挡块,转动焊丝盘,确保其可以自由转动。大部分焊机焊接时焊丝盘为顺时针旋转,且为由下部向外输送,故安装时避免装反。

(6)抬起送丝机构压臂,从焊丝盘上取下焊丝端头,用手捏紧焊丝,使用斜口钳剪断焊丝前端变形部分,将焊丝插入弹簧帽(SUS导套帽),穿过导向管,从导丝杆穿出进入送丝软管。合上压臂使送丝从动轮将焊丝压紧,推动加压手柄,锁紧送丝轮和从动轮,调节合适的压紧压力。该步骤要求焊丝必须位于对应的送丝轮槽内。将焊枪放平直,按动快速送丝开关,待焊丝伸出枪头即可停止,如图5-31d)所示。

(7)焊机通电,进行试焊,对设备运行情况进行检测,设备可正常使用后安装送丝机构其余附件,盖上主机盖板,完成焊丝更换安装。

a)剪断焊头端头　b)松开送丝机构　c)焊丝端头处理　d)快速送丝

图5-31　焊丝更换流程

二、任务实施

MIG/MAG气体保护焊设备维护

(一)准备工作

(1)设备及工具:MIG/MAG气体保护焊设备、木质刮刀、锉刀、活动扳手、斜口钳、吹尘枪、气瓶推车。

(2)耗材:抗渣膏、除尘布、导电嘴、焊丝、80号/120号砂纸、记号笔、纸胶带。

(3)防护用品:工作服、工作帽、安全鞋、棉纱手套、防尘口罩。

(4)场地配套:压缩空气、抽排系统、220V/380V 电源。

(二)技术要求与注意事项

1. 实训准备及安全防护

规范穿戴个人安全防护用品,送丝机构维护及更换焊丝操作时需断电操作。

2. 焊接设备维护

1)焊接主机内外部无灰尘

使用时应确保焊接主机内外部清洁、无灰尘。

2)焊枪维护

(1)导电嘴无污渍及焊渣飞溅物,无明显锉痕,表面附着抗渣膏薄膜,出丝孔孔径合适,正常紧固在导电嘴座上。

(2)导电嘴座无污渍及焊渣飞溅物,表面附着抗渣膏薄膜。

(3)喷嘴内外侧无污渍及焊渣飞溅物,表面绝缘涂层无损坏且内侧附着抗渣膏薄膜,前端高于导电嘴顶端 2~3mm。

(4)送丝软管无折弯,内部无明显污渍。

(5)焊枪开关触点处无烧蚀及污渍。

3)送丝机构维护

(1)焊丝端头剪切时焊枪朝下,退丝后焊丝端头固定在焊丝盘特定小孔内,焊丝无蓬松状弹开;退丝或快速送丝时焊枪呈水平直线状态。

(2)从动轮和送丝轮表面(含齿轮)及送丝轮槽内部无污渍。

(3)焊丝安装正确。焊丝位于送丝轮槽内,加压手柄压力调节合适,既能保证正常送丝推力,又能在出丝受阻时使焊丝在送丝轮与从动轮之间打滑。

(4)送丝轮槽规格与焊丝规格匹配。

(5)试焊时送丝机构工作正常,送丝速度与焊接主机所调参数匹配。

4)气瓶更换

(1)更换过程中焊接小车锁死无滑移,地面使用胶垫保护,气瓶轻拿轻,放无异常碰撞。

(2)检查气瓶压力时气瓶阀门处于全开状态,气压表指针位于 0 刻度位置。

(3)使用活动扳手或开口扳手(27 号)装卸气压表,气压表安装面向焊接正前方。

(4)铁链或尼龙带完全紧固气瓶。

(5)气压表及流量表工作正常,保护气气源各连接部位无漏气。

5)焊丝更换

(1)焊丝端头剪切时焊枪朝下,退丝后焊丝端头固定在焊丝盘特定小孔内,焊丝无蓬松状弹开;退丝或快速送丝时焊枪呈水平直线状态。

(2)焊丝选择正确,焊丝规格与焊枪、送丝轮、导电嘴匹配。

(3)废焊丝盘绕捆扎处理,尖锐端头向内。

(4)送丝机构正确安装,焊丝依次穿过弹簧帽、送丝轮、导向管、导丝杆、送丝软管、导电嘴。焊丝位于送丝轮槽内,加压手柄压力调节合适,既能保证正常送丝推力,又能在出丝受阻时使焊丝在送丝轮与从动轮之间打滑。

(5)焊丝盘正确安装于送丝机盘轴上,固定挡块紧固,焊丝盘可自由转动,焊丝从焊丝盘下方传输。

(6)焊丝更换过程中断电操作。

(7)试焊时送丝机构工作正常,送丝速度与焊接主机所调参数匹配。

3. 5S管理

按照安全文明生产操作规程的要求将工位进行复位,关闭电、气及相关设备,对场地环境进行清扫清洁,填写工位使用记录表。

(三)操作步骤

(1)穿戴安全防护用品。

(2)独立完成对焊接主机内外部的清洁除尘工作。

(3)独立完成对焊枪的维护工作。

(4)独立完成对送丝机构的维护工作。

(5)独立完成保护气气瓶的更换工作。

(6)独立完成焊丝的更换工作。

(7)完成5S管理。

三、学习拓展

钨极惰性气体保护焊是指使用纯钨或活化钨极作为电极的非熔化极惰性气体保护焊方法,通常又称非熔化极氩弧焊,简称TIG气体保护焊。因熔池保护效果好、电弧燃烧稳定、焊后变形小等优点,在汽车制造,特别是车身及不锈钢、铝合金零部件的焊接和补焊中得到了广泛的应用。

(一)TIG 气体保护焊原理

TIG 气体保护焊利用氩气保护气进行焊接,其工作原理如图 5-32 所示。焊接过程中,从喷嘴中喷出的氩气排开空气,在焊接区造成一个保护区域,在氩气的保护作用下,焊接电弧在钨极(金属钨或其合金棒)与工件之间燃烧,产生高温并熔化填充焊丝及工件,焊丝与工件金属熔合后形成焊缝。

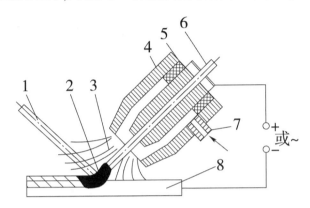

图 5-32 TIG 气体保护焊示意图

1-填充焊丝;2-电弧;3-氩气流;4-喷嘴;5-导电嘴;6-钨极;7-进气管;8-工件

若焊枪移动和填充金属送进均由手工操作,则称为手工氩弧焊。焊枪移动由手工操作,填充金属由机械送进的称为半自动氩弧焊。填充金属的送进给、焊枪与工件的相对运动均由机械完成则称为自动氩弧焊。

(二)TIG 气体保护焊特点及应用

与其他熔化极气体保护焊相比,TIG 气体保护焊的特点及应用范围如下:

1. 优点

(1)熔池保护效果好,焊缝金属质量高。氩气属于惰性气体,不溶于液态熔池,被焊金属及焊丝的元素不容易烧损及氧化,几乎所有的材料都可以焊接。

(2)电弧燃烧稳定,飞溅少,焊后无熔渣。TIG 气体保护焊采用难熔金属纯钨或活性钨制作的电极,在焊接中不熔化。

(3)降低焊接应力,焊后变形小。TIG 气体保护焊热输入集中,焊缝热影响区窄,焊接应力与变形均小于其他焊接方法,适合薄板焊接。

(4)接头组织致密,力学性能较好。

(5)明弧操作,容易观察,操作简单,特别适合全位置焊接。焊接线能量容易调节和控制,可很好地控制熔池大小和尺寸。小电流焊接时,电弧燃烧稳定。

2. 缺点

(1)熔深浅,熔覆速度慢,焊接生产率低。

(2)焊接电流大时,钨极有少量的蒸发,容易进入焊缝熔池,影响焊接质量。

(3)生产成本较其他焊接方法高。

(4)氩弧焊产生的紫外线是焊条电弧焊的 10～30 倍,生成的臭氧对焊工危害较大。

(5)露天或野外作业,需要采取有效的防风措施,以免破坏氩气的保护效果。

3. TIG 气体保护焊的应用范围

TIG 气体保护焊广泛应用飞机制造、石油化工、原子能等领域,适合焊接容易氧化的有色金属及其合金、不锈钢、钛及钛合金及难溶的活性金属(钼、铌、锆)等。以焊接 3mm 以下的薄板为主,对于大厚度的重要构件、压力容器、管道等可用于打底焊缝的焊接。

四、评价与反馈

(一)自我评价

(1)通过本项目的学习,你是否已经知道以下问题:
①常见的气体保护焊有哪些类型?在车身维修中有哪些应用?

②MIG/MAG 气体保护焊原理及特点是什么?

③MIG/MAG 气体保护焊设备有哪些主要组成部分?

(2)MIG/MAG 气体保护焊维护的操作流程是什么?

(3)实训完成情况如何?

(4)通过本任务的学习,你认为自己的知识和技能还有哪些方面有待进一步提高?

_____

_____

(二)小组评价

小组评价见表5-1。

小组评价　　　　　　　　　　　　　　　　　表5-1

序号	评价项目	评价情况
1	学习态度是否积极主动	
2	是否服从教学安排	
3	是否全勤	
4	着装是否符合要求	
5	是否合理规范使用仪器和设备	
6	是否按照安全和规范的规程操作	
7	是否遵守学习、实训场地的规章制度	
8	是否积极主动地和他人合作、探讨问题	
9	是否能保持学习、实训场地整洁	
10	团结协作情况	

参与评价的同学签名:_____ 日期:_____

(三)教师评价

_____

签名:_____ 日期:_____

五、技能考核标准

技能考核标准见表5-2。

技 能 考 核 标 准　　　　　表 5-2

序号	项目	操作内容	规定分	评分标准	得分
1	安全防护	作业全程安全防护	10分	正确穿戴工作服、安全鞋、棉纱手套、防尘口罩；每项缺失、错误扣2分，扣完为止	
2	清洁除尘	焊机内外部清洁除尘	10分	使用吹尘枪及除尘布清洁，每项缺失扣5分，清洁不干净每处扣2分，扣完为止	
3	焊枪维护	焊枪装卸拆解；清洁、涂抹抗渣膏	20分	导电嘴、导电嘴座、喷嘴、送丝软管及触点开关无污渍及焊渣飞溅物；喷嘴前端高于导电嘴顶端2~3mm；送丝软管无折弯；断电操作。每项缺失扣3分；未断电扣5分；设备配件损坏扣5分；扣完为止	
4	送丝机构维护	送丝机构拆卸、清洁及安装	20分	焊枪呈水平直线状态，焊丝不蓬松弹开；从动轮、送丝轮表面及送丝轮槽内部无污渍；送丝轮槽与焊丝规格匹配，焊丝位于送丝轮槽内，加压手柄压力合适；断电操作。每项缺失扣3分；未断电操作扣5分；设备配件损坏扣5分；扣完为止	
5	气瓶更换	气瓶压力检查；气瓶装卸	15分	气瓶阀门全开，气压表指针位于0刻度位置；焊接小车锁死无滑移，地面使用厚胶垫；气压表面向正前方、无漏气现象、气瓶完全紧固；每项缺失扣3分；扣完为止	

续上表

序号	项　　目	操作内容	规定分	评分标准	得分
6	焊丝更换	残余焊丝及焊丝盘卸下；新焊丝安装	20分	焊丝端头朝下剪切，焊枪呈水平直线状态，废焊丝盘绕捆扎处理，端头向内；焊丝盘固定挡块紧固，可自由转动，焊丝从下方传输；焊丝规格与送丝轮、导电嘴匹配，焊丝位于送丝轮槽内，加压手柄压力合适；送丝前需断电操作。每项缺失扣3分；未断电操作扣5分；设备及配件损坏扣5分；扣完为止	
7	5S管理	5S管理	5分	设备、工具未复位，每项扣1分。场地未清洁扣5分，清洁不干净每处扣1分，扣完为止	
	总分		100分		

学习任务2　气体保护焊焊接工艺

学习目标

☆ **知识目标**

1. 掌握气体保护焊焊接车身薄板时的工艺流程及技术标准；
2. 掌握气体保护焊焊接参数及其对焊接质量的影响；
3. 掌握气体保护焊各类焊接缺陷的定义、成因及其防治措施；
4. 了解焊接应力、焊接变形的定义及其成因。

☆ **技能目标**

1. 能够正确选用气体保护焊焊接操作过程中所需安全防护用品；
2. 能够根据焊接实际需要正确调整气体保护焊焊接参数；

3. 能够按照工艺流程完成气体保护焊焊接操作；

4. 能够按照技术标准对焊接成品进行质量评价分析；

5. 能够根据焊接缺陷提出对应的改进方案。

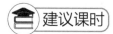

10 课时。

任务描述

一台荣威 350 汽车在道路上发生交通事故，导致车辆左前侧受损。左前翼子板头部严重变形，左下门槛部位严重受损，门槛外板出现撕裂及凹陷变形。

对该事故车辆进行维修，需要学习掌握 MIG/MAG 气体保护焊以及车身外板件切割更换的相关知识和技能。

一、理论知识准备

（一）影响焊接品质的因素

焊接品质，即焊接质量，焊接完成后产品的最终质量。焊后的产品要运用各种检验方法检查焊接部位的致密性、物理性能、力学性能、金相组织、化学成分、抗腐蚀性能、外表尺寸和焊接缺陷。

焊接品质主要受操作者本身、机器设备、母材和场地环境四大因素影响。其中，操作者本身对焊接品质影响因素主要包括：焊接操作时的焊接频率、焊接速度、焊枪角度、焊接方向（焊枪移动方向）及焊接姿势等；机器设备影响因素包括：焊接电流、电弧电压、送丝速度、气体类型及流量、焊丝、极性（接法）和导电嘴与母材的距离等；母材影响因素包括：母材材质、厚度及表面情况等；场地环境影响因素包括：电源电压和外界环境（如风速、气压、温湿度等）。

1. 操作者本身影响因素

在焊接设备、焊接对象、焊接要求等条件均相同的情况下，操作者本身是决定焊接品质好坏的关键因素。

1）焊接频率

焊接频率针对连续点焊作业方式。焊接频率快慢由焊接时间、冷却时间及焊枪移动间距三个要素决定，即受操作者按动焊枪开关进行焊接的时间、松开焊枪开关停顿冷却的时间及每两个焊点间焊枪移动的距离三者的影响。在其他焊接参数相同前提下,焊接频率不同,所获得的焊道最终效果也不同。焊接时间越长,焊道越宽,热影响区域越大,反之则焊道窄,热影响区域小;焊枪停顿冷却时间越长,则焊道越高,焊接纹路越明显,熔深连续性越差,反之则焊道越低,纹路不明显,熔深连续性好;两焊点间焊枪移动距离越大,焊接纹路越明显,熔深连续性越差,越容易产生气孔及熔深不足等缺陷。

2) 焊接速度

焊接速度指按动焊枪开关,焊枪移动,焊道焊接成型的速度。焊接速度过快,会减少熔入深度和焊道宽度而使焊道凸出从而达不到焊接强度要求;焊接速度过慢,则会导致热量过度集中,母材热影响区域变大,且容易烧穿。焊接速度通常根据焊件的厚度和焊接电流大小确定。焊接速度与板厚的关系见表5-3。

不同母材板厚对应的焊接速度 表5-3

板厚[mm(in)]	焊接速度[cm/min(in/min)]
0.8(0.031)	105~115(41.34~45.28)
1.0(0.039)	100(39.37)
1.2(0.047)	90~100(35.43~39.37)
1.6(0.063)	80~85(31.50~33.46)

3) 焊枪角度

焊枪角度指焊丝及导电嘴轴线与母材板件所在平面垂线的夹角。焊枪角度影响气体保护效果、板件变形量及飞溅物多少。为保障保护气对焊接区域的保护效果,减小板件变形量和飞溅物数量,焊枪角度尽可能越小越好。最理想的焊枪角度为0°,导电嘴轴线与母材板件所在平面垂线重合,即焊枪垂直于母材板件。但焊枪垂直于母材后,焊枪喷嘴将阻挡住操作者观察焊接熔池区域的视线,影响作业者的判断及对焊接过程的控制。所以,在不影响焊接视野的前提下,焊枪角度尽可能越小越好。以前进法进行平焊为例,焊枪角度呈10°~20°为宜,可表述为沿焊道方向向后偏移10°~20°,左右偏移0°,如图5-33所示。

4) 焊接方向

在焊接过程中,根据焊枪和熔池移动的相对位置关系,可分为前进法和后退法两种,如图5-34所示。前进法,电弧推着熔池走,熔池在前,焊丝在后。不直接作用在工件上,焊道平而宽,容易观察焊缝,气体保护效果好,熔深小,飞溅较大。后退法则是电弧拖着熔池走,焊丝在前,熔池在后。焊接电弧直接作用在工件上,熔深大,飞溅较小,容易观察焊道,焊道窄而高,气体保护效果比前进法差。

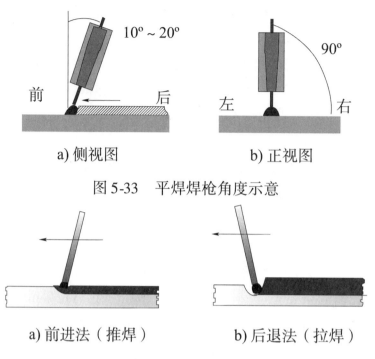

a) 侧视图　　　　　　　　b) 正视图

图 5-33　平焊焊枪角度示意

a) 前进法（推焊）　　　　b) 后退法（拉焊）

图 5-34　焊接方向

5）焊接姿势

根据母材与焊枪的空间相对位置不同，焊接作业者需调整不同的姿势进行焊接操作。焊接姿势主要有平焊、横焊、立焊及仰焊四种，如图 5-35 所示。焊接姿势主要由母材所在位置决定，操作者焊接姿势不同，操作难易程度也有较大差异，对焊接品质也有影响。以仰焊为例，受焊接熔池张力和重力影响，仰焊更容易出现烧穿、熔深不足等缺陷，操作难度相对大于其他几种焊接姿势。

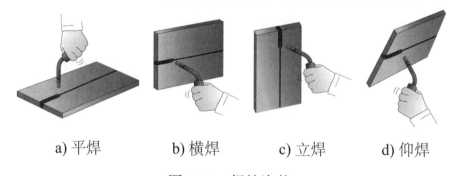

a) 平焊　　　b) 横焊　　　c) 立焊　　　d) 仰焊

图 5-35　焊接姿势

2. 机器设备影响因素

1）焊接电流

焊接电流决定了母材及焊丝熔化效率，直接影响到焊件母材的熔透深度、焊缝宽度、焊缝余高、熔丝的熔化速度、电弧的稳定性和飞溅量等。根据焊接条件（母材板厚、焊接位置、焊接速度、母材材质等参数）选定相应的焊接电流。焊接电流越大，熔入深度和焊缝宽度也越大。多数车身板件单层厚度范围为0.6~1.2mm，故使用熔化极气体保护焊对车身进行焊接时，优先选择焊接电流参数。焊接电流与金属板厚、焊丝直径的对应关系见表5-4。同时，焊接电流还必须与焊接电压相匹配，需保证送丝速度与焊接电压对焊丝的熔化能力一致，以保障电弧长度的稳定。

焊接电流与母材板厚、焊丝直径的关系　　表5-4

焊丝直径(mm)	母材板厚(mm)						
	0.6	0.8	1.0	1.2	1.4	1.6	1.8
0.6	20~30A	30~40A	40~50A	50~60A	—	—	—
0.8	—	—	40~50A	50~60A	60~90A	100~120A	—
1.0	—	—	—	—	60~90A	100~120A	120~150A

2）电弧电压

电弧电压决定了电弧长度，若电弧电压升高，电弧长度则随之增长，将导致熔池宽度变宽、熔入深度变浅。若电弧电压降低，电弧长度则随之缩短，将导致熔入深度变深、焊渣量增多、焊珠高度变高。为了获得良好的焊接效果，必须要有适当的电弧长度。电弧电压对焊道的影响如图5-36所示。

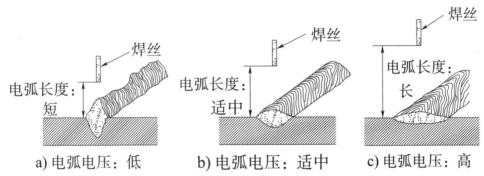

图5-36　电弧电压对焊道的影响

3）送丝速度

送丝速度快慢取决于焊接电流大小及焊丝直径粗细，焊接电流与母材及焊丝熔化效率成正比。相同焊接电流，选用的焊丝直径越细则送丝速度应调节越快,反之则送丝速度应减小。焊丝直径相同,则焊接电流越大对应越快的送丝速度。焊接过程中,可凭借个人感知调节送丝速度。当产生均匀而且尖锐的焊接声音,则表示焊丝与热量比率正常,送丝速度选择合适。

送丝速度过快,会导致熔敷的焊丝量超过加热和熔池所能容纳的量,即焊丝熔化速度跟不上焊丝送给速度,焊丝来不及熔化,将导致焊丝熔化成很小的球状熔滴飞溅出去,出现频闪弧光及较大飞溅。送丝速度过慢,则加热和熔池所能容纳的量超过熔敷的焊丝量,即焊丝送给速度跟不上焊丝熔化速度,焊丝熔化不足以填充熔池,将导致焊丝回烧量增加,甚至堵塞导电嘴,焊道低平甚至凹陷。送丝速度是否合适可以根据经验采用听焊接时电弧发出的声音进行判断。连续而轻微的"呲呲"声表明送丝速度和的电流大小匹配较合适;当焊接发出"嘭嘭"声音且焊丝回烧量较大、弧光明显,产生过量烟尘时,则表明送丝速度过慢,电流与送丝速度不匹配;当焊接时发出"噼啪、噼啪"的声音且焊枪有明显向后顶推感,焊接飞溅较多,导电嘴伸出焊丝越来越长时,则说明送丝速度过快,焊接电流熔化焊丝速度跟不上焊丝供给速度,如图5-37所示。

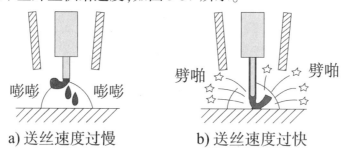

a) 送丝速度过慢　　b) 送丝速度过快

图5-37　送丝速度异常

4) 气体类型及流量

气体保护焊使用外加气体作为电弧介质并保护电弧、熔池及母材。保护气类型的选用主要取决于焊接母材材质。车身钢板焊接可选用100% CO_2 或18% CO_2+82% Ar 的混合气作为保护气;不锈钢钢板焊接可选用2.5% CO_2+7.5% Ar+90% He 三元混合气作为保护气;车身铝件焊接可选用100% Ar 或100% He 作为保护气。注意:100%表示纯度在99.99%以上,近似于100%,通常还含有微量的其他气体成分及水分。水分和其他气体均被视为有害杂质,要求每立方气体中水分含量小于10mg。

保护气流量大小主要取决于焊丝直径大小,目前使用的标准气体流量为焊丝直径10倍左右,车身焊接所选用的焊丝直径通常为0.6~1.2mm。因此,车身焊接保护气体理论流量为6~12L/min。由于气体流量的大小还应配合喷嘴至母材的距离、焊接电流、焊接速度和焊接周围的环境(风速)来进行调整。因此，车身焊接标准气体流量范围为 8~15L/min。

5)焊丝

熔化极气体保护焊所使用的焊丝既是填充金属又是电极，所以焊丝既要保证一定的化学性能和机械性能，又要保证具有良好的导电性能和工艺性能。焊丝分为实心焊丝和药芯焊丝两种。车身焊接通常使用实芯焊丝，其焊丝的牌号选择决定于母材材质及其焊后力学性能要求，焊丝的直径大小主要取决于母材厚度及母材间缝隙大小。焊丝直径大小影响其导电的电流密度，焊丝直径小，电流密度大，电弧燃烧稳定性高，熔化速度也快。根据车身板材厚度不同，常见用于车身焊接的熔化极气体保护焊焊丝直径主要有 0.6mm、0.8mm、1.0mm 和 1.2mm 四种，质量 5~15kg，采用实心焊丝，表面带有防锈镀层。气体保护焊焊丝选用及说明可参考现行《熔化极气体保护电弧焊用非合金钢及细晶粒钢实心焊丝》(GB/T 8110)标准。

6)导电嘴与母材的距离

导电嘴与母材的距离包括焊接电弧长度和焊丝伸出导电嘴的长度，如图 5-38 所示。进行车身焊接时，导电嘴和母材间的标准距离约为 8~15mm。当焊接电流一定时，焊丝伸出导电嘴的长度增加，会使焊丝熔化速度增加，但将导致电弧电压下降，电流降低，电弧热量减少，导致焊接区域短路电弧热量下降，降低焊接熔深。此外，导电嘴与母材间的距离过大会降低保护气体的隔离效果，导致易产生气孔，引弧性能差，电弧不稳，飞溅加大，熔深变浅，成型效果下降。如果导电嘴与母材的距离过小，操作者则难以观察焊接区域，且喷嘴易被飞溅物堵塞，熔深变深，焊丝易与导电嘴粘连。车身焊接所用焊接电流最大不超过 300A，故所选焊丝伸出长度为焊丝直径的 10 倍左右，通常为 8~12mm。多余部分用斜口钳剪去，剪切时焊丝端头朝地，以免弹起伤人，如图 5-39 所示。

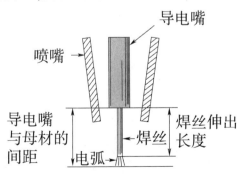

图 5-38 导电嘴与母材的距离

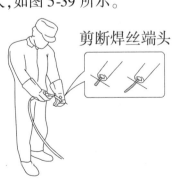

图 5-39 焊丝端头剪切示意图

3. 母材影响因素

1) 材质

材质指构成母材的化学组成成分。其决定了所选择的焊接工艺、焊接方法、焊丝牌号、焊接设备及保护气类型。车身焊接主要针对的母材为车身上的各类碳钢、合金钢及铝合金。通常情况下,钢制车身母材的含碳量和其他合金元素的含量比例越高,材料可焊性越差,焊接难度则越大,对设备及人员操作水平的要求也越高。

2) 厚度

母材的厚度决定了焊接工艺参数的选择及母材前处理的方法。通常,母材厚度越厚,所选焊接电流参数越大,送丝速度越快,焊接速度越慢。厚板件为达到良好的熔深效果,通常需提前开坡口处理,部分厚板还需进行多道焊接或双面焊接。车身结构件对接焊时若预留间隙过小则对其开45°坡口;车身覆盖件较薄则不需开坡口,预留间隙0.1~0.8mm。

3) 表面

表面锈蚀、污渍将严重影响焊接品质,尤其是焊接区域存在油污或残余漆料,焊接产生的高温将使其汽化或分解,从熔池内部产生大量气体,加剧焊道或焊点产生裂纹、气孔、飞溅过大、熔深不足或未焊透等缺陷的概率。因此,焊接前需对板材表面进行打磨清洁。铝焊时,由于铝极易与空气中的氧分子发生氧化反应形成致密高熔点氧化物Al_2O_3,严重影响焊接。所以,铝焊作业前还需打磨干净其表面氧化物。由于铝在空气中氧化速度极快,暴露在空气中30min左右将形成完整的氧化膜,故打磨后需在30min内完成焊接作业。

4. 场地环境影响因素

1) 电源电压

输入电源应符合设备使用说明书要求。气体保护焊输入电源通常有单相和三相两种,单相电源要求电压在220V±20V交流电,焊机输入线缆为三芯,其中棕色或红色线缆连接火线L,黑色或绿色线缆连接中性线N,黄绿色线缆连接地线,如图5-40a)所示。三相电电源输入电压有220V±20V和380V+60V两种,焊机输入线缆为四芯,其中三根火线L1/L2/L3对相序无要求,黄绿色线缆连接地线,如图5-40b)所示。气体保护焊使用前必须仔细阅读设备使用说明书,明确其对使用电源的要求,涉及主电源安装需由专业电工完成。

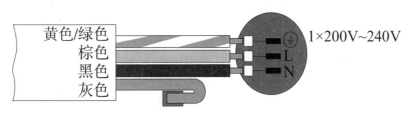

a) 单相电接法

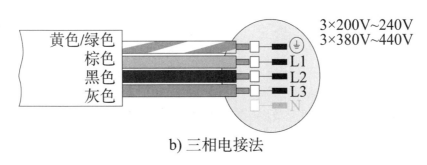

b) 三相电接法

图 5-40 焊机输入线缆接法

2) 外界环境

外界环境：为防止气体保护焊焊丝受潮而发生锈蚀，电路板出现短路，在使用时应注意防潮，避免雨淋。同时，焊机应避免阳光直射，远离热源及易燃易爆物。此外，气体保护焊抗风能力差，当焊接环境风速超过 2m/s 时，必须采取防风措施。

(二) 熔化极气体保护焊焊接方式

熔化极气体保护焊根据母材拼接形式不同可分为点焊、塞焊、缝焊三类。

1. 点焊

点焊指在重叠的两块母材的上层板直接进行局部焊接，利用电弧热使两块板件金属熔合在一起的焊接方式。如图 5-41 所示。相对于塞焊点焊可以减少打孔操作，节省整体作业时间。但在重叠的两块母材上实施点焊时，上层板件最先与电弧接触形成熔池，在热量传递作用下再将下层板件熔化，故上层板件热影响区域远大于下层板件，热量对板件的破坏较大，且焊点尺寸较大，增加焊后处理的工作量。为确保强度，气体保护焊点焊作业所需热量大于塞焊，多用于厚度 1mm 以下薄板件焊接。车身覆盖件则常采用电阻点焊或塞焊替代该焊接方式。

定位点焊也称之为暂焊、定位焊，是通过局部焊点保持两焊件相对位置固定不变的一种焊接方式。定位点焊作业时，将工件接缝对齐，对焊接板件实施定点焊接,该焊接方法可以减少主焊接产生的热变性。定位点焊焊点间距通常为板厚的15～30倍,如图5-42所示。

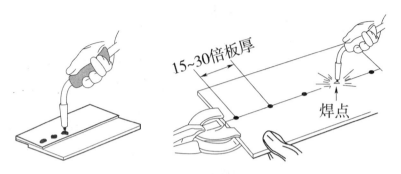

图5-41 点焊　　　　图5-42 定位点焊

根据车身板件厚度,通常车身覆盖件所选择的定位点焊间隔距离一般为15～30mm,车身结构件为20～40mm。

定位点焊焊点直径应合适,过大则打磨后主焊接时无法较好观察接缝,容易在该区域出现焊道偏离,且增加打磨焊点的时间,降低工作效率;若焊点过小,则定位强度不足,无法抵消主焊接过程中受热及冷却不均所产生的内应力,易产生面差,甚至出现定位焊点断裂,影响主焊接最终焊接质量。根据母材厚度不同,定位点焊焊点直径大小也不同。母材厚度越厚,定位点焊直径越大,反之则越小。车身覆盖件上定位点焊直径通常选择2mm±0.5mm,在车身结构件上选择为3mm±0.5mm。

焊接定位点焊时,母材温度相对较低,为保证焊点熔深,其所选用的焊接电流、送丝速度等参数通常需大于主焊接相应参数的30%。在复杂形状的母材上焊接定位点焊时,优先对棱线、凸缘等强度及刚度较大的区域进行暂焊操作。定位点焊应充分考虑母材装配间隙,避免焊点收缩引起母材预留间隙变小使两者重叠,导致主焊接内应力过大,易出现面差,以及间隙过小不易观察,易出现焊道偏离及未焊透缺陷。

2. 塞焊

塞焊与点焊类似,不同之处在于重叠的两块母材的上层板件在需要焊接的区域按照要求提前进行开孔加工处理,焊接时在塞孔内部进行局部焊接,利用电弧热熔化焊丝及母材并填满塞孔的焊接方式,如图5-43所示。塞焊在同等条件下消耗的热量小于点焊作业方式,热影响区域相对较小,强度较高,是车身维修中代替汽车制造时原厂电阻点焊焊点最常见方式。

塞焊适用于车身结构件及覆盖件点焊区域的维修。根据焊接力学性能要求不同、母材板厚不同、上层板件加工的塞孔直径也不同,通常孔径大小与板厚成正比。车身结构件所选用的塞孔直径为 8~10mm,车身覆盖件为 5~8mm。具体尺寸根据不同车系、车型有所不同,可参考对应车型的车身维修技术手册。车身维修使用塞焊替代原厂电阻点焊时,为保证维修后强度,塞焊数量应大于等于原焊点数量,且尽量在原焊点位置进行焊接。同时,上层板件所加工的塞孔孔径应大于电阻点焊熔核直径。

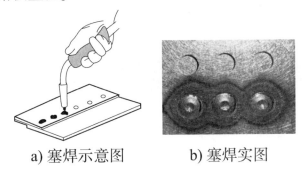

a) 塞焊示意图　　b) 塞焊实图

图 5-43　塞焊

对车身受损板件进行钻除分离作业时,应避免因设备、工具选用或操作不当对车身保留件造成损伤使其变薄或穿孔,从而导致焊接时该部位强度下降,甚至出现受损车身保留件与带塞孔的新件进行拼装时两者间形成对穿孔而增加焊接难度。对穿孔较难直接进行补焊,且易出现气孔,咬边等焊接缺陷。可将黄铜板或黄铜棒垫于保留件背面,再在正面进行塞焊,如图 5-44 所示。需要注意,焊接对穿孔时应在孔边缘进行引弧。

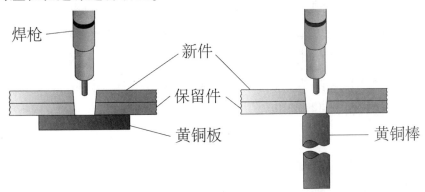

图 5-44　对穿孔塞焊

3. 缝焊

按照母材拼接形式不同,缝焊可分对接焊、搭接焊和角焊,按照所选择的焊接形式不同,又可以分为连续点焊和连续焊。如图 5-45 所示。车身覆盖件通常使用厚度为 0.6~1.2mm 的薄板件,缝焊时为避免板件过薄烧穿,通常采用连续点焊方式。部分车系车身技术维修手册要求车身覆盖件进行对接缝焊时,必须制作加强件放置于接缝背面,采用连续焊或连续点焊方式进行焊接。连续焊可以有效避免气孔、熔深不足等缺陷,在国外通常采用该焊接形式。此外,部分车系使用焊接钳等工具对母材接口进行加工,将传统对接缝焊形式转变为搭接缝焊形式,以增加强度,降低焊接难度,减少焊接缺陷;相对于在焊缝背面制作加强件做背板,可以减少作业时间,提高工作效率。注意,铝板焊接需采用连续焊。

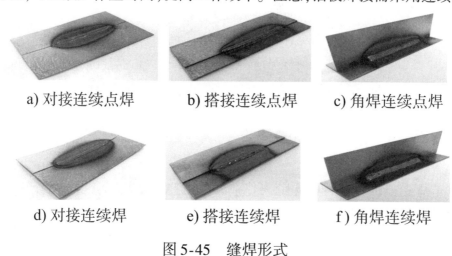

a) 对接连续点焊　　b) 搭接连续点焊　　c) 角焊连续点焊

d) 对接连续焊　　e) 搭接连续焊　　f) 角焊连续焊

图 5-45　缝焊形式

(三)焊接应力与焊件变形预防

焊接通常采用集中热源在局部加热,因此造成焊件上温度分布不均匀,最终导致焊件在结构内部产生了焊接应力与变形。焊接应力是焊接过程中及焊接结束后存在于焊件中的内应力,是形成各种焊接裂纹的重要原因,焊接应力和变形在一定条件下会严重影响焊件的强度、刚度、受压时的稳定性。焊件变形则是由焊接收缩而引起焊件尺寸的改变。

1. 焊接应力与变形产生的主要原因

1) 焊接件不均匀受热或冷却

焊接过程对于母材来说是局部不均匀加热和不均匀冷却的过程,这种不均匀的加热和冷却过程会使母材产生较大的热应力。

2) 焊缝金属的收缩

当焊缝区域液态金属冷却转变为固态时,其体积发生收缩现象,由于焊缝金属与母材相连,焊缝不能自由收缩,将引起焊件变形,并在焊缝周围产生内应力。

3）金属组织的变化

母材及焊丝加热及冷却过程中金属晶体结构将发生相变,可得到不同的晶体结构。同时,不同类型的晶体结构质量和体积不同,由此也会产生内应力和变形。

4）焊件的刚性和拘束

由于母材本身或外加的刚性拘束作用,阻碍焊接过程中焊接区域金属受热膨胀,引起焊件产生拘束应力。

2. 焊件变形种类

按焊接件变形的特征,可分为收缩变形、纵向及横向变形、角变形、弯曲变形,如图5-46所示。

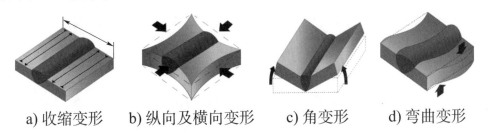

a) 收缩变形　　b) 纵向及横向变形　　c) 角变形　　d) 弯曲变形

图5-46　焊接变形种类

3. 预防焊接件变形的措施

1）预留收缩变形量

根据理论计算和实践经验,在母材备料和加工时,预先考虑焊接收缩余量,以便焊接结束后,焊件收缩达到事先要求的形状及尺寸。

2）预变形法

根据理论计算和实践经验,预估母材焊后变形方向及变形量大小,在焊接装配时预设一个反向且变形量相等的预变形,以抵消焊接后产生的变形,如图5-47所示。

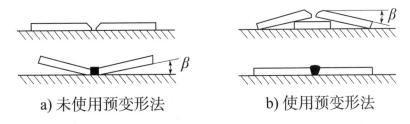

a) 未使用预变形法　　　　b) 使用预变形法

图5-47　预变形法

3）刚性固定法

焊接时,将母材提前进行刚性固定,焊接完毕,待焊件冷却后再去除刚性固定。该方法可以有效防止角变形和横向或纵向变形。但此方法会增大焊接内应力,仅适用于塑性较好的低碳钢结构。

4) 优化焊接顺序,尽量使焊缝自由收缩

如果焊缝较长,可采用逐步退焊法和跳焊法,使温度分布较均匀,从而减少焊接应力和焊件变形,如图5-48所示。

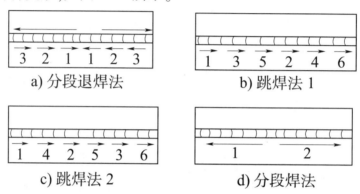

图5-48 合理安排焊接顺序的方法

5) 锤击焊缝法

在焊缝的冷却过程中,用圆头小锤均匀迅速地锤击焊缝,使金属产生塑性延伸变形,抵消一部分焊接收缩变形,从而减小焊接应力和焊件变形。

6) 加热"减应区"法

焊接前,在焊接部位附近区域(称为减应区)进行加热使之长,焊后冷却时,加热区与焊缝一起收缩,可有效减小焊接应力和焊件变形。

7) 焊前预热和焊后缓冷

预热的目的是减少焊缝区与焊件其他部分的温差,降低焊缝区的冷却速度,使焊件能较均匀地冷却下来,从而减少焊接应力与焊件变形。

(四) 焊接操作标准流程

1. 对接焊操作流程

1) 焊接前准备工作

(1) 清理毛刺:使用打磨工具或手刨砂纸对母材因切割或冲压等前期作业后产生的毛刺进行清理。

(2) 母材打磨:使用角磨机、环带打磨机等打磨工具对母材焊接区域表面进行打磨处理,正面打磨区域距离接口处不少于30mm,背面不少于20mm,打磨至裸金属,板件正面镀锌层等防腐涂层也需打磨干净,背面对镀锌层打磨无要求。

厚板件需提前开坡口。

（3）清洁除油：使用空气枪对母材进行吹尘，之后使用除尘布、清洁剂对母材表面（含正面、背面及接口）进行整体清洁除油处理。尤其是打磨区域，务必清洁干净。

（4）焊接设备检查：对焊枪进行维护，检查送丝机构，检查保护气类型，打开气瓶阀门检查保护气余量，打开焊接主机机箱检查焊丝类型及余量。

（5）焊接设备预调：焊接主机开机，根据所需焊接的母材类型，结合相关标准选择合适焊接参数，按动焊枪开关，调整保护气流量。

2）正式焊接

（1）试焊：选用与母材同性质的废料进行试焊，焊枪垂直母材，导电嘴与母材间距为10mm左右，优先根据需要选好合适电流，持续按动开关，根据焊接电弧状态及焊接发出的声响调整送丝速度，直到焊接电弧平稳。调整参数时，应秉持从小到大进行调节的原则。同时，禁止直接在搭铁钳上试焊。试焊时除了确定焊接参数外，还包括操作者根据试焊调整焊接手法，包括最佳焊接频率、焊接时间、冷却时间、焊枪角度、焊枪移动速度等。

（2）定位点焊：使用大力钳等工具固定好母材，确保装配间隙合适，无面差、段差及偏差。按照定位点焊焊点间距及直径大小要求，预先使用水性记号笔进行标注，之后将焊接电流和送丝速度在试焊基础上增加30%，再根据标注位置进行定位点焊。完成第一个定位点焊后务必观察其是否符合要求，存在较大问题则需分离重焊。每完成一个点焊务必在正常视角下检查母材的间隙、面差、段差及偏差情况，及时修整，避免误差和焊接应力在定位点焊过程中逐次放大，导致最终定位后母材板件变形或残余内应力过大，影响主焊接开展。

（3）主焊接：母材接缝较短时，可以采用一段焊道直接焊完的方式。焊道较长时，为了减小焊接中产生的热变形量，结合分散热量的原则，可根据定位点焊的位置将整个焊缝分成若干段，以合理的顺序焊接每段焊缝。合理的分段焊接可以减小母材的热变形量，但在各段焊道的接头位置容易出现熔深不足及焊瘤等缺陷，对操作者要求较高，可采用砂带打磨机将接头部位上一段焊道打磨长度3~5mm且坡度大于45°的坡口，以确保接头部位焊接熔深。

焊接中应调整身体姿势确保对熔池区域良好的观察视野，同时身体应以稳定的姿势移动，维持好焊枪与母材间距和角度，尽量减少焊枪晃动。采用连续点焊进行缝焊时，需确保每一个连续焊点的焊接时间、冷却时间及焊枪移动的距离一致。同时，下一个焊点起焊位置应位于上一个焊点末端或末端向前约1mm的位置。焊接中以相同频率按动和松开焊枪开关,以保障焊道的连续性。通常情况下,车身覆盖件的接合采用连续点焊、车身结构件的接合采用连续焊。

3)焊接后处理

(1)焊接应力释放及变形处理:可使用钣金锤、顶铁等工具对焊道及热影响区域进行实敲,使收缩区域延展。操作时需控制好实敲力度,焊道收缩量较大则实敲力度较大,热影响区域收缩量相对较少,实敲力度应适中。同时,热影响区周边则应采用虚敲方式进行残余应力释放。敲击过程中避免造成额外损伤或过度延展。若焊接区域背面无法使用顶铁进行实敲作业,则需使用介子机进行拉拔整形,整形后使用炭棒进行应力释放。

(2)焊道研磨:研磨焊道使其与母材表面高度相同,研磨所使用角磨片、砂带、砂纸等耗材应根据焊道研磨的情况进行选择。粗研磨时可以选择80号以下的耗材,研磨至部分区域与母材平齐时,更换为120号。研磨到最后时,可选用无纺尼龙制造的研磨耗材。

(3)防腐处理:在焊接过程中,焊接热量会损伤车身钢板背面的镀锌防锈层。为保证钢板防锈,延长使用寿命,需在焊接部位的背面施涂空腔蜡或环氧底漆等防锈剂。该步骤需在涂装作业前实施。铝板焊接后因其表面将迅速形成致密氧化物,故无须防腐处理。

2. 塞焊操作流程

1)焊接前准备工作

(1)母材划线及开孔:使用划针或划规按照技术要求对母材上层板件进行划线,标记开孔位置。使用手电钻、气动钻或打孔器对母材上层板件进行开孔加工。需注意,车身维修中应用的手动或气动打孔器仅针对1.5mm以下的薄板;较厚板件则使用低转速高转矩的手电钻或气动钻进行钻孔。钻孔前应使用冲子在孔的中心区域加工定位点,以避免钻头打滑。钻孔时,转速不宜过高,防止钻头与母材高速摩擦过热后将其烧蚀,降低其硬度,无法切削金属。

(2)清理毛刺:使用圆锉对钻孔加工产生的毛刺进行清理。锉刀使用时,应向前推动并施加压力进行锉削加工,向后回撤时不对锉刀施加压力,避免锉刀刃口损坏。

(3)打磨焊接区域:使用角磨机、环带打磨机、双动打磨机等打磨工具对母材焊接区域表面进行打磨处理,正面及背面打磨区域距离塞孔边缘处均不少于10mm,打磨至裸金属,板件正面镀锌层等防腐涂层也需打磨干净,背面对镀锌层打磨无要求。

（4）清洁除油：使用空气枪对母材进行吹尘，之后使用除尘布、清洁剂对母材表面(含正面、背面)进行整体清洁除油处理。尤其是打磨区域，务必清洁干净。

（5）防腐处理：在接合面上施涂防锈导电底漆，在车身维修中通常使用锌粉底漆作为防锈导电底漆。施涂时应均匀喷涂，不宜过厚，以免形成流挂，影响焊接，在确保防腐效果的前提下尽可能薄。锌粉底漆吸入人体后有较强致癌性，故施涂时应做好废气抽排处理。

（6）母材定位：使用大力钳等工具将需接合的母材进行定位及夹紧，确保母材边缘对齐，叠加的母材接合面贴紧无缝隙。

（7）焊接设备检查：操作流程与缝焊一致。

（8）焊接设备预调：操作流程与缝焊基本一致。同样性质的母材，塞焊电流及送丝速度参数预调数值高于缝焊对接焊。

2）焊接

（1）试焊：选用与母材同性质的废料或试焊板进行试焊，试焊操作及防护用品选用与缝焊一致。塞焊试焊时调整好焊接姿势和焊接手法，同时确保焊接时有较好的视角以便观察焊接区域塞孔位置、熔池及焊丝。

（2）主焊接：为避免焊接热量过度集中，破坏板件金属晶体结构及减小板件变形，塞焊焊接时，应错开相邻塞孔进行跳焊。塞焊焊接方法选择主要与上层母材孔径大小有关。

对于直径 5~7mm 的塞孔可直接调整合适焊丝伸出长度，焊丝端头对准塞孔中央且焊枪尽可能垂直母材，直接按动焊枪开关直到熔化金属填满塞孔即可。

对于直径 8~10mm 的塞孔，需采用旋转焊枪方式进行焊接。走枪方式有多种，目前常见的有四种：

①将焊丝对准塞孔的中央起弧，电弧和焊丝向正上方移动，填满塞孔上方后沿塞孔边缘顺时针或逆时针旋转一圈后回到塞孔中心收弧。

②将焊丝对准孔的中央起弧，焊接约2s，断弧冷却至高温金属变为暗红色时再次起弧，焊丝在塞孔中心轻微旋转直至塞孔填满后收弧。

③将焊丝对准塞孔边缘起弧，沿塞孔边缘旋转，由外向内移动焊枪，于塞孔中心处收弧。

④将焊丝对准塞孔的中央起弧，由内向外移动焊枪，于塞孔边缘处收弧。

3）焊接后处理

（1）焊接应力释放及变形处理：使用钣金锤敲击塞焊焊点及其周围热影响

区域,敲击力度适中,确保上、下层板件完全贴合,两者间隙小于0.5mm。

(2)焊道研磨:使用研磨机研磨焊珠及焊珠周围区域至其表面高度为止。实际维修中若出现孔洞或未填满,需重新补焊后再次研磨。

(3)密封:使用密封胶对塞焊上、下两层板件的边缘处进行密封处理。

(五)焊接缺陷检测

1. 焊接质量检测等级

焊接质量等级分三级:一级需外观检查、超声波探伤、X射线检验都合格;二级需外观检查、超声波探伤合格;三级需外观检查合格。车身焊接质量检测使用三级焊缝检测标准即可。

2. 焊接缺陷检验方法

通常分为破坏性检验和非破坏性检验(也称无损检验)两大类。非破坏性检验方法有外观检查、致密性检验、受压容器整体强度试验、渗透性检验、射线检验、磁力探伤、超声波探伤、全息探伤、中子探伤、液晶探伤、声发射探伤和物理性能测定等。破坏性检验方法有机械性能试验、化学分析和金相试验等。正确选用检验方法,并与生产工序有机地结合起来进行检验,不但能彻底查清缺陷的性质、大小和位置,而且可以找出缺陷的产生原因,从而避免缺陷的再度出现。

焊接缺陷是否允许存在,且允许存在的缺陷数量、性质则根据产品的使用条件和质量评定标准确定。如焊缝余高过高,对受静载的产品是允许的,但对受频率较高的循环疲劳载荷的产品则是不允许的,就连正常的余高也要削除。

(六)车身焊接常见缺陷及其原因对策分析

车身焊接质量不仅影响外观,更是关乎驾乘人员生命安全的重要保障。一旦受车身焊接作业人员操作水平、焊接设施设备、焊接对象(区域)特性及场地环境中存在的不良条件影响,就难以获得良好的焊接品质,甚至出现焊接缺陷。

1. 车身焊接常见缺陷

熔化极气体保护焊在车身焊接中常见焊接缺陷可分为外部缺陷和内部缺陷两类。外部缺陷包括:烧穿、焊瘤、咬边、弧坑、电弧烧伤、表面气孔、表面裂纹、焊接变形翘曲及外观尺寸(焊道高度、焊道宽度、熔深)超标等。外观尺寸如图5-49所示。内部缺陷包括:裂纹、未焊透、未熔合、夹渣和气孔等。其中,危害性最大的是裂纹,其次是未焊透、未熔合、夹渣、气孔、组织缺陷等。

项目五　气体保护焊连接工艺

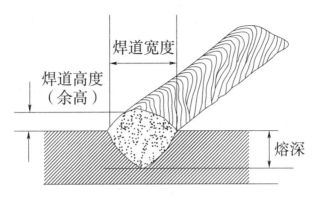

图 5-49　焊道外观尺寸

1）气孔

气孔是由存在于焊缝金属中的气体形成的空穴,如图 5-50a)所示。存在气孔的焊缝或焊点,有效横截面面积减小且易发生锈蚀,导致力学性能下降。气孔生成的本质原因是气体溶入熔池液态金属,当熔池温度下降,气体因液态金属中的溶解度下降而要从中析出,即气体要从熔池中逸出。而未能及时逸出的气体存留在凝固的焊缝金属中则形成气孔。

2）未焊透及熔深不足

通常发生在焊缝或焊点与母材之间,是由于金属熔敷不足导致未能完全熔化的金属或液态金属流动不充分而形成,如图 5-50b)所示。未焊透处焊缝或焊点与母材之间的横截面面积减小,易产生应力集中,降低了焊缝或焊点的力学性能。

3）焊瘤

焊瘤是熔池熔化的液态金属流淌到母材未熔化部位或已凝固的焊缝或焊点表面,形成金属堆积而形成的瘤状物,如图 5-50c)所示。焊瘤不仅影响焊缝或焊点美观,而且造成应力集中;焊瘤底部通常还存在未焊透、熔深不足等缺陷。

4）咬边

受焊接电弧热量影响,母材金属发生熔化流失,且焊料填充不足或无焊料填充而形成的低于母材表面的凹陷或小槽沟称为咬边,如图 5-50d)所示。咬边通常产生在焊缝或焊点金属与母材金属的交界处,咬边导致母材横截面面积减小,严重降低了该区域的强度。

5）烧穿

烧穿是由于焊接能量过大、热量过高,使焊缝或焊点局部温度超过金属熔点,熔化液态金属重力大于张力,导致熔化金属脱离母材产生的金属孔洞或较深的凹坑,如图5-50e)所示。烧穿严重破坏焊缝及焊点的连接作用,需要进行二次焊接进行补焊,对其强度有较大影响,应尽量避免。

6) 飞溅物过多

飞溅物过多指焊接过程中在焊缝或焊点周边形成的类似斑点和凸起的金属颗粒物,如图5-50f)所示。焊接飞溅无法避免,但飞溅物异常增多,则视为焊接缺陷。焊接飞溅过多,会污染母材及焊缝或焊点表面、浪费焊接材料。此外,飞溅过多易堵塞焊枪喷嘴,影响保护气体均匀流出,甚至导致焊接电弧不稳定,焊丝与飞溅物发生短路,烧蚀导电嘴及喷嘴。

7) 裂纹

裂纹是指在焊接过程中或焊接之后,焊件在焊缝或热影响区产生的开裂,如图5-50g)所示。其本质原因是在焊接应力作用下,焊接裂纹处的金属抵抗不住收缩应力的作用而形成。焊接裂纹会严重影响焊接区域连接强度。

8) 焊道不均匀

焊道不均匀或蛇形焊道主要是由于焊接频率不一致或电弧不稳定而引起的焊道外观尺寸超差,如图5-50h)所示。焊道不均匀不仅影响美观,而且焊道热影响区分布不均匀,易导致焊接区域应力分布不均,母材发生变形。

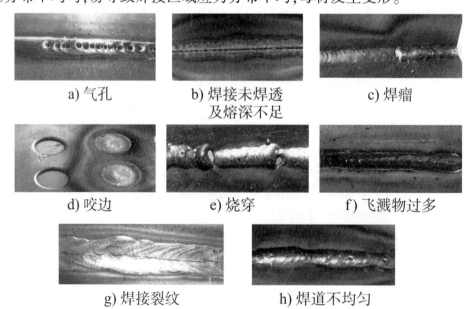

a) 气孔　　　b) 焊接未焊透及熔深不足　　　c) 焊瘤

d) 咬边　　　e) 烧穿　　　f) 飞溅物过多

g) 焊接裂纹　　　h) 焊道不均匀

图5-50　车身焊接常见缺陷

2. 车身焊接常见缺陷原因及解决对策

综合操作者本身、机器设备、母材和场地环境对焊接品质影响的四大因素以及缺陷形成的本质原因,得出车身焊接常见缺陷的主要原因及解决对策,见表5-5。

焊接缺陷主要原因及解决对策　　　　　　　　表 5-5

缺陷	产生的主要原因	解 决 对 策
气孔	母材表面存在锈迹、油污或其他杂质污物	焊前清除焊接区域周边的油脂、锈、油漆和灰尘；采用含脱氧剂的焊丝
	焊丝规格错误或表面存在杂质	采用规格正确，清洁、干燥的焊丝
	保护气纯度不高，杂质或水分过多	更换气体或采用脱水措施
	喷嘴堵塞、送气软管弯曲、喷嘴过高及风速过大等导致保护气失效	选择合适气体流量；检查气路有无堵塞和弯折处；及时清理喷嘴；采取防风措施；减小喷嘴到工件的距离；在熔池凝固后再移开焊枪喷嘴
	内部气体因焊缝冷却过快无法析出	应串接气瓶加热器；降低焊接速度
	焊接电压过高，电弧过长	减小电弧电压，缩短焊丝的伸出长度
	松开焊枪开关后收弧过快	部分设备可以调节收弧参数，普通设备可快速按动及松开焊接开关进行收弧
未焊透及熔深不足	焊接电流过小	增加焊接电流；降低焊接速度
	焊接电弧电压过高导致焊接电弧过长，电弧强度不足	减小电弧电压，缩短焊丝的伸出长度
	焊丝端部未对准焊缝，焊道偏移板件对接位置	调整焊接姿势和焊丝伸出长度，确保焊道、熔池便于观察
	母材（厚板）坡口加工不合理	选择合适坡口形式；增加坡口角度；增加母材间预留间隙；避免错位

续上表

缺陷	产生的主要原因	解决对策
未焊透及熔深不足	焊接速度过快	降低焊接速度
	焊枪角度过大,导电嘴与母材距离远	调节焊枪倾角和减小导电嘴与母材的间距
	焊丝或母材杂质过多致导电性下降	采用清洁而干燥的焊丝
	电源电压低于标准输入电压	检查输入电压是否符合设备使用要求
焊瘤	电流过小,渗透速率低于熔敷速率	增加焊接电流;降低焊接速度
	焊接速度过慢,焊枪移动速度过慢,造成填充材料堆积	增加焊枪移动速度
	电弧电压过低导致电弧过短	增加电弧电压,适当增加焊丝的伸出长度
	焊枪倾角不当	减小焊枪倾角
	焊丝或母材杂质多,导致导电性下降	采用清洁而干燥的焊丝
	电源电压低于标准输入电压	检查输入电压是否符合设备使用要求
	角焊时熔化液态金属与母材产生过大黏附力	调整焊枪角度;对母材提前开坡口处理
咬边	焊接电流过大,送丝速度过慢	减小焊接电流;增加送丝速度
	送丝不均匀或电弧电压过高、电弧过长导致电弧不稳定	检查送丝机构工作是否正常;检查导电嘴是否松动;减小电弧电压;减小焊丝的伸出长度

续上表

缺陷	产生的主要原因	解决对策
咬边	焊丝端部未对准焊缝,焊道偏移板件对接位置	调整焊接姿势和焊丝伸出长度,确保焊道、熔池便于观察
	焊枪角度不合理不稳定	减小焊枪倾角,调整握枪姿势
	焊接速度过快,熔敷金属填充不足	调节焊枪倾角和减小导电嘴与母材的间距
	母材坡口范围过大或母材间间隙过大	采用清洁而干燥的焊丝;清除焊丝在送丝装置中或送丝软管中黏附上的润滑剂
烧穿	焊接电流过大,瞬间热量过高	减小焊接电流;增加送丝速度
	焊接速度过慢,造成热量局部堆积	加快焊枪移动速度、焊接区域周边采取强制散热
	焊枪导电嘴与母材的间距过短	适当增加导电嘴与母材间距
	母材(厚板)坡口加工不合理或间隙过大	选择合适坡口形式;减小坡口角度;减小母材间预留间隙;避免错位
	焊枪焊丝端部偏移焊缝位置	调整焊接姿势和焊丝伸出长度
	焊枪偏移角度不合理	调整焊枪倾角
飞溅物过多	母材表面存在锈迹、油污或其他杂质污物	在焊接之前,清除工件表面上的全部油脂、锈、油漆和尘土;采用含脱氧剂的焊丝
	焊丝规格错误或表面存在杂质	采用规格正确,清洁、干燥的焊丝
	保护气体纯度不高,混有杂质或水分过多,气体流量选择不当	更换气体或采用脱水措施,按规定要求调整气体流量,不可过大或过小
	导电嘴松动或出丝孔过度磨损	更换孔径合适的导电嘴,紧固导电嘴

续上表

缺陷	产生的主要原因	解 决 对 策
飞溅物过多	焊枪倾角过大	调整焊枪倾角
	导电嘴与母材间距过大,电弧过长	适当减小导电嘴与母材间距,减小焊接输出电压
裂纹	焊缝中含C、S量过高,含Mn量不足	更换合格材料或更换焊丝
	焊缝熔深过大;焊缝深宽比太大;焊道过窄(尤其是角焊缝和底层焊道)	增大电弧电压或减小焊接电流,以加宽焊道而减小熔深;减慢焊枪移动速度以加大焊道的横截面
	收弧方法不当,产生了弧坑裂纹;焊缝末端处的弧坑冷却过快	采用衰减控制以减小冷却速度;适当地填充弧坑
	母材表面存在锈迹、油污或其他杂质污物	在焊接之前,清除工件表面上的全部油脂、锈、油漆和尘土;采用含脱氧剂的焊丝
	焊丝规格错误或表面存在杂质	采用规格正确、清洁、干燥的焊丝
	保护气体纯度不高,混有杂质或水分过多,气体流量选择不当	更换气体或采用脱水措施,按规定要求调整气体流量,不可过大或过小
	母材焊接装配间隙过大	适当减小装配间隙
	多层焊的第一道焊缝过薄	增加焊道厚度
焊道不均匀	操作者不熟练,焊接时焊枪操作不规范、焊接频率不稳定	强化练习,加强焊枪稳定性训练
	导电嘴焊丝孔过度磨损或发生变形	更换导电嘴;紧固导电嘴
	导电嘴与母材间距过大,焊接电压过高,电弧过长,不稳定	适当减小导电嘴与母材间距,降低焊接电压

续上表

缺陷	产生的主要原因	解决对策
焊道不均匀	送丝不均匀或电弧电压过高、电弧过长导致电弧不稳定	检查送丝机构工作是否正常;检查导电嘴是否松动;减小电弧电压;减小焊丝的伸出长度

二、任务实施

任务1 MIG/MAG 气体保护焊连续点焊

(一)准备工作

(1)设备及工具:MIG/MAG 气体保护焊设备、木质刮刀、斜口钳、吹尘枪、角磨机、环带打磨机、双动打磨机、平锉、钢直尺、划针、手动/气动铁皮剪、钢丝刷、钢毡、钣金锤、焊接大力钳、平口大力钳、扁口大力钳、C形大力钳、游标卡尺。

(2)耗材:0.8mm 薄钢板、1.0mm 薄钢板、1.5mm 试焊片、角磨片、砂带、圆盘砂纸、抗渣膏、清洁剂、除尘布、导电嘴、焊丝、80号/120号砂纸、记号笔(油性)。

(3)防护用品:工作服、工作帽、安全鞋、棉纱手套、防尘口罩、透明护目镜、焊接面罩、焊接防护服、焊接袖套、焊接手套、焊接护腿。

(4)场地配套:焊接工作台、焊接工作架、照明系统、压缩空气、抽排系统、220V/380V 电源、5S 管理相关工具。

(二)技术要求与注意事项

(1)每位学员在教师集中示范指导后能独立完成此项目。
(2)根据作业项目正确选用安全防护用品,规范作业。
(3)作业前按标准工艺流程进行设备检查及调试,包括设备检查、母材、焊丝、气体流量等参数选择,正式焊接前需进行试焊并调节焊接电流及送丝速度。
(4)按标准工艺流程对母材进行打磨、清洁、防腐及定位处理。
(5)焊接成品外观、质量符合标准。

(三)操作步骤

(1)裁剪母材。按照教师给定尺寸对薄钢板进行划线,使用铁皮剪进行下料。

(2)母材前处理。使用平锉或角磨机处理母材毛刺及锋利的边缘;厚度1.5mm以上的母材焊接接口处使用角磨机或环带打磨机开坡口;使用双动打磨机打磨母材焊接区域;打磨后使用吹尘枪、清洁剂及除尘布对母材整体进行清洁除尘处理。

(3)母材固定。调节好预留的母材间隙,使用大力钳夹持固定需焊接的母材;根据平焊、横焊、立焊及仰焊的要求将夹持好的母材固定在焊接工作台或焊接工作架上。

(4)焊前设备检查维护及参数调节。按要求检查电、气、设备的状态,对焊接设备进行维护;通过试焊,调节焊接设备的电流、送丝速度等参数。

(5)定位点焊。按技术要求对母材进行定位。

(6)主焊接。按照焊接操作方法进行焊接,焊接后使用钢丝刷及除尘布对焊道进行清理。

(7)检查评价。使用目测观察及游标卡尺等测工具检查焊点外观及质量,结合"MIG/MAG气体保护焊连续点焊技能考核标准表"进行评价。

(8)焊接后处理。使用角磨机、环带打磨机对焊道正面进行打磨;使用钣金锤对焊件进行整平;使用吹尘枪、清洁剂及除尘布对焊件整体进行清洁除尘处理。

(9)检查评价。检查打磨后焊件外观及平整度,结合"MIG/MAG气体保护焊连续点焊技能考核标准表"进行评价。

(10)5s管理。工位复位,关闭电、气及相关设备,清扫清洁,填写工位使用记录表。

任务2 MIG/MAG气体保护焊塞焊

(一)准备工作

(1)设备及工具:MIG/MAG气体保护焊设备、木质刮刀、斜口钳、吹尘枪、手枪钻、WS90焊点剔除钻、錾子、角磨机、双动打磨机、平锉、圆锉、钢直尺、划针、手动/气动铁皮剪、钢丝刷、钢毡、钣金锤、焊接大力钳、平口大力钳、扁口大力钳、C形大力钳、游标卡尺。

(2)耗材:0.8mm薄钢板、1.0mm薄钢板、1.5mm试焊片、角磨片、砂带、圆盘砂纸、抗渣膏、清洁剂、除尘布、导电嘴、焊丝、80号/120号砂纸、记号笔(油性)。

(3)防护用品:工作服、工作帽、安全鞋、棉纱手套、防尘口罩、透明护目镜、焊接面罩、焊接防护服、焊接袖套、焊接手套、焊接护腿。

（4）场地配套：焊接工作台、焊接工作架、照明系统、压缩空气、抽排系统、220V/380V 电源、5S 管理相关工具。

（二）技术要求与注意事项

（1）每位学员在教师集中示范指导后能独立完成此项目。

（2）根据作业项目正确选用安全防护用品，规范作业。

（3）作业前按标准工艺流程进行设备检查及调试，包括设备检查，母材、焊丝、气体流量等参数选择，正式焊接前需进行试焊并调节焊接电流及送丝速度。

（4）按标准工艺流程对母材进行打磨、清洁、防腐及定位处理。

（5）焊接成品外观、质量符合技能考核标准。

（三）操作步骤

（1）母材加工。按照教师给定尺寸对薄钢板进行划线，使用铁皮剪进行下料，使用钣金锤整平后使用手枪钻或打孔器对 1/2 的母材（用作盖板）进行打孔；使用钣金锤和中心冲对带电阻点焊焊点的试焊片各焊点中心定位中心点，再使用 WS90 点焊剔除钻对带电阻点焊焊点的试焊片进行钻除分离，对存在电阻点焊焊点残余的区域需使用錾子进行分离。

（2）母材前处理。使用圆锉处理塞孔内部毛刺，使用平锉或角磨机处理母材锋利的边缘；使用双动打磨机打磨母材焊接区域，包括盖板正反面及背板正面三个区域；打磨后使用吹尘枪、清洁剂及除尘布对母材整体进行清洁除尘处理。在母材上下层板件（盖板与背板）贴合面上喷涂可焊接防锈底漆（锌粉漆）。

（3）母材固定。合理使用大力钳将上、下层板件夹持紧固；根据平焊、横焊、立焊及仰焊的要求，将夹持好的母材固定在焊接工作台或焊接工作架上。

（4）焊前设备检查维护及参数调节。按要求检查电、气、设备的状态，对焊接设备进行维护；通过试焊调节焊接设备的电流、送丝速度等参数。

（5）主焊接。按照焊接操作方法进行焊接，焊接要求跳焊，根据焊接位置及时调整大力钳紧固位置。焊接后使用钢丝刷及除尘布对焊道进行清理。

（6）检查评价。使用目测法观察和游标卡尺等工具检查焊点外观及质量，结合"MIG/MAG 气体保护焊塞焊技能考核标准表"进行评价。

（7）5S 管理。工位复位，关闭电、气及相关设备，清扫清洁，填写工位使用记录表。

三、学习拓展

非结构部件切接更换修复作业

(一) 项目概述

该部分节选自第 44 届世界技能大赛车身修理项目全国选拔赛 C 模块,主要用于模拟车身不可拆卸覆盖件(非结构件)受损后的切接更换,主要考察操作者对车身覆盖件进行测量、划线、打磨、切割、定位、拼装、焊接、整形等能力。项目规定用时 120min,焊接部分可根据学生掌握程度选择使用连续焊或连续点焊方式进行。

(二) 操作流程

1. 测量划线

按照图 5-51 所示对模拟受损的前翼子板(旧件)和新件标记切割线。翼子板切割尺寸上部为 260mm,平行切割线 90mm,中段为 305mm,下端切割点为轮弧与下边沿交点,切割线呈相互平行垂直交叉且 $R<40$mm。

图 5-51 翼子板切割示意图(单位:mm)

2. 切割预拼装

对新旧件进行预切割,此时切割应留有余量,以便后续进行重叠切割。如图 5-52a)、b)所示,预切割时应注意将影响重叠切割的板件拐角部分按标准尺寸提前进行切割,如图 5-52c)、d)所示。预切割后,使用环带打磨机处理新件内侧毛刺,旧件(保留件)外侧毛刺。将新旧件按照翼子板尺寸进行重叠并固定,使用气动锯沿标记好的切割线进行切割,如图 5-52e)、f)所示。切割完成后对新旧件进行预拼装,确保新旧件配合无面差、偏差及段差,且间隙大小符合技术要求,如图 5-52g)、h)所示。

项目五 气体保护焊连接工艺

a) 保留件（旧件预切割）　　b) 替换件（新件预切割）

 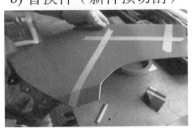

c) 按标准尺寸切割保留件　　d) 按标准尺寸切割新旧
拐角区域　　　　　　　　　　拐角区域

e) 新旧件重叠固定　　　　　f) 新旧件重叠切割

g) 保留件切割完毕　　　　　h) 新旧件预拼装

图 5-52　切割预拼装流程

3. 打磨焊接区域

使用双动打磨机安装 80 号砂纸对新旧件正面及背面进行打磨，打磨区域大小符合技术要求，如图 5-53 所示。使用环带打磨机及手刨砂纸处理死角油漆及切割接口处毛刺，确保无油漆残余及切割接口处平顺光滑，如图 5-54 所示。

4. 新旧件拼装定位

使用大力钳固定新旧件，确保新旧件配合无面差、偏差及段差，且间隙大小符合技术要求,样板规比对正确,如图5-55a)所示。使用气体保护焊对新旧件进行定位(需提前试焊并调试焊机),定位电流调整略大于主焊接电流,定位中及时修整,保证定位后新旧件外形尺寸与配合公差符合要求,如图5-55b)所示。此步骤结束后,需报告教师进行检查评分,教师结合评分表针对打磨和定位点焊的质量进行评价,包括打磨尺寸、毛刺处理情况、定位点焊直径及间距、板件缝隙、面差及段差等,如图5-55c)、d)所示。

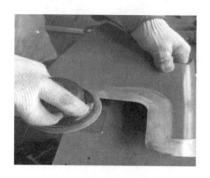

图5-53　打磨焊接区域油漆

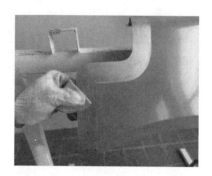

图5-54　处理切割接口毛刺

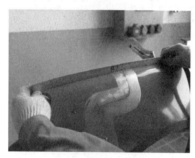

a) 拼装样板规比对

b) 定位点焊

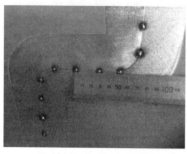

c) 检查定位点焊间距

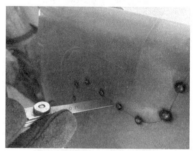

d) 检查拼装缝隙

图5-55　新旧件拼装定位流程

5. 新旧件焊接接合

使用角磨机或环带打磨机将定位点焊打磨平整,使用空气枪及除尘布进行清洁,确保焊接区域无污渍,如图 5-56a)、b) 所示。采用连续焊或连续点焊方式对新旧件进行焊接,如图 5-56c) 所示。若采用分段焊接方式,注意焊道接头的处理,需保证接头处有熔深,接头不偏移。焊接过程中,板件产生收缩变形,可根据实际情况及时进行修整,但不可直接敲击焊道。焊接结束后,需报告教师进行检查评分,教师结合评分表针对焊接质量进行评价,包括外观质量及焊接缺陷,如图 5-56d) 所示。

a) 定位点焊打磨

b) 清洁除尘

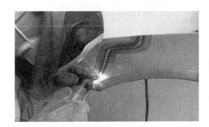
c) 主焊接(连续焊)

d) 焊道外观尺寸检查

图 5-56　新旧件焊接接合流程

6. 焊道打磨

使用角磨机、环带打磨机对焊道进行打磨,部分焊道区域因热收缩形成塌陷低于板件表面,需使用手锤、錾子将该部分敲出,如图 5-57a)、b) 所示。注意,打磨不可过度,应在能满足后续油漆施涂工艺的情况下尽可能减少对板件的破坏。

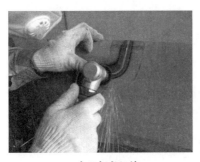
a) 打磨焊道

b) 敲击收缩塌陷区域

图 5-57　焊道打磨流程

7. 板件整形

使用手锤、垫铁等手工具对焊接收缩区域进行延展及整平,使焊接后的翼子板外形尺寸恢复原厂规定尺寸,要求与 6 条样板规贴合。使用双动打磨机进行打磨,其中,使用 120 号砂纸打磨焊接区域,使用 240 号砂纸打磨羽状边,维修后最终成品效果如图 5-58 所示。

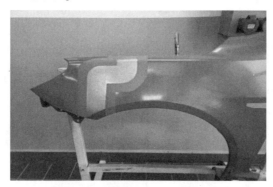

图 5-58 维修后成品效果

8. 5S 处理

完成作业后对工位进行 5S 处理,所有步骤结束后,报告教师进行检查评分。

四、评价与反馈

(一)自我评价

(1)通过本任务的学习,你是否已经知道以下问题:

①气体保护焊有哪些焊接参数?对焊接质量有何影响?

_____

②气体保护焊有哪些焊接缺陷?是何原因导致?如何解决?

_____

③焊接应力及焊接变形产生的原因有哪些?如何解决?

_____

(2)使用气体保护焊对车身进行塞焊及不同形式接头的缝焊的工艺流程是什么?注意事项有哪些?

_____

(3)实训完成情况如何?

①任务 1:_____

②任务2：_____

_____

(4)通过本任务的学习，你认为自己的知识和技能还有哪些方面有待进一步提高？

_____

_____

(二)小组评价

小组评价见表5-6。

小组评价　　　　　　　　表5-6

序号	评价项目	评价情况
1	学习态度是否积极主动	
2	是否服从教学安排	
3	是否全勤	
4	着装是否符合要求	
5	是否合理规范使用仪器和设备	
6	是否按照安全和规范的规程操作	
7	是否遵守学习、实训场地的规章制度	
8	是否积极主动地和他人合作、探讨问题	
9	是否能保持学习、实训场地整洁	
10	团结协作情况	

参与评价的同学签名：_____ 日期：_____

(三)教师评价

_____

_____

签名：_____ 日期：_____

五、技能考核标准

技能考核标准见表5-7、表5-8。

MIG/MAG 气体保护焊连续点焊技能考核标准　　表 5-7

序号	项　　目	操作内容	规定分	评分标准	得分
1	母材前处理	前处理作业过程安全防护	2 分	正确穿戴工作帽、手套、护目镜、口罩、耳塞,每项缺失、错误扣 1 分,扣完为止	
		母材划线及裁剪下料	3 分	与图示要求尺寸误差 < ±1mm;长度及宽度方向各计 2 处,每处超标扣 1 分,扣完为止	
		母材表面处理	8 分	无毛刺、无污渍及镀层;打磨区域距离接缝正面≥30mm,背面≥20mm;板厚 1.5mm 以上开坡口。每项缺失扣 3 分,打磨或处理不彻底每 30mm 为一处,每处扣 1 分,扣完为止	
		母材整平	2 分	整体变形误差 < ±1mm,超标扣 2 分	
2	设备检查及调试	焊枪检查维护	3 分	导电嘴及喷嘴表面无焊渣及污渍;导电嘴外部及喷嘴内部涂抹抗渣膏薄膜。每项缺失、错误扣 1 分,扣完为止	
		开机检查	1 分	开机检查并报告焊机状态,每项缺失扣 1 分	
		焊接参数选择、调节	4 分	母材材料、焊丝规格、焊接模式选择正确。每项错误扣 2 分,扣完为止	
		保护气流量调节	2 分	气瓶阀门全开;流量计气体流量 8 ~ 15 L/min。每项错误扣 1 分,扣完为止	

续上表

序号	项　　目	操作内容	规定分	评分标准	得分
2	设备检查及调试	试焊作业过程安全防护	3分	工作帽、焊接手套、焊接面罩、焊接防护服、焊接袖套及护腿；每项错误扣1分，扣完为止	
		试焊操作	2分	试焊板与母材材质厚度一致，错误扣2分	
		焊接电流及送丝速度调节	2分	焊接电流范围30~60A，送丝速度与电流匹配，无明显过快或过慢每项错误扣1分，扣完为止	
3	定位点焊	定位点焊作业过程安全防护	3分	工作帽、焊接手套、焊接面罩、焊接防护服、焊接袖套及护腿；每项错误扣1分，扣完为止	
		定位点焊外观及质量检查	5分	高度<2mm；有熔深；母材厚度0.8~1.0mm对应定位点焊直径为1.5~2.5mm，母材厚度1.5mm对应定位点焊直径为2.5~3.5mm；每项超标扣1分，扣完为止	
		焊点间距大小检测	3分	母材厚度0.8~1.0mm对应间距为15~30mm，母材厚度1.5mm对应间距为20~40mm；每项超标扣1分，扣完为止	
		母材间隙配合检查	3分	间隙均匀，偏差<±0.5mm，间隙值0.6~1.0mm，间隙每30mm为一处，每处扣1分，扣完为止	
		母材定位后整体检查	2分	面差<1mm，整体变形<1mm。每项超标扣1分	

续上表

序号	项目	操作内容	规定分	评分标准	得分
4	0.8mm/1.0mm/1.5mm 薄板连续点焊	焊接外观检查	15分	正面焊道宽度4~7mm；高度<2mm；焊道直线度偏差<1mm；宽窄差<1mm；接头偏移<1mm。每20mm记1处，每处扣1分扣完为止	
		焊接质量检查	14分	有熔深且高度<1.5mm，气孔、缺口、咬边、烧穿、熔深不足、未焊透、飞溅物过多(5个计一处)、裂纹等缺陷每处扣2分。热影响区域<30mm，按横向每20mm记1处，扣完为止	
		焊接后焊件整体情况检查	2分	焊后母材间面差<1mm。超标扣2分	
5	焊接后处理	焊道打磨外观检查	7分	打磨不足或打磨过度按横向每20mm记1处，打磨不足或打磨过度每处扣1分，扣完为止	
		焊道打磨质量检查	7分	打磨区域无穿孔及砂眼；穿孔每处扣3分，砂眼每处扣1分，扣完为止	
		焊件整体检查	2分	平整无明显变形，偏差≤±1mm。超标扣2分	
6	5S管理	全程5S管理	5分	设备、工具未复位，每项扣1分。场地未清洁扣5分，清洁不干净每处扣1分，扣完为止	
	总分		100分		

MIG/MAG 气体保护焊塞焊技能考核标准 表 5-8

序号	项　目	操作内容	规定分	评分标准	得分
1	母材前处理	前处理作业过程安全防护	2分	正确穿戴工作帽、手套、护目镜、口罩、耳塞,每项缺失、错误扣1分,扣完为止	
		母材划线及裁剪下料	2分	与图示要求尺寸误差<±1mm;长度及宽度方向各计2处,每处超标扣1分,扣完为止	
		塞孔加工	6分	①位置误差<1mm;②孔径:母材厚度0.8mm对应孔径4~6mm,厚度1.0mm对应孔径6~8mm,厚度1.5mm对应孔径8~10mm;③孔不失圆、孔径与标准误差<±0.2mm。每处缺失、超标扣1分,扣完为止	
		电阻点焊焊点分离	4分	不伤及背板(背板无明显钻痕<1/4半圆),每处扣1分,扣完为止	
		母材表面处理	8分	无毛刺、无污渍及镀层;打磨区域大于孔边缘15mm,贴合面完全打磨;每项缺失扣3分,处理不彻底每30mm一处,每处扣1分,扣完为止	
		母材整平	4分	误差<1mm;盖板和背板每处超标扣2分	
		防腐处理	4分	接合面喷涂防锈底漆(锌粉漆),未喷涂、喷涂不足或喷涂过量出现流挂,每个面扣2分	

续上表

序号	项　　目	操作内容	规定分	评分标准	得分
1	母材前处理	母材板件组合固定	4分	夹紧力度合适,板件不晃动,板件边缘对齐,偏差值<0.5mm,每20mm记1处,每处超标扣1分,扣完为止	
2	设备检查及调试	焊枪检查维护	3分	导电嘴及喷嘴表面无焊渣及污渍;导电嘴外部及喷嘴内部涂抹抗渣膏薄膜。每项缺失、错误扣1分,扣完为止	
		开机检查	1分	开机检查并报告焊机状态,每项缺失扣1分	
		焊接参数选择、调节	4分	母材材料、焊丝规格、焊接模式选择正确。每项错误扣2分,扣完为止	
		保护气流量调节	2分	气瓶阀门全开;流量计气体流量8～15 L/min。每项错误扣1分,扣完为止	
		试焊作业过程安全防护	2分	工作帽、焊接手套、焊接面罩、焊接防护服、焊接袖套及护腿,每项错误扣1分,扣完为止	
		试焊操作	2分	试焊板与母材材质厚度一致,错误扣2分	
		焊接电流及送丝速度调节	2分	焊接电流范围50～130A,送丝速度与电流匹配,无明显过快或过慢,每项错误扣1分,扣完为止	

续上表

序号	项　　目	操 作 内 容	规定分	评 分 标 准	得分
3	0.8mm/ 1.0mm/ 1.5mm 薄板塞焊	焊接操作	2分	使用跳焊,错误扣2分	
		焊接外观检查	20分	孔径≤焊点直径≤孔径+2mm;0.5mm<焊点高度<2mm;圆度:焊点长轴—短轴<1mm。超标每处扣1分,扣完为止	
		焊接质量检查	20分	熔深高度≤1.5mm,热影响区直径<30mm,每处扣1分。气孔、咬边、未填满、烧穿、熔深不足、未焊透、飞溅物过多(5个记一处)、裂纹等缺陷每处扣2分,扣完为止	
		焊接后焊件整体情况检查	5分	结合部位间隙<0.5mm,每20mm记1处,超标每处扣2分,扣完为止	
4	5S管理	5S管理	5分	设备、工具未复位,每项扣1分。场地未清洁扣5分,清洁不干净每处扣1分,扣完为止	
	总分		100分		

项目六　焊条电弧焊连接工艺

学习目标

☆ **知识目标**

1. 掌握焊条电弧焊的种类、焊接原理、特点及其应用；
2. 了解常见焊条电弧焊设备的组成、常见故障及排除方法；
3. 掌握焊条电弧焊安全操作规范；
4. 掌握焊条电弧焊对接平焊时的工艺流程及技术标准；
5. 掌握焊条电弧焊焊接参数及其对焊接质量的影响；
6. 掌握焊条电弧焊各类焊接缺陷的定义及其成因；
7. 了解焊条电弧焊板对接横焊、立焊及仰焊工艺。

☆ **技能目标**

1. 能够正确选用焊条电弧焊焊接操作所需安全防护用品；
2. 能够根据焊接实际需要正确调整焊条电弧焊焊接参数；
3. 能够按照焊条电弧焊安全操作规范及板对接平焊工艺流程完成焊条电弧焊焊接操作；
4. 能够按照技术标准对焊接成品进行评价分析；
5. 能够根据焊接缺陷提出对应的改进方案。

建议课时

12 课时。

任务描述

一辆斯太尔重型货车发生翻车事故，导致车架、横梁及货箱严重受损，其中，部分下横梁出现断裂。

针对此事故车横梁断裂损伤的维修，需要学习掌握焊条电弧焊以及车身结构件切割更换的相关知识和技能。

一、理论知识准备

焊条电弧焊在生产中被广泛应用于管道连接、桥梁及钢结构建筑物建设、船舶及重型机械制造与维修、气密容器加工与制造等方面,同时也是传统车身维修最常见的焊接方式之一。但随着车身材料的发展,尤其是轿车车身为满足轻量化及高强度的要求,各种新型材料被广泛应用,包括新型合金钢、高强度钢、铝合金等,而且在满足强度要求的基础上,板件厚度及质量不断减小,使用传统的焊条电弧焊工艺进行车身焊接维修已经不能满足新的要求。目前,焊条电弧焊在现代轿车车身焊接维修中基本已经被电阻点焊及气体保护焊所取代,仅少量应用于大中型客车、货车的框架、横梁及货箱的维修。

(一)焊条电弧焊设备

1. 焊条电弧焊设备类型

焊条电弧焊设备根据焊接时输出电流类型不同可分为交流电焊机和直流电焊机。

1)交流电焊机

通过焊机内部弧焊变压器(一种特殊降压变压器),将电源输入的交流电转换为适宜于弧焊的低电压高电流的交流电进行焊接,如图6-1所示。由主变压器及所需的调节部分和指示装置等组成。交流电焊机构造相对简单、维修方便,焊接时不会产生磁偏差,可使用普通焊条、不锈钢焊条、铸铁焊条等,可焊接的母材也较为广泛。交流电焊机中,应用最广泛的是动铁式交流电焊机。

2)直流电焊机

通过焊机内部整流转换器将电源输入的交流电转为低电压高电流的直流电进行焊接,如图6-2所示。其构造相对交流电焊机复杂,但具有体积小、质量轻的优点。且使用性能可以完全替代交流电焊机,应用更加广泛,可焊接特殊材料和特殊焊条。

图6-1　交流电焊机　　图6-2　直流电焊机

直流电焊机有硅整流电焊机和旋转式直流电焊机两种。其中,硅整流电焊机性能更为优越。硅整流电焊机由三相降压变压器、三相磁放大器、输出电抗器、吹风机及控制系统组成。接通电源时,吹风机开始工作。当风量达到一定风压时,微动开关接通,交流接触器触头闭合,使三相降压变压器与电源网路接通,同时使控制变压器与电源网路接通,磁放大器开始工作,输出直流电。直流电焊机的正极温度比负极温度高,使用时应根据焊件的厚薄不同,采用正接法或反接法。

2. 焊条电弧焊设备连接

焊条电弧焊的焊接设备主要由弧焊电源、焊钳和焊接电缆组成,其连接情况如图6-3所示。

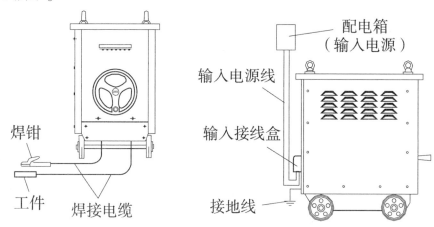

图6-3 焊条电弧焊设置连接示意图

3. 焊条电弧焊设备基本构成

1) 弧焊电源

弧焊电源是焊条电弧焊的核心,对焊接质量有至关重要的影响。根据其结构及工作原理不同可分为弧焊变压器、直流弧焊发电机、硅弧焊整流器、晶闸管式弧焊整流器和弧焊逆变器5类。弧焊逆变器又称逆变式弧焊电源,是一种新型弧焊电源,具有高效节能、体积小、功率因数高、焊接性能好等优点,目前应用较为广泛。

2) 焊钳

焊钳用以夹持焊条并传导焊接电流进行焊接的工具称为焊钳,又称焊把,如图6-4所示。常用的焊钳规格有300A和500A两种。应按照焊接电流及焊条直径大小正确选用焊钳,确保焊钳在水平45°~90°等方向都能夹紧焊条。焊钳外壳必须绝缘,焊钳与电缆的连接必须紧密牢固以确保导电良好。此外,焊钳还应质量小、装换焊条方便、夹持牢固以及安全耐用。

3) 焊接电缆

焊接电缆用以传导焊接电流。焊接电缆应具备良好的导电性,柔软易弯曲,绝缘性能好,耐磨损。专用焊接电缆是用多股纯铜细丝制成导线,外包橡胶绝缘,如图6-4所示。线缆内部铜芯的粗细决定着其通过电流时具备的散热性和导电性,所以焊条电弧焊所使用的电缆线其铜芯要求一般不低于$6mm^2$。选择焊接电缆可参考焊接设备使用说明书。

图6-4 焊钳及焊接电缆

4) 辅助设备或工具

辅助设备或工具主要包括焊条保温筒、焊接面罩、敲渣锤、钢丝刷、焊缝检测器等。焊条保温筒用于装载已烘干的焊条,且能保持一定温度,以防止焊条受潮的一种筒形容器,如图6-5所示。有立式和卧式两种,焊工可随身携带到现场,随用随取。焊接面罩用于防止焊接飞溅、弧光及其他辐射对焊工面部及颈部造成损伤,如图6-6所示。有手持式和头盔式两种,焊接面罩要求质轻、坚韧、绝缘性及耐热性好。焊接面罩正面安装有护目滤光片,即护目镜片,起减弱弧光强度、过滤红外线和紫外线以保护焊工眼睛的作用。护目镜片按亮度深浅分为6个型号(7~12号)。号数越大,颜色越深。焊缝检测器用以测量工件坡口角度、间隙、错边、余高、焊缝宽度、角焊缝厚度及焊角高度等尺寸,如图6-7所示。敲渣锤是用于清除焊渣的一种尖锤,如图6-8所示。钢丝刷是用于清除焊件表面的铁锈、油污及飞溅的金属丝刷子,如图6-9所示。

图6-5 焊条保温筒　　图6-6 手持式焊接面罩　　图6-7 焊缝检测器

图6-8 敲渣锤　　图6-9 钢丝刷

(二) 焊条电弧焊基本原理及特点

1. 焊条电弧焊基本原理

焊条电弧焊是人工操纵焊条进行焊接的电弧焊方法。其基本工作原理是利用焊条与工件之间短路电弧所产生的热量熔化焊条端部和工件的局部形成熔池。熔化的焊条金属不断地过渡到熔池中与之混合，并随电弧向前移动，熔池尾部的液态金属逐步冷却结晶而形成焊缝。同时，焊条药皮经电弧高温分解和熔化而生成气体和熔渣，对焊条端部、金属熔滴、熔池及其附近区域金属起保护作用，并发生冶金反应，如图 6-10 所示。

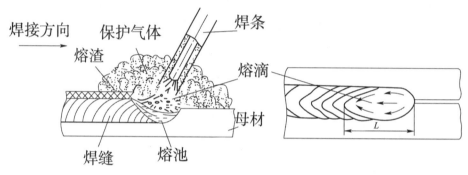

图 6-10 焊条电弧焊焊缝成型示意图

焊条电弧焊焊接过程：通过弧焊电源将电网输入的高压交流电转换为适宜于弧焊的低电压高电流的交流电或直流电，经输出电缆到达焊钳，传递至焊条焊芯，焊芯与工件发生短路形成电弧，焊接电流通过工件、接地电缆返回弧焊电源，形成回路，如图 6-11 所示。在短路电弧高温作用下，焊芯与工件局部熔化，经冷却后最终形成焊缝。

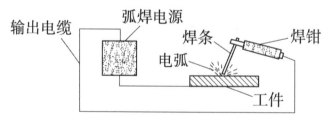

图 6-11 焊条电弧焊焊接回路示意图

2. 焊条电弧焊的特点与适用范围

1) 特点

(1) 设备简单，操作灵活方便，适应性强，可达性好；不受场地和焊接位置的限制，在焊条能达到的地方一般都能施焊。

(2)可焊金属材料广,除难熔或极易氧化的金属外,几乎能焊所有的金属。

(3)对接头装配要求较低。可通过焊工调整电弧位置和运条速度等,修正焊接工艺参数,降低了焊接头装配质量的要求。

(4)生产率低,劳动条件差。更换焊条频繁,焊后需清渣,熔敷速度慢,生产率低,劳动强度大;且弧光强,烟尘大,劳动条件差。

(5)焊缝质量对人的依赖性强。由于是用手工操纵焊条进行焊接,因此对焊工操作技能、工作态度及现场发挥等都有关,焊接质量在很大程度上取决于焊工的操作水平。

2)适用范围

(1)可焊工件厚度范围。不宜焊接1mm以下的薄板;常用于焊接3~40mm厚的工件。

(2)可焊金属范围。主要有碳钢、低合金钢、不锈钢、耐热钢、铜、铝及其合金等。

(3)最合适的产品结构和生产性质。较适合用于结构复杂、形状不规则、具有各种空间位置的焊缝和单件或小批量的焊件。

(三)焊条电弧焊设备基本维护

焊条电弧焊设备的维护应由专业人员进行,维护前必须切断电源。维护工作每半年至少应进行一次。主要进行以下几项工作:

(1)用压缩空气或刷子清除堆积在机内的灰尘。

(2)检查各连接处是否连接牢固,排除所有连接不可靠现象。

(3)检查线圈及其他部件固定是否牢固,如有松动,必须加以紧固。

(4)检查电流调节丝杆是否转动正常,可加适量的润滑脂。

(5)测量初级线圈与次级线圈之间、初级线圈和次级线圈分别对机架之间的绝缘电阻,不得低于1MΩ。

(四)焊条电弧焊安全操作规范

根据我国《电弧焊机通用技术条件》(GB/T 8118—2010)规定,结合国内主流焊机生产商所生产的焊条电弧焊设备情况,大部分焊条电弧焊空载电压一般为50~90V,远超人体安全电压36V。故焊条电弧焊焊接设备发生触电事故会对人造成生命危险。

1. 操作前安全须知

(1) 需经过专业培训及认证。焊机安装、维修及使用前必须经过专业培训并取得专业资格的人员来完成。

(2) 需仔细阅读设备使用说明。安装及使用焊机前需认真阅读设备使用说明书,严格按照使用须知进行设备安装及焊接操作。

(3) 通过专业体检并符合要求。携带电子器官,尤其是心脏起搏器的人员,未经专业医护人员同意,不得从事焊接作业或靠近使用中的焊机。

(4) 焊接前做好安全防护。必须穿绝缘安全鞋,禁止无关人员进入工作现场,提前做好防火、防触电及焊烟的净化抽排工作,严禁在潮湿的地面和雨天露天作业。

(5) 焊接前做好设备检查工作。焊前认真检查电缆绝缘状况是否良好,接线是否正确、牢固可靠,配电箱及电源线容量是否满足。认真检查焊钳挟持性能和绝缘性能,不良处及时修复或更换。按维护要求检查、清除吸附在焊机上的铁屑。

2. 操作过程中安全须知

(1) 焊接操作必须全程规范佩戴个人安全防护用品。

(2) 焊机开启后严禁触碰焊机上任何带电部位,尤其禁止徒手接触。

(3) 焊机外壳及其他防护装置受损或拆卸状态下禁止开展焊接作业。

(4) 焊接操作中途暂时离开焊接现场时,应关闭焊机,切断所有输入电源。

(5) 焊机使用中出现故障应及时停机检查,待故障完全排除后方可继续使用。

(6) 焊接操作过程中,需移动焊机位置时,务必停机断电后方可移动。焊接中突然停电,应立即关闭焊机。

3. 操作结束后安全须知

焊接操作结束,应及时关闭焊机,切断电源。务必对工作场地认真进行5S管理,确保无安全隐患后方可离开。

(五) 影响焊接品质的因素

焊条电弧焊品质与气体保护焊一样,同样受操作者本身、机器设备、母材和场地环境四大因素影响。

1. 操作者本身

在焊接设备、焊接对象、焊接要求等条件均相同的情况下,操作者本身是决定焊接品质的关键因素。操作者本身对焊接品质影响因素主要包括:焊接速度、焊条倾角、运条及焊接姿势等。

1)焊接速度

焊接速度通常根据工件的厚度和焊接电流大小确定,同等条件下,焊接速度增加,焊道单位长度焊接能量减小,焊道宽度及熔深将减小,焊道高度也会降低。为保证合理的焊道尺寸,操作者应控制好焊接速度,使之与焊接电流及电弧电压应相互匹配。

2)焊条倾角

焊条倾斜焊接时有拉焊和推焊两种,如图6-12所示。焊条倾斜的方向和大小不同,电弧对熔池的力和热的作用就不同,从而对焊缝成型的影响不同。推焊时,电弧力后排熔池金属的作用减弱,熔池底部液体金属增厚,熔深减小,而电弧对熔池前方的母材的预热作用加强,故熔宽增大,焊道余高减小。焊条倾角越大,这一作用越明显。拉焊时,情况则相反,如图6-13所示。

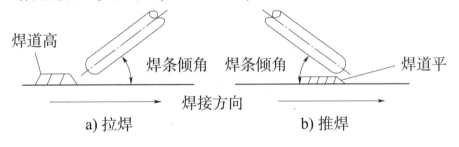

图6-12 拉焊和推焊示意图

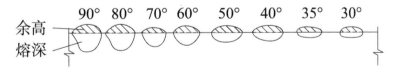

图6-13 焊接倾角对焊道成型的影响

3)运条

运条指焊接过程中,操作者使用焊钳控制焊条相对于焊缝所做的各种运动。通过合理的运条,可以控制熔池的形状和尺寸,从而获得良好的熔合和焊缝成型。运条包括三个基本动作:前进动作、横摆动作和向下送给动作,如图6-14所示。

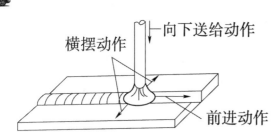

图6-14 运条基本动作

前进动作是使焊条端沿焊缝轴线方向向前移动的动作,它的快慢代表着焊接速度,能影响着焊接热输入和焊缝金属的横截面面积。横摆动作是使焊条端头在垂直焊缝轴线方向上做横向摆动,摆动的方式、幅度和快慢直接影响焊缝的宽度、熔深及坡口两侧的熔合情况。焊条的向下送给动作是使焊条沿自身轴线向熔池不断送进而保持电弧长度的动作。为保证弧长稳定,焊条送进速度应等于焊芯熔化速度。

为控制熔池温度,使焊道符合标准尺寸要求,焊接时焊条必须根据实际需要做有规则的运动,不断变更和协调这三个运条基本动作。经过不断实践,焊接操作人员根据焊接接头形式、焊缝位置、工件厚度、焊条直径及焊接设备参数设置情况,同时结合焊接过程中熔池形状及大小的变化,总结出以下9种常用运条方法,如图6-15所示。

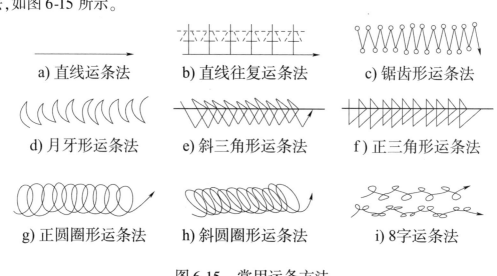

图6-15 常用运条方法

(1)直线运条法:常用于I形坡口的对接平焊,多层焊的第一层焊道或多层多道焊。

(2)直线往复运条法:特点焊接速度快、焊缝窄、散热快,适用于薄板或接头间隙较大的多层焊第一层焊道。

(3)锯齿形运条法:焊接时焊条末端做锯齿形连续摆动和向前移动,并在两边稍微停留,以防咬边。对接接头(平焊、立焊、仰焊),T形接头(立焊)均可使用。

(4)月牙形运条法:与锯齿形运条法类似,熔池存在时间长,易于熔渣上浮和气体析出,焊缝质量较高,生产中应用较多。

(5)斜三角形运条法:借助焊条的摇动来控制熔化的金属,促使焊缝成型良好,适用于T形接头的平焊、开V形坡口横焊和T形接头仰焊。

(6)正三角形运条法:这种方法一次能焊出较厚的焊缝断面,不易夹渣,生产效率高,适用于开坡口的对接接头和角接接头立焊。

(7)正圆圈形运条法:熔池存在时间长,温度高,便于熔渣上浮和气体析出,一般只用于较厚焊件的平焊。

(8)斜圆圈形运条法:有利于控制熔池金属不下淌,适用于T形接头的平焊和仰焊,对接接头的横焊。

(9)8字运条法:能保证焊缝边缘得到充分加热,熔化均匀,保证焊透,适用于带坡口的厚板对接平焊。

4)焊接姿势

焊接姿势是指根据母材与焊枪的空间相对位置不同,焊接作业者需调整不同的姿势进行焊接操作。焊接姿势主要有平焊、横焊、立焊及仰焊四种。平焊最容易掌握,易获得良好的焊道成型,可根据板件厚度和坡口形式选择合适的运条方法。横焊、立焊、仰焊工艺请参考学习拓展部分。此外,对角接接头和T形接头进行焊接时,焊条在焊接方向的倾角一般为65°~80°,电弧的指向应偏向厚板,以使两板加热温度相同,在多层焊时应根据焊道位及板厚调整焊条角度,以保证焊缝成型良好。

5)焊接层数

厚板焊接常采用多层焊或多层多道焊。层数增多对提高焊缝的塑性和韧性有利,因为后焊道对前焊道有回火作用,使热影响区显微组织变细,尤其对易淬火钢效果明显,但每层厚度应小于5mm。操作者应根据焊件厚度、焊条直径、坡口形式和装配间隙等来确定焊接层数。常规车辆车身板件焊接均为单层焊。

2.机器设备

影响因素主要包括:弧焊电源、焊接电流、电弧电压、电流类型和极性、焊条类型等。

1)弧焊电源

焊条电弧焊用的是额定电流在500A以下具有下降外特性的弧焊电源,其本身对焊接质量和工艺难度有直接的影响,良好的弧焊电源应具备以下特点:

(1) 适当的空载电压。

在电弧焊电源接通电网而焊接回路为开路时,弧焊电源输出端的电压称为空载电压。焊条电弧焊电源空载电压的确定应遵循以下原则:保证引弧容易及电弧燃烧稳定;有良好的经济性;确保安全性。

(2) 具有陡降的外特性。

稳定工作状态下,弧焊电源输出电压和输出电流之间的关系称为弧焊电源的外特性。为保证焊接电流变化最小,焊缝成型均匀一致,要求弧焊电源应具有陡降的外特性,如图6-16所示。但陡降外特性的短路电流过小,不利于引弧。为了提高引弧性能和电弧熔透能力,最理想的电源外特性是恒流带外拖的,如图6-17所示。

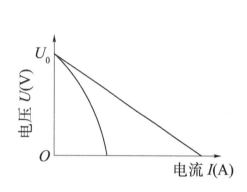

图6-16 外特性形状对电流稳定性的影响

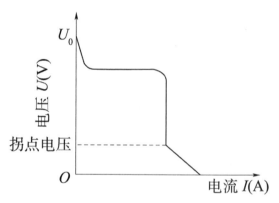

图6-17 焊条电弧焊电源理想的外特性

(3) 具有良好的调节特性。

为适应不同结构、材质、焊件厚度、焊接位置和焊条直径的需要,弧焊电源必须能按要求提供适当的焊接工艺参数,主要是焊接电流要能在一定范围内均匀、连续方便地进行调节。

(4) 具有良好的动特性。

弧焊电源的动特性是指电弧负载状态发生瞬态变化时,弧焊电源输出电压和与时间的关系,它反映了弧焊电源对电弧负载瞬态变化的快速反应能力。焊接时,弧长频繁的变化,故要求弧焊电源具有良好的动特性,以适应焊接电流和电弧电压的瞬态变化。

2) 焊接电流

焊接电流是焊条电弧焊的主要工艺参数,其决定了工件及焊条熔化效率,直接影响到熔深、焊道宽度、余高、焊条熔化速度、电弧稳定性和飞溅量等,直接影响焊接质量和生产率。在保证焊接质量的前提下,可选择较大的焊接电流以提高焊接生产率。但焊接电流过大,会使焊条后部发红、药皮失效或崩落,保护效果变差,造成气孔和飞溅,出现焊缝咬边、烧穿等缺陷,还使接头热影响区晶粒粗大,接头的韧性下降;焊接电流过小,则电弧不稳,易造成未焊透、未熔合、气孔和夹渣等缺陷。焊接电流大小应根据焊条类型、焊条直径、焊件厚度、接头形式、焊接位置、焊接层数、母材性质和施焊环境等因素正确选择。其中,最重要的是焊条直径和焊接位置。不同直径的焊条对应的焊接电流范围见表6-1。

焊接电流和焊条直径的关系　　　　表6-1

焊条直径(mm)	φ1.6	φ2	φ2.5	φ3.2	φ4	φ5	φ6
焊接电流(A)	20～40	40～65	50～80	100～130	160～210	200～270	260～300

其他影响因素不变时,平焊焊接电流可大于立焊、横焊和仰焊;T形接头、搭接接头或环境温度较低时,为减少因散热造成的影响,焊接电流需增加;使用碱性焊条比使用酸性焊条的焊接电流应小10%左右;使用不锈钢焊条时,焊接电流应比碳钢焊条小20%左右;打底层焊道电流应小于填充及盖面层电流。

3) 电弧电压

电弧两电极之间的电压降称之为电弧电压,其大小电弧长度来决定,电弧长则电弧电压高,反之则低。在焊接过程中,电弧长短直接影响着焊缝的质量和成型。电弧过长则电弧漂摆、燃烧不稳定、飞溅增加、熔深减少、熔宽加大、熔敷速度下降,且外部空气易侵入,造成气孔和焊道金属被氧或氮污染,使焊缝质量下降。正常的弧长小于或等于焊条直径为短弧焊。超过焊条直径的弧长为长弧焊。在使用酸性焊条时,为了预热待焊部位、降低熔池的温度或增加焊道宽度,应采用长弧焊。使用碱性低氢型焊条时,应用短弧焊以减少气孔等缺陷。

4) 电流类型和极性

焊条电弧焊根据弧焊电源不同,输出的电流有交流电和直流电两种。当使用直流弧焊电源时,焊钳接正极,工件接负极称为反接法;焊钳接负极,搭铁接正极称为正接法。使用直流电焊接的最大特点是电弧稳定、柔顺、飞溅少,易获得优质焊缝,但直流电弧有极性要求和磁偏吹现象。使用低氢钠型焊条、薄板焊接、立焊、仰焊及焊全位置焊接时宜采用直流弧焊电源;薄板焊接及使用碱性焊条时,要求使用直流反接。交流弧焊电源则无极性要求,且电源成本低,电弧磁偏吹不明显,但电弧稳定性差,尤其在小电流焊接时对操作技巧要求高。使用直流反接法时的熔深和焊道宽度比直流正接大,交流电弧焊接则介于两者之间,故焊条电弧焊一般采用直流反接法(熔化极电弧焊均如此)。

5)焊条

焊条电弧焊所使用的焊条由焊芯和药皮两部分组成,如图6-18所示。焊芯的作用是作为焊接填充金属和电极。药皮的作用则是在焊接过程中产生保护气体和熔渣,对焊道进行保护,同时能够起到稳定电弧、冶金、渗入合金元素及改善焊接工艺性能的作用。焊条牌号的选择取决于母材材质及其焊后力学性能要求,焊条直径(即焊芯直径)大小主要取决于焊件厚度、接头形式、焊接位置、焊道层数、母材间缝隙大小和允许的线能量等因素。焊条直径大小直接影响其导电的电流密度,焊条直径小,电流密度大,电弧燃烧稳定性高,熔化速度也快,但焊接成型效率低。在保证焊接质量前提下,应尽可能选用大直径焊条,影响焊条直径大小最主要的指标是焊件厚度。通常情况下,焊条直径与焊件厚度的对应关系见表6-2。

图6-18 焊条结构

焊条直径与焊件厚度的关系　　　　表6-2

焊件厚度(mm)	≤4	4~12	>12
焊条直径(mm)	2~3.2	3.2~4	≥4

(1)焊条分类:焊条通常按用途及药皮熔化后熔渣特性进行分类。

①根据焊条用途不同,结合国家标准对焊条分类,见表6-3。

焊条分类及用途　　　　表6-3

代号	类型	国家标准	用途
E	碳素钢焊条	GB/T 5117—2012	主要用于强度较低的低碳钢和低合金钢的焊接
E	低合金钢焊条	GB/T 5118—2012	主要用于低合金高强度钢、含合金元素较低的钼和铬钼耐热钢及低温钢的焊接
E	不锈钢焊条	GB/T 983—2012	主要用于含合金元素较高的钼和铬耐热钢及各类不锈钢的焊接

续上表

代号	类型	国家标准	用途
ED	堆焊焊条	GB/T 984—2001	用于金属表面层堆焊,其熔敷金属在常温或高温中具有较好的耐磨性和耐腐蚀性
EZ	铸铁焊条	GB/T 10044—2002	专用于铸铁的焊接和补焊
ECu	铜及铜合金焊条	GB/T 3670—1995	用于铜及铜合金的焊接、补焊或堆焊。其中某些焊条可用于铸铁补焊或异种金属焊接
TAl	铝及铝合金焊条	GB/T 3669—2001	用于铝及铝合金的焊接、补焊或堆焊

②根据药皮熔化后熔渣特性不同,可分为酸性焊条和碱性焊条。酸性焊条指药皮中含酸性氧化物多、碱性氧化物少的焊条,仅适用于一般低碳钢和强度等级较低的普通低合金钢结构的焊接。碱性焊条指药皮中含碱性氧化物多、酸性氧化物少的焊条,可用于焊接高强度低合金钢和重要的碳钢结构。

(2)焊条选用原则:选用焊条时,除根据工件的化学成分、力学性能、工作环境等要求外,还应考虑工件结构状况、受力情况、设备条件、工作效率及成本控制等综合因素,并严格参照现行《非合金钢及细晶粒钢焊条》(GB/T 5117)、《不锈钢焊条》(GB/T 983)等标准进行选择。此外,焊条必须在规定的温度和湿度范围内保管及使用,同时还应避免机械损伤、受油或其他腐蚀介质污染。

(3)焊条的烘干及存储。

①焊条烘干:酸性焊条对水分不敏感,要根据受潮的具体情况,在75~150℃烘干1~2h,存储时间短且包装良好,一般使用前可不烘干。碱性低氢型焊条在使用前必须烘干,以降低焊条的含氢量,防止气孔、裂纹等缺陷产生,一般烘干温度为250~400℃,烘干1~2h。焊条不可突然放入高温炉中或突然冷却,以免药皮干裂。对含氢量有特殊要求的,烘干温度应提高到400~500℃,烘干1~2h。经烘干的碱性焊条放入温度控制在50~100℃低温烘干箱中存放,并随用随取。焊条累计烘干次数一般不超过3次。

②焊条的存储:焊条应分类、分型号存放,避免混淆;必须放在通风良好、干燥的库房内,室内温度在5~20℃,相对湿度小于60%;各类焊条存储时,必须离地面高300mm,离墙壁300mm以上存放,以免受潮;焊条一次出库量不能超过两

天的用量,出库后必须保管好。

3. 母材

影响因素主要包括:材质、厚度、表面情况、接头形式、坡口形式等。

1)材质

工件的材质指构成工件的化学组成成分。材质不同,所选择的焊接工艺、焊接方法、焊条型号及焊接设备均有所不同。尤其是焊接设备和焊条型号的选择受母材材质影响最大,可对照焊条电弧焊设备使用说明书、焊条应用范围相关国家标准进行选择及调整。

2)厚度

工件的厚度主要影响焊接工艺参数的选择,包括焊弧焊电源的类型、焊条直径、焊接电流、焊道层数、焊接速度等。薄板焊接应使用直流弧焊电源并采用反接法,工件的厚度与焊条直径、焊接电流大小及焊道层数成正比,与焊接速度成反比。

3)接头形式

焊条电弧焊的焊接接头有对接接头、搭接接头、角接接头和T形接头四种基本形式,如图6-19所示。此外,还有十字接头、端接接头、卷边接头、套管接头、斜对接接头、锁底对接接头等特殊的接头形式。

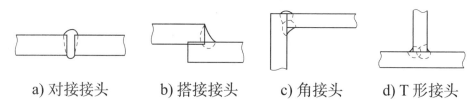

a) 对接接头　　b) 搭接接头　　c) 角接头　　d) T形接头

图6-19　接头形式

4)坡口形式

坡口是根据设计或工艺需要,在焊件的待焊部位加工成一定几何形状并经装配后构成的沟槽。开坡口的目的是保证电弧能深入焊缝根部使其焊透,便于清渣并获得良好的焊缝,开坡口还能起到调节熔合比的作用。坡口形式取决于接头形式、焊件厚度以及对接头质量的要求。

(1)坡口的选择原则:保证熔透,强度达标;坡口形状容易加工;节省焊接材料,提高生产率;焊后焊件变形小。

(2)坡口尺寸参数及符号:厚板δ指工件总厚度;坡口角度α指工件两坡口面之间的夹角;根部间隙b指焊前在接头根部之间预留的空隙;钝边厚度p指焊

件开坡口时,沿焊件接头坡口根部的端面直边部分,如图 6-20 所示。此外,U 形坡口底部的圆角半径用 R 表示。

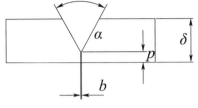

图 6-20　Y 形坡口尺寸参数及符号

(3)坡口的基本形式:《气焊、焊条电弧焊、气体保护焊和高能束焊的推荐坡口》(GB/T 985.1—2008)对焊条电弧焊常用接头的坡口形式作了详细规定。根据板厚不同,对接接头坡口形式有 I 形、Y 形、X 形、U 形等,如图 6-21 所示。I 形坡口最显著的优点是不用加工坡口,但焊缝成型差,强度差。仅适用于板厚 $δ<6mm$ 的中、薄板。V 形坡口的优点是坡口易加工,只需单面焊接,但焊后易产生角变形,尤其是厚板。一般用于板厚 $δ=6~40mm$ 且对角变形要求不高的工件。X 形坡口的优点是填充金属及变形比 V 形坡口减小约 1/2,但加工比 V 形坡口复杂,同时需要两面施焊。一般用于板较厚 $δ=12~60mm$,且可以双面焊,对板件变形量要求不高的工件。U 形坡口的优点是填充金属比 X 形小,变形量小,单面施焊。但坡口加工困难,加工成本较高。多用于厚板 $δ=20~60mm$ 且对板件变形量要求不高的工件。

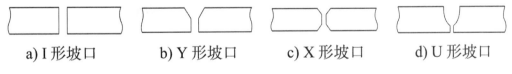

a) I 形坡口　　b) Y 形坡口　　c) X 形坡口　　d) U 形坡口

图 6-21　对接接头坡口形式

此外,根据焊件厚度、结构形式及承载情况不同,角接接头和 T 形接头常见的坡口形式可分为 I 形、带钝边的单边 V 形及双边 V 形坡口等,如图 6-22 所示。

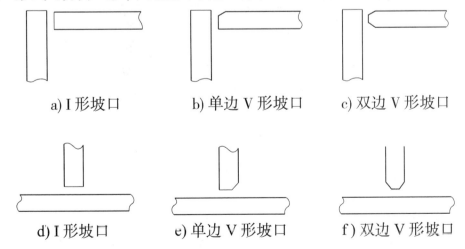

a) I 形坡口　　b) 单边 V 形坡口　　c) 双边 V 形坡口

d) I 形坡口　　e) 单边 V 形坡口　　f) 双边 V 形坡口

图 6-22　角接接头和 T 形接头常见坡口形式

(4)坡口制作 包括坡口的加工和坡口两侧的清理工作,根据焊件结构形式、板厚和材料的不同,坡口制备的方法也不同。坡口加工方法有:剪切、刨削、车削、热切割、碳弧气刨、铲削或磨削等。

5)表面

焊件表面存在的锈蚀及污渍将对焊接品质有较大影响,尤其是使用碱性焊条进行焊接,需提前对焊接区域进行打磨处理。同时,工件上存在水分也会增加裂纹、气孔等焊接缺陷发生的概率。因此,进行焊接准备工作时,应尽可能将焊接区域打磨清理干净。

4. 场地环境

影响因素主要包括:电源电压、温度及湿度、风速、其他工作环境等。

1)电源电压

焊条电弧焊所使用的输入电源应符合设备使用说明书具体要求。为确保焊接质量,保护焊机,电源电压波动量应小于焊机额定输入电压值的±10%,否则焊接电弧不稳定,严重影响焊接质量。

2)温度及湿度

工作环境温度直接影响待焊工件的温度,工件温度越低,焊接后收缩率越大,焊接应力也越大,对结构要求较高的焊件,对工作环境最低温度(工件温度)有严格要求。通常情况下,焊条电弧焊工作时,周边环境空气温度范围通常应在0~40℃之间。相对湿度过大,焊件容易受腐蚀,易产生气孔、裂纹等焊接缺陷。通常,普通碳钢焊接相对湿度要求小于或等于90%,有色金属焊接要求小于或等于80%。针对不同的待焊工件材质及力学性能要求,对工作环境的温度及湿度要求有所不同。焊接操作前应查阅相关标准,如现行《钢结构焊接规范》(GB/T 50661),按要求对温度及湿度进行调节控制处理。

3)风速

焊条电弧焊药皮燃烧所产生的保护气对焊道有保护作用,故焊接操作时有防风要求。通常工作场所风力应小于8m/s,超出此范围时,应提前采取防风措施。

4)其他工作环境要求

通常情况下,焊条电弧焊设备不宜长时间在阳光下暴晒;不宜在雨中使用;不宜在空气中灰尘、盐分、腐蚀性气体或其他有害物质超标情况下使用。

(六)焊条电弧焊工艺流程

1. 焊前准备工作

1)安全防护

(1)个人安全防护:根据工艺流程中各工作项目操作规范正确选用个人焊接防护用品。

(2)他人安全防护:焊接工作场所合理设置警示线、安全警示牌、警示标语等,禁止非工作人员进入工作现场。

(3)场地环境安全:施焊前需对通风条件、温度湿度进行评估,对焊接工作场地周边进行安全排查,提前做好防火、防触电以及粉尘和焊烟的净化抽排工作,重点对易燃易爆及漏电安全隐患进行检查。提前准备灭火器、触电施救工具以备紧急情况使用。

2)焊接设备检查及焊接参数选择

(1)检查焊机的外罩绝缘与接地情况是否安全可靠,电网电压与焊机铭牌是否相符。

(2)检查焊接电缆与焊机、焊接电缆与焊钳接头连接是否牢固,焊接电缆是否破损,焊钳夹持焊条是否牢固。

(3)开机检查焊机噪声及振动是否出现异常,工作指示灯是否正常显示。

(4)选用与母材同性质的废料进行试焊,通过焊接发出的声音及焊道成型的质量对焊接参数进行调节,同时对焊条选用是否合适及焊机工作状态进行判断。

3)工件及焊接耗材准备

(1)根据工件材料及厚度情况或设计图纸要求选择接头和坡口形式,结合实际条件对焊件坡口按要求进行加工。

(2)焊条准备:根据焊件设计和焊接工艺要求,选用适当牌号和规格的焊条。焊条偏心度不能超标、焊芯不要锈蚀、药皮不应有裂纹及脱落现象。在焊接重要焊接结构时焊条需烘干去除受潮焊条中的水分,以减少熔池和焊缝中的氢,防止产生气孔和冷裂纹。

(3)工件表面处理:使用角磨机、钢丝刷等设备工具清除坡口及其母材两侧表面20mm范围内(以离坡口边缘的距离计)的氧化物、油污、熔渣及其他有害杂质。

(4)工件组对固定及定位焊接:在正式施焊前将焊件按照图样所规定的形

状、尺寸装配在一起的工序,称为工件组对。组对时应尽量减少错边,确保焊件间隙合适,无面差、段差及偏差,保证装配间隙符合工艺要求。工件组对后,需进行定位焊。焊接定位焊缝时须注意:焊接电流应比正式焊接时大 10%~15%;定位焊有缺陷时,应去除掉该点并重新焊接;若焊前需预热、焊后需缓冷,则对定位焊的要求也相同;定位焊须熔合良好,焊道不能太高,起头和收尾处应圆滑过渡,不能太陡;不能在焊缝交叉处和方向急剧变化处定位焊,应离开上述位置50mm 左右焊接;为防止开裂,应尽量避免强行组装后进行定位焊。

2. 焊接操作

1) 引弧

电弧焊引燃焊接电弧的过程称为引弧。焊条电弧焊采用低电压、大电流放电产生的电弧是依靠焊条瞬时接触工件实现的。引弧时必须将焊条末端与焊件表面接触形成短路,然后迅速将焊条向上提起为 2~4mm 的距离,引燃并维持电弧。引弧的方法有敲击法和擦划法两种,如图 6-23 所示。

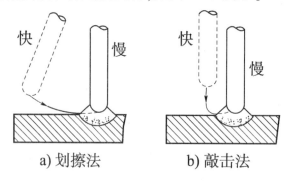

图 6-23 引弧方法

(1)敲击法:也称点接触法或称碰击法。是将焊条与工件保持一定距离,然后垂直落下,使之轻轻敲击工件,瞬间发生短路,再迅速将焊条提起,产生电弧的引弧方法。该方法适用于各种位置的焊接。但敲击焊条时力度应适宜。

(2)擦划法:也称线接触法或摩擦法。划擦法引弧类似于划火柴的动作,是将焊条一端在焊件坡口表面呈一条直线划擦一下。当焊条端部与焊件接触时,发生短路,因接触面很小,温度急剧上升,在电弧出现焊条未熔化前立即提起焊条产生稳定电弧的引弧方法。此种方法易于掌握,但引弧时会污染坡口,对焊接质量有一定影响。

2) 起头

焊缝的起头是指刚开始焊接处的焊缝。起头时焊件温度较低,余高容易增加,熔深也较浅。同时,焊条药皮还未充分发挥作用,对焊道保护效果较差,故起头部位较容易产生气孔、未焊透、夹渣等焊接缺陷。为避免这种情况,可在引弧后将电弧稍拉长或在距离起焊点 10mm 处起弧,对焊缝端头(接头)进行必要的预热,如图 6-24 所示。预热后将电弧缩短,酸性焊条弧长约等于焊条直径,碱性焊条弧长约为焊条直径一半。在焊接重要结构时,还应制作起弧板进行起弧,以便获得熔深与熔宽均匀一致的焊缝,如图 6-25 所示。

图 6-24　引弧点选择　　　图 6-25　引弧板及引出板

3)主焊接

(1)运条。

起弧并起头后,过渡至主焊接过程。操作者通过合理及稳定地运条(对焊条的控制)完成焊缝焊接成型。此前,操作者应根据焊件的材质、接头的形式、接头的位置、坡口、板厚、焊条直径等要素选择好主焊接所使用的运条方法。施焊过程中,运条方法虽然整体不变,但操作者需根据焊接中焊缝成型的实际情况对工艺参数进行及时调整。通过重点观察工件缝隙与熔池相对位置变化情况、焊接区域温度高低、熔池形状及电弧工作状态,进而调整运条的三个基本动作以控制好各焊接工艺参数,实现获得良好的焊缝成型效果。

(2)焊缝接头。

主焊接过程中,受焊条长度限制,焊缝出现连接接头不可避免。为保证焊缝整体质量,要求接头部位与其他焊接区域保持一致,避免出现超高、宽窄不均、气孔等缺陷。根据焊接方向及焊接先后顺序,焊缝接头有中间接头、相背接头、相向接头和分段退焊接头四种。

①中间接头。要求在弧坑前约 10mm 处附近引弧,电弧长度比正常焊接时略长些,然后回移到弧坑,压低电弧,稍做摆动,填满弧坑,再向前正常焊接。

②相背接头。两焊缝起头处相连接,如图 6-26b)所示。要求先焊的焊缝起头处略低些,后焊焊缝必须在先焊焊缝起始端稍前处引弧,然后稍拉长电弧将电弧移到先焊焊缝的始端,待焊平后,再向前正常焊接。

③相向接头。是两条焊缝的首尾相连,如图 6-26c)所示。当后焊的焊缝焊

到先焊的焊缝收尾处时,焊接速度应稍慢些填满先焊焊缝的弧坑后再熄弧。

④分段退焊接头。是后焊焊缝的收尾与先焊焊缝的起头相连接,如图6-26d)所示要求后焊的焊缝焊至靠近先焊焊缝始端时,改变焊条角度,使焊条指向先焊焊缝的始端,并拉长电弧,待形成熔池后,再压低电弧,往回移动,最后返回原来熔池处收弧。

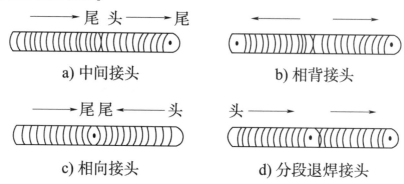

图6-26 焊缝接头

4)收弧

焊接结束时,若立即断弧则会在焊缝终端形成弧坑,使该处焊缝截面减小,强度降低,易产生弧坑裂纹,引起应力集中。同时,切断电弧过快,会使液态金属中的气体及熔渣不能及时逸出,易产生气孔及夹渣。因此,必须填满弧坑后收弧。常用的收弧方法有:

(1)划圈收弧法。当电弧移至焊缝终端时,焊条端部做圆圈运动,直至填满弧坑后再拉断电弧,此法适于厚板焊接。

(2)回焊收弧法。当电弧移至焊缝终端处稍停,再改变焊条角度回焊一小段,然后拉断电弧。此法适用于碱性焊条焊接。

(3)反复熄弧再引弧法。电弧在焊缝终端做多次熄弧和再引弧,直至弧坑填满为止,适用于大电流或薄板焊接的场合,不适用于碱性焊条。

(4)转移收尾法。焊条移到焊缝终点时,在弧坑处稍做停留,将电弧慢慢拉长,引到焊缝边缘的母材坡口内。此法适用于换焊条或临时停弧时的收尾。

3. 焊后收尾工作

1)清理熔渣

焊接结束,待焊缝温度逐步冷却后使用敲渣锤清理焊缝表面熔渣。敲渣时熔渣飞溅方向不可面朝人。使用钢丝刷彻底清理焊缝表面,有去除余高要求的焊件(如车身横梁、车身框架等)需使用角磨机等工具对焊缝进行打磨。

2) 焊接质量检测

按照产品设计文件对焊缝质量检测的级别要求对焊缝进行检测。车身焊接质量检测使用三级焊缝检测标准(外观检测合格)即可满足要求。焊缝外观质量检验包括外形尺寸检测及表面质量检测两部分。

(1) 表面质量采用目视或放大镜(5倍)进行。重点检查焊缝表面缺陷,要求各种焊缝表面不允许存在夹钨、夹渣、气孔、焊瘤、未焊透、未熔合和裂纹等缺陷;钢结构焊缝表面的咬边小于0.5mm,焊缝两侧咬边总长度不超过焊缝长度的10%,镍和镍合金、钛和钛合金其焊缝表面不得有咬边;背面凹坑:当$T \leq 5mm$时,深度不大于$25\%T$,且不大于1mm(T为试件厚度);当$T > 5mm$时,深度不大于$20\%T$,且不大于2mm(T为试件厚度)。

(2) 外形尺寸用焊缝检验尺测量。重点检查角变形、面差和焊缝外形尺寸。对接焊缝焊后变形角度$\theta \leq 3°$(有色金属试件焊后变形角度$\theta \leq 10°$),如图6-27所示。试件错边量e不得大于$10\%T$,且小于或等于2mm,如图6-28所示。

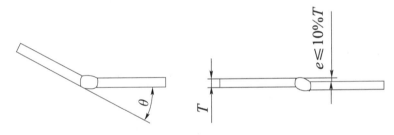

图6-27 焊后角变形　　图6-28 错变量(面差)

其他焊缝外形尺寸要求见表6-4。(板对接或角接)

焊缝外形尺寸　　表6-4

焊缝外形尺寸要素	标　准
焊缝余高	平焊0~3mm;其他位置0~4mm
焊缝余高差	平焊≤2mm;其他位置≤3mm
焊缝宽度	比坡口每侧增宽0.5~2.5mm;宽度差≤3mm
焊缝边缘直线度	直线度$f \leq 2mm$
焊缝凹度或凸度(角焊缝)	凹度或凸度≤1.5mm
焊缝焊脚(角焊缝)	$0.5 \sim 1T$(T为试件厚度),焊脚差≤3mm

(3)5S管理:操作结束后及时关闭工作场地的电源、气源;焊件、设备、工具、耗材按要求整理归位;清扫清洁工作场地,无杂物,工作台及工具设备表面无灰尘,垃圾桶清空;离开工作场地前,务必对安全隐患进行再次排除,无异常后填写相关操作或安全检查记录表后方可离开。

(七)焊接缺陷原因分析及防治

1. 焊接缺陷类型

根据《金属熔化焊接头缺欠分类及说明》(GB/T 6417.1—2005)规定,焊条电弧焊焊缝缺陷分为裂纹、气孔、固体夹渣、未熔合和未焊透、形状缺陷、其他缺陷等六类,每一类中又包含若干小类。

根据缺陷的类型及产生的位置不同,可将焊接缺陷可分为四类。

(1)焊缝外观不符合要求,如焊缝超高、超宽、过窄、高低差过大等。

(2)焊接表面缺陷,如咬边、焊瘤、内凹、满溢、未焊透、表面气孔、表面裂纹等。

(3)焊缝内部缺陷,如气孔、夹渣、裂纹、未熔合、夹钨、双面焊的未焊透等。

(4)焊接接头性能不符合要求,因过热、过烧等原因导致焊接接头的机械性能、抗腐蚀性能降低等。

2. 常见焊接缺陷原因分析及防治措施

1)焊缝宽度尺寸超差

焊道过宽或过窄以及宽窄差不合格(超差大于1mm),焊缝边缘不均匀,直线度较差。

(1)危害:焊缝成型不美观;焊缝过宽,熔敷金属多,热影响区域大,热变形大,耗材浪费多。焊缝过窄,易伴生咬边、未熔合等缺陷,强度降低。宽窄不一致,则单位焊缝长度上受热差较大,导致应力不均匀,易导致较大变形。

(2)产生原因:焊缝坡口角度不当,装配间隙不均匀,焊接电流选择不合适,焊接速度不均匀,焊条摆动幅度不一致,电弧长度变化幅度大等。

(3)防治措施:正确选择坡口角度、装配间隙及焊接参数,熟练掌握运条操作技术。

2)焊缝高度尺寸超差

焊道余高过高或过低以及高低差不合格(超差大于1mm),如图6-29所示。

项目六 焊条电弧焊连接工艺

a) 余高过高

b) 余高过低

图 6-29　焊缝高度尺寸超差

(1) 危害:焊缝成型不美观;余高过高,易在焊缝与母材连接处形成应力集中,余高过低,则焊缝承载面积减小,使接合强度降低。

(2) 产生原因:焊缝坡口角度不当,装配间隙不均匀,焊接参数选择不合适,电弧长度变化幅度大,操作人员技术不熟练等。

(3) 防治措施:正确选择坡口角度、装配间隙及焊接参数、熟练掌握操作技术,严格按设计要求施焊。

3) 咬边

在焊缝边缘的母材部位出现较明显的沟槽或凹陷,如图 6-30 所示。

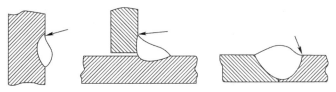

图 6-30　咬边

(1) 危害:焊缝承载面积减小,强度降低,咬边处应力较集中,承载后易引起裂纹。

(2) 产生原因:焊接电流过大;焊接速度太快;电弧电压过高;焊条角度不当;焊接角焊缝时一次焊接的焊角尺寸过大。

(3) 防治措施:选择合适的焊接电流、电弧电压等参数,调整合适的焊接速度、焊条倾角,焊条向下送给速度因均匀稳定。

4) 未熔合

焊缝金属与母材之间存在未完全熔化接合的区域,如图 6-31 所示。

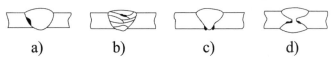
a)　　　　b)　　　　c)　　　　d)

图 6-31　未熔合

(1) 危害:焊缝承载面积减小,强度降低,产生应力集中,力学性能下降。

(2) 产生原因:焊接电流过小,焊接速度过快,坡口尺寸不合适、焊道偏离焊缝,磁偏吹的影响,焊件及层间清理不良等。

(3)防治措施:试焊阶段即应调整合适的电流,焊接速度与电流相匹配,坡口尺寸优化,焊前对接头清洁处理到位。

5)未焊透

焊接接头根部有为熔透区域。如图6-32所示。

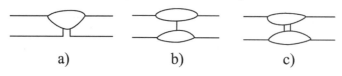

图6-32 未焊透

(1)危害:与未熔合基本一致,未熔透区域焊缝承载面积减小,强度降低;未焊透处的缺口及端部是应力集中区,承载后容易引起裂纹,严重时根本无法承载。

(2)原因:焊接电流过小;焊接速度过快;焊接电流过大,焊条向下送给过慢,导致焊条过早熔化;焊件坡口角度过小、间隙太窄或钝边过厚;焊件表面有氧化皮或前一条焊道表面残存的熔渣未清除,造成"假焊"现象;焊条倾角不当以及电弧偏吹。

(3)防治措施:试焊阶段即应调整合适的电流,焊接速度、焊条送给速度与电流相匹配,坡口尺寸优化,焊前对接头清洁处理到位,优化运条角度和速度。

6)焊瘤

熔化金属流淌到焊缝外,覆盖在未熔化的母材上形成的明显金属瘤状态物,如图6-33所示。

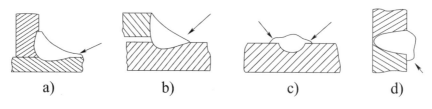

图6-33 焊瘤

(1)危害:影响焊缝的外观成型,造成材料的浪费,焊瘤部位往往伴随着夹渣和未焊透。

(2)原因:主要是由于填充金属过多引起。当坡口尺寸过小、焊接速度过慢、电弧电压过低、焊丝偏离焊缝中心线及焊丝伸出长度过长都会产生焊瘤。平焊时产生焊瘤的可能性最小,而立焊、横焊、仰焊都易产生焊瘤。

(3)防治措施:尽量使焊缝处于水平位置,减少重力对焊道成型的不良影响,并正确选择焊接工艺参数。

7）烧穿及塌陷

因热量过大焊缝金属熔化脱落而形成孔洞。塌陷具体表现为焊缝熔化金属从焊缝背面漏出但未脱落，呈现焊缝正面下陷，背面凸出的现象，如图 6-34 所示。

a) 烧穿　　　　　　　　b) 塌陷

图 6-34　烧穿及塌陷

（1）危害：烧穿区域无金属连接，丧失强度，需研磨烧穿周边区域重新焊接。塌陷区域的焊缝承载面积减小，接合强度降低。

（2）原因：焊接电流过大、焊接速度过慢、装配间隙过大。

（3）防治措施：减小电流或加快焊接速度，优化坡口形式，工件组对固定及定位焊接时预留合适的装配间隙。

8）夹渣或夹杂物

在焊缝与母材交界处或焊缝金属内残留有非金属杂质（氧化物、硫化物等）及熔渣，如图 6-35 所示。

（1）危害：氮化物和磷化物夹渣会使金属变脆；氧化铁夹渣会使焊缝产生热脆性；夹渣夹角处的应力集中，容易导致裂纹。

（2）原因：夹渣或夹杂物主要是熔化焊接时冶金反应的产物，包括非金属杂质、熔渣等由于焊接时未能逸出，或者多道焊接时清渣不干净，以致残留在焊缝金属内。此外，母材与焊接材料的化学成分不当也会引起此缺陷。

（3）防治措施：正确选择焊接参数和工艺性能良好的焊条；焊件坡口角度不宜过小；焊前清除干净母材及底层焊渣；注意熔渣流动方向，及时调整焊条角度和运条方法。

9）弧坑

在收弧区域的焊缝表面有明显的凹陷，如图 6-36 所示。

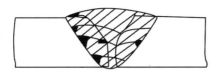 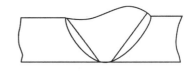

图 6-35　夹渣　　　　　　　图 6-36　弧坑

（1）危害：影响焊缝外观；降低焊缝强度且弧坑内容易伴生气孔，夹渣及微小裂纹。

(2) 原因:焊接结束时收弧过快;焊接电流过大,焊条未加适当摆动。

(3) 防治措施:收尾选用正确的收弧方法,避免过早断弧,应做短时间的滞留或做几次环形运条,以填满弧坑;正确选择焊接工艺参数。

10) 气孔

在焊缝表面或焊缝金属内部有数量不等的孔洞,如图 6-37 所示。

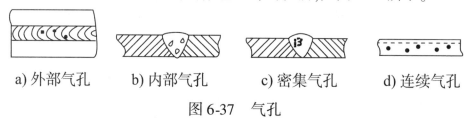

a) 外部气孔　　　b) 内部气孔　　　c) 密集气孔　　　d) 连续气孔

图 6-37　气孔

(1) 危害:存在气孔的焊缝区域承载面积减小,强度降低,应力集中,承载后容易引起裂纹,严重时无法承载。

(2) 原因:焊接过程中未按要求进行防风,致使气体保护效果不佳;焊件未清洁干净,杂质在焊接高温时产生气体进入熔池;焊接材料未烘干或烘干不符合要求;熔池温度过低,金属凝固时间短。

(3) 防治措施:焊前准备工作时按要求清理干净母材;按规范准备及保管焊材;工作场所做好防风措施;尽可能使用短弧焊接,注意引弧与收弧技巧。

二、任务实施

焊条电弧焊平焊

(一) 准备工作

1. 设备及工具

焊条电弧焊焊接设备、角磨机、敲渣锤、钢丝刷、焊接大力钳、平口大力钳、扁口大力钳、C 形大力钳、游标卡尺(0～150mm)、焊缝检测器 KH-45A/B、焊条保温筒、记号笔。

2. 耗材

角磨片、牌号 Q235B 低碳钢板(尺寸 300mm×120mm×12mm)、E4303 型焊条(ϕ3.2)、除尘布。

3. 防护用品

工作服、工作帽、安全鞋、短皮手套、耳塞、防尘口罩、透明护目镜、焊接面罩、焊接防护服、焊接袖套、焊接手套、焊接护腿。

4. 场地配套

焊接工作台、焊接工作架、照明系统、压缩空气、抽排系统、220V/380V 电源、5S 管理相关工具。

(二)技术要求与注意事项

(1)按照安全文明生产操作规程的要求,进行焊前准备及焊接操作。施焊前必须进行安全隐患排查,任务全程必须严格根据作业项目正确佩戴安全防护用品。

(2)试件材料为 Q235B,60°±5°V 形坡口,钝边 2mm±0.5mm,根部间隙 2mm±1mm。

(3)焊前必须清理坡口,露出金属光泽。

(4)接头形式为板对接接头,采用平焊,根部要求焊透,采用单面焊双面成型工艺。

(5)定位焊在母材正面两端 20mm 范围内。

(6)试件一经固定开始焊接,不得任意移动试件。

(7)焊后对表面熔渣进行清理,但焊缝表面须保持原始状态,不得加工、修磨和补焊。

(8)焊缝表面无缺陷,焊缝波纹均匀,宽窄一致,高低平整,焊后无变形。

(三)操作步骤

1. 母材前处理

母材裁剪及 V 形坡口加工(耗材采购时提出加工尺寸要求,可由耗材供应商加工完成);使用焊缝检测器检查母材 V 形坡口是否满足 60°±5°的要求;使用角磨机加工母材不符合要求的坡口区域,毛刺及锋利的边缘;使用角磨机打磨母材焊接区域至裸金属,正面及背面距离坡口大于或等于 20mm;打磨后使用除尘布对母材整体进行清洁除尘处理。

2. 母材固定

调整好母材根部间隙,使用夹具(大力钳)夹持并固定需焊接的母材;根据平焊相关要求将夹持好的母材固定在焊接工作台或焊接工作架上。

3. 焊前检查

按照安全文明生产操作规程的要求,焊前对焊接设备、场地环境及自身安全防护进行再次检查确认。针对光线不足影响焊接视野、通风条件不佳等焊接不利条件进行调整优化。排除安全隐患。

4. 试焊及焊接参数调整

使用与母材材质、厚度基本一致的废料进行试焊,对焊接参数进行优化调整。

5. 定位焊

按照焊条电弧焊焊接工艺流程中对母材定位的相关要求进行定位焊操作。

5. 主焊接

按照焊条电弧焊焊接工艺流程相关要求进行焊接,包括起弧、运条和收弧。

6. 焊后焊件处理

使用敲渣锤清除焊缝表面熔渣,使用钢丝刷进一步对焊缝表面进行清理,之后使用除尘布对焊件整体进行清洁除尘处理。使用油性记号笔在焊件右下角记录姓名、日期及操作时长。

7. 检查评价

使用游标卡尺、焊缝检测器等测量工具检查焊缝外观尺寸,采用目测法检查焊接缺陷,如实填写技能考核标准表。

8. 5S 管理

按照安全文明生产操作规程的要求将工位进行复位,关闭电、气及相关设备,对场地环境进行清扫清洁,填写工位使用记录表。

三、学习拓展

根据待焊工件空间位置不同,操作者焊接姿势有平焊、横焊、立焊及仰焊四种,焊接难度也依次递增。平焊最为容易掌握,可采用的运条方法也最多,是初学者焊接练习的重点。其他三种焊接姿势则对焊接技巧要求更高,对电弧长度、电流大小、焊接速度等参数的要求及运条方法的选用也更加严格。

(一)板对接横焊工艺

横焊时,由于熔化金属受重力的作用,容易下淌而产生咬边、焊瘤及未焊透等缺陷,如图 6-38 所示。因此,横焊时,应选用较小直径的焊条和较小的焊接电流,采用短弧法及适当的运条法,并保持一定的焊条角度,如图 6-39 所示。当板件较厚时,应该开坡口,这时应采用多层焊或多道焊的方法。第一层焊缝采用直线形运条法,第二层焊缝宜用斜环形或斜锯形运条法,焊接时应保持较短的电弧和均匀的焊速。

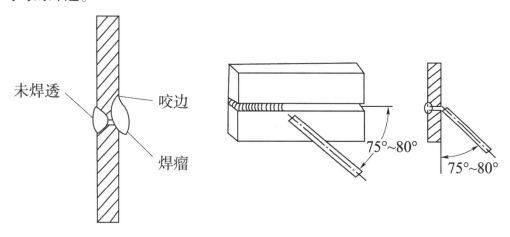

图 6-38　横对接焊常见缺陷　　图 6-39　横对接焊焊条角度

横焊较容易形成咬边现象。为避免这一缺陷,横焊时焊接速度要尽量快一些,施焊时采用锯齿形和环形的运条形式。焊条每摆动一次,必须在焊缝上部稍停顿一下防止熔滴下落。

(二) 板对接立焊工艺

立焊有两种方式,一种是由下向上施焊,另一种是由上向下施焊。由上向下施焊的立焊要求有专用的立向下焊焊条才能保证焊缝成型。目前生产中应用较广的仍是由下向上施焊的立焊法。立焊时由于熔化金属受重力的作用容易下淌,使焊缝成型困难,且易产生焊瘤、夹渣等缺陷。为此,可以采取以下措施:

(1)在立对接焊时,焊条与焊件的角度左右方向各为 90°,向下与焊缝呈 60°～80°,如图 6-40 所示。

(2)用较小的焊条直径和较小的焊接电流,电流一般比平焊时小 12%～15%,以减小熔滴的体积,使之少受重力的影响,有利于熔滴的过渡。

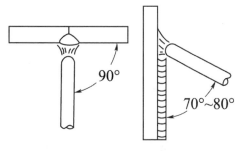

(3)采用短弧焊接,缩短熔滴过渡到熔池中的距离,形成短路过渡。

(4)根据焊件接头形式的特点和焊接　图 6-40　对接立焊焊条角度
过程中熔池温度的情况,灵活运用适当的运条法。

(5)接头更换焊条要迅速并采用热接法。先用稍长电弧预热接头处,预热后将焊条移至弧坑一侧进行接头(此时电弧比正常焊接时稍长一些)。

此外,气体的吹力、电磁力、表面张力在立、横、仰焊时,都能促使熔滴向熔池过渡,以减小熔滴由于受重力的影响而产生下池的趋势,有利于焊缝成型。

焊接时除采取上述措施外,还可以适当采取跳弧法、灭弧法以及幅度较小的锯齿形月牙形运条法,如图 6-41 所示。钢板厚度大于 6mm 时,为了保证熔透,一般都要开坡口。施焊时采用多层焊,其层数多少,可根据焊件厚度来决定。

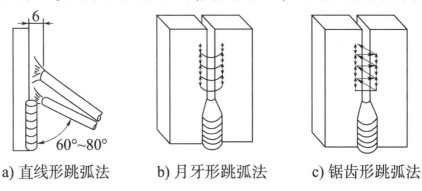

图 6-41 对接立焊焊接方法

(三)板对接仰焊工艺

仰焊是各种焊接姿势中最困难的一种,由于熔池倒悬在焊件下面,没有固体金属的承托,所以使焊缝成型产生困难。同时在施焊过程中,常发生熔渣越前的现象,故在控制运条方面要比平焊和立焊困难。

仰焊时,必须保持最短的电弧长度,以使熔滴在很短的时间内过渡到熔池中,在表面张力的作用下,很快与熔池的液体金属汇合,促使焊缝成型。同时,为了减小熔池面积,使焊缝容易成型,焊条直径和焊接电流要比平焊时小些。此外,在仰焊时气体的吹力和电磁力的作用有利于熔滴过渡,促使焊缝成型良好。

(1)不开坡口的仰对接焊。

当焊件厚度为 4mm 左右时,一般采用不开坡口对接焊。选用直径为 3.2mm 的焊条,焊条与焊接方向的角度为 70°~80°,左右方向为 90°,如图 6-42 所示。在施焊时,焊条要保持上述位置且均匀地运条,电弧长度应尽量短。间隙小的焊缝可采用直线形运条法;间隙较大的焊缝用直线往复运条法。焊接电流要合适,电流过小会使电弧不稳定,难以掌握,影响熔深和焊缝成型;电流太大会导致熔化金属淌落和烧穿等。

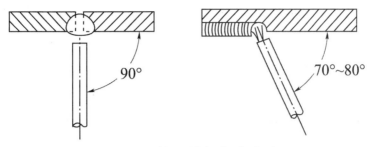

图 6-42　仰对接焊焊条角度

(2) 开坡口的仰对接焊。

为了使焊缝容易焊透,焊件厚度大于 5mm 的仰对接焊,一般都开坡口。为了便于运条,使焊条可以在坡口内自由摆动和变换位置,仰焊缝的坡口角度应比平焊缝和立焊缝大些。为了便于焊透,解决仰焊时熔深不足的问题,钝边的厚度应小些,但接头间隙大一些。一般采用多层焊或多层多道焊。在焊第一层焊缝时,采用 3.2mm 直径的焊条,用直线形或直线往复运条法。开始焊时,应用长弧预热起焊处(预热时间根据焊件厚度、钝边与间隙大小而定),预热后,迅速压短电弧于坡口根部,稍停 2~3s,以便焊透根部,然后,将电弧向前移动进行施焊。

焊接速度应在保证焊透的前提下尽可能快一些,以防止烧穿及熔化金属下淌。第一层焊缝表面要求平直,避免呈凸形。焊第二层时,应将第一层的熔渣及飞溅金属清除干净,并将焊瘤铲平才能进行施焊。第二层以后的运条法均可采用月牙形或锯齿形,运条时两侧应稍停一下,中间快一些,形成较薄的焊道。多层多道焊时,其操作比多层焊容易掌握,宜采用直线形运条法。各层焊缝的排列顺序与其他位置的焊缝一样,焊条角度应根据每道焊缝的位置做相应的调整,以利于熔滴的过渡和获得较好的焊缝成型。

四、评价与反馈

(一) 自我评价

(1) 通过本任务的学习,你是否已经知道以下问题:

① 焊条电弧焊有哪些类型?其工作原理是什么?各有什么特点?

② 焊条电弧焊焊接设备由哪几部分组成?

③ 影响焊条电弧焊焊接质量的因素有哪些?

④焊条电弧焊焊接缺陷有哪些类型？其产生的主要原因是什么？

⑤检查评价焊缝质量的要素有哪些？

⑥焊条电弧焊安全操作规范的主要内容有哪些？

(2)焊条电弧焊板对接平焊工艺流程主要包括哪几部分？

(3)实训完成情况如何？

(4)通过本项目的学习，你认为自己的知识和技能还有哪些方面有待进一步提高？

(二)小组评价

小组评价见表6-5。

小 组 评 价　　　　　　　　　表6-5

序号	评价项目	评价情况
1	学习态度是否积极主动	
2	是否服从教学安排	
3	是否全勤	
4	着装是否符合要求	
5	是否合理规范使用仪器和设备	
6	是否按照安全和规范的规程操作	
7	是否遵守学习、实训场地的规章制度	
8	是否积极主动地和他人合作、探讨问题	
9	是否能保持学习、实训场地整洁	
10	团结协作情况	

参与评价的同学签名：　　　　　　　　　　　日期：

(三) 教师评价

_____

_____

签名：_____ 日期：_____

五、技能考核标准

考核的方式为学生独立完成学习领域中的实训任务，培养学生独立自主完成任务的能力。实训任务综合性较强，可以根据学生完成实训任务的情况评价整个学习领域的学习效果。表6-6为技能考核标准。

技能考核标准　　　　表6-6

序号	项目	操作内容	规定分	评分标准	得分
1	焊前准备工作	个人安全防护	4分	正确穿戴工作服、工作帽、安全鞋、短皮手套、耳塞、防尘口罩、护目镜、焊接面罩、焊接防护服、焊接手套。错误每项扣1分，扣完为止	
2		场地环境检查	2分	开启抽排设备；有检查插座、电缆线动作。缺失每项扣1分，扣完为止	
3		母材坡口加工	5分	V形坡口角度60°±5°，钝边尺寸2mm±0.5mm。超标每30mm为一处，每处扣1分，扣完为止	
4		母材表面处理	3分	坡口内及正反两侧20mm范围内无油污、锈水等污物，打磨至露出金属光泽。超标每30mm为一处，每处扣1分，扣完为止	

续上表

序号	项 目	操作内容	规定分	评分标准	得分
5	焊前准备工作	母材组对装配	2分	装配间隙根2mm±1mm。超标每30mm为一处，每处扣1分，扣完为止	
6		母材固定	2分	夹持位置不影响焊接；夹紧力合适，正常力度无法用手推动。错误每项扣1分	
7	焊接过程	焊接设备调节及试焊	3分	正确开关焊接设备；正确调节电流参数；有试焊操作。错误或缺失每项扣1分	
8		定位焊操作	5分	定位焊无缺陷，长度≤20mm、高度低于母材表面。超标每项扣1分，扣完为止	
9		引弧操作	2分	引弧位置正确；引弧方法得当。位置错误或无法引弧每项扣1分	
10		收弧操作	2分	收弧位置正确；引弧方法得当。位置错误或无收弧动作每项扣1分	
11	焊后处理	清除熔渣	2分	焊缝表面无残余熔渣；焊件表面无额外损伤。每项扣1分，扣完为止	
12	焊接质量评价	焊缝外观检查	30分	焊缝余高≤3mm，高度差≤2mm；15mm≤焊缝宽度≤22mm，宽度差≤3mm；背面凹<1mm，背面凸<3mm。超标每20mm为一处，每处扣2分，扣完为止	

续上表

序号	项 目	操作内容	规定分	评 分 标 准	得分
13	焊接质量评价	焊接缺陷检查	30分	咬边深度≤0.5mm,每5mm为一处,每处扣2分;烧穿、焊瘤、气孔、裂纹、夹渣、弧坑、熔深不足、电弧擦伤每项扣3分,扣完为止	
14		焊件整体尺寸检查	4分	角变形＜5°;错边量＜1mm。超标每20mm为一处,每处扣2分,扣完为止	
15	5S管理	5S管理	4分	设备、工具未复位,每项扣1分;场地未清洁扣5分,清洁不干净每处扣1分,扣完为止	
	总分		100分		

项目七 气焊工艺

学习目标

☆ 知识目标

1. 了解气焊和气割的基本原理、特点及应用;
2. 了解气焊设备的组成情况;
3. 掌握气焊安全操作规程;
4. 掌握气焊火焰的类型及特点;
5. 掌握气焊应用于车身薄板对接平焊时的工艺流程。

技能目标

1. 能够按照安全操作规程做好气焊和气割的安全防护;
2. 能够按标准流程完成焊接设备的焊前检测;
3. 能够按照根据焊接实际需要调节火焰类型;
4. 能够按照标准工艺流程使用气焊对薄板进行对接平焊。

建议课时

6课时。

任务描述

一台货车因翻车事故导致货厢顶部横梁断裂,需进行更换,进行维修过程中突遇停电,导致电弧焊无法使用。由于车主急需用车,维修技师小王决定使用气焊方法对该车辆货厢顶部横梁进行焊接。

为安全有效地进行维修操作,需要学习掌握气焊工艺相关的知识和技能。

一、理论知识准备

(一) 气焊的原理、特点及应用

1. 气焊的原理

气焊是利用可燃气体与助燃气体混合燃烧的火焰为热源,熔化母材和焊条,使之达到原子结合的一种焊接方法。进行车身板件连接时,通常使用的可燃气体为乙炔(C_2H_2),助燃气体为氧气(O_2),故也称之为氧乙炔焊。

2. 气焊的特点

(1)设备简单,移动方便,适用于在无电源的场所焊接,适合多种空间位置的焊接。

(2)通用性强,除用于熔化焊外,还可用于钎焊。

(3)因使用火焰加热,能量集中率较低,致使焊接接头热影响区域较宽,显微组织粗大,材料强度变化大,焊接变形大。

(4)生产效率低,劳动条件差,不易实现自动化。

3. 气焊的应用范围

气焊适用于小批量生产、野外作业及维修作业等,现代整体式车身广泛使用高强度钢,尤其是车身结构件。由于气焊的自身特点,对车身高强度钢进行气焊作业,将导致其强度剧烈下降。故在各品牌汽车车身维修手册中,气焊已被禁止使用,基本被电阻点焊和气体保护焊所取代,仅少量用于受条件所限的货车车厢、非承载结构件的焊接。

(二)气焊设备连接及组成

1. 气焊设备连接

气焊设备连接,如图7-1所示。

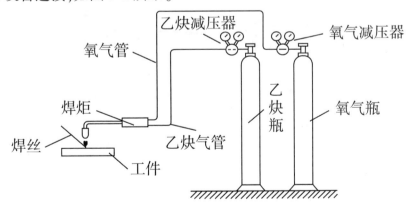

图7-1 气焊设备连接示意图

2. 气焊设备组成

气焊设备相对较为简单,主要由氧气瓶、乙炔瓶、氧气减压器、乙炔减压器、回火防止器、焊炬、氧气管及乙炔管组成。

1) 氧气瓶

氧在液态和固态时是蓝色,故氧气瓶身涂蓝色漆,通常公称容积为40L,如图7-2所示。常规氧气瓶的压力上限为15MPa,饱瓶压力范围应在12～15MPa左右。使用时瓶内气体不能全部用尽,应保留不少于0.05MPa的剩余压力,以便在再装氧气时吹除灰尘和避免混进其他气体。氧气瓶与明火距离应该不小于10m、不得靠近热源、不得受日光暴晒。

2) 乙炔瓶

乙炔瓶比氧气瓶略短、直径略粗(250mm),其外表漆成白色,并用红漆注明"乙炔气瓶不可近火"字样,如图7-3所示。其构造比氧气瓶复杂,瓶体内装有浸满着丙酮的多孔性填料,能使乙炔稳定而安全地储存在瓶内。使用时,溶解在丙酮内的乙炔快速分解出来,通过乙炔瓶阀流出。而丙酮仍留在瓶内,以便溶解再次压入乙炔。乙炔瓶阀下面的填料中心部分的长孔内放着石棉,用于帮助乙炔从多孔填料中分解出来。

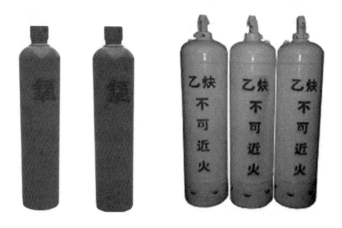

图7-2 氧气瓶　　　　图7-3 乙炔瓶

乙炔瓶的设计工作压力为3MPa,乙炔瓶为1.5MPa。在靠近瓶口的部位,还应标注出容量、质量、制造年月、最高工作压力、试验压力等内容。使用期间要求每三年进行一次技术检验。

乙炔瓶使用时还要注意以下几点:

(1) 乙炔瓶必须直立使用。

(2) 瓶体表面的温度不应超过40℃。

(3) 开启乙炔瓶阀时不要超过1.5转,一般只需开启3/4转。

(4) 乙炔瓶内乙炔气不能全部用完,留有余气0.01～0.03MPa。

3）减压器

减压器又称压力调节器,它具有减压和稳压作用。按工作原理分为正作用式和反作用式两类。国内生产的减压器主要是单级反作用式和双级混合式两类。气焊作业时,需要用减压器来把储存在气瓶内的较高压力的气体降为低压气体,并应保证所需的工作压力自始至终保持稳定状态,以保证火焰能够稳定燃烧。各种气体专用减压器禁止调换使用,气焊所使用的减压器为氧气减压器和乙炔减压器,如图7-4所示。

a) 氧气减压器　　　　　　　b) 乙炔减压器

图7-4　气焊用减压器

4）回火防止器

正常气焊时,火焰在焊炬的焊嘴外面燃烧,当发生事故或系统不稳定的状况下,或管内气压力突然降低时,燃烧点的火会通过管道向气源方向蔓延。这种火焰逆向燃烧的现象称为回火。如果回火蔓延到乙炔瓶,就有可能引发爆炸事故。防止并阻断这种回火现象的装置称作回火防止器。常见的回火防止器有水封式和干式两类。

5）焊炬

焊炬又称焊枪,作用是将可燃气体和氧气按一定比例均匀地混合,以一定的速度从焊嘴喷出,形成一定能率、一定成分、适合焊接要求和稳定燃烧的火焰。焊炬应具有良好的调节氧气与可燃气体的比例和火焰能率的性能,使混合气体喷出的速度大于或等于燃烧速度,以使火焰稳定地燃烧。同时还要求焊炬的质量要轻,使用时应操作方便、安全可靠。焊炬按照气体火焰的混合方式不同可分为射吸式和等压式两类。

（1）射吸式焊炬。此种焊炬在我国广泛使用,型号为H01型,如图7-5所示。它的工作原理是:利用氧气从喷嘴喷出时产生的射吸力,将低压乙炔吸入射吸管,因此它可适用于0.001～0.1MPa的低压和中压乙炔。

(2)等压式焊炬。型号为H02,如图7-6所示。等压式焊炬的工作原理是:压力相等或相近的氧气和乙炔同时进入混合室,自然混合后从喷嘴喷出,经过点燃后形成火焰。等压式焊炬结构简单,回火可能性小,但需要使用中压乙炔。

图7-5　射吸式焊炬　　　　图7-6　等压式焊炬

我国焊炬型号的编制方法为:H表示焊炬,0表示手工,1表示射吸式,2表示等压式,"-"后的数字表示气焊低碳钢的最大厚度(mm)。例如,型号H01-6表示手工射吸式焊炬,可焊接低碳钢最大厚度为6mm。

(三)气焊安全操作规程

(1)气焊作业前,清理作业区周边的易燃易爆物品,并对火焰可能涉及区进行有效的保护。

(2)气体开启后,检查连接处、气瓶阀、仪表、橡皮胶管等处是否漏气,只能采用耳听、鼻嗅和涂抹肥皂水等方法检验,严禁用明火的方法检漏。

(3)遵守气焊工艺施工,选择合适的焊嘴。

(4)氧气瓶、乙炔瓶应稳固竖立,或装在专用车的架子使用。

(5)搬动气瓶时,应轻拿、轻放,切忌野蛮抛掷。

(6)氧气瓶、乙炔瓶均应避免在阳光下暴晒,或热源直接辐射,以及处于电流感应区。

(7)遵守《气瓶安全监察规程》,严禁气瓶充装不符合规定的气体。

(8)气瓶应配置安全帽和专用的手轮以及专用扳手。

(9)工作完毕后,或者工作地点转移时,应关闭瓶阀,戴上安全帽。

(四)气焊焊接工艺参数

气焊焊接的工艺参数主要包括:火焰类型、火焰能率、焊丝、焊炬与焊丝倾斜角、焊接速度、焊接姿势(焊件空间位置)等。

1. 火焰类型

气焊火焰根据氧气与乙炔(可燃气体)体积的混合比值,可得到三种类型的火焰:氧化焰、中性焰及碳化焰。

1) 氧化焰

当氧气与乙炔的体积比值(O_2/C_2H_2)大于1.2(一般为1.3~1.7)时混合燃烧形成的气体火焰称为氧化焰,火焰外形比较短,颜色呈蓝色,焰芯和内焰几乎重合,火焰外形如图7-7所示。氧化焰的最高温度为2100~3300℃,氧化焰中有过剩的氧,在尖形焰芯外面形成了一个富氧区,具有较强氧化性。使用氧化焰焊接钢件时,会使焊缝形成气孔和变脆,因此较少采用,仅少量用于焊接黄铜和青铜等材料,多用于气割。

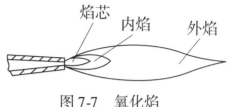

图7-7 氧化焰

2) 中性焰

氧气与乙炔体积的比值为1.1~1.2时的混合燃烧形成的气体火焰称为中性焰,在燃烧时既无过剩的氧也无游离的碳。中性焰由焰芯、内焰和外焰等三部分组成,火焰外形较氧化焰长,焰芯是光亮的蓝白色圆锥形其火焰外形如图7-8所示。中性焰的内焰(距焰芯2~4mm处)温度最高(约为3150℃),具有还原性,中性焰在气焊中应用最广泛,适用于焊接一般碳钢、低合金钢和有色金属。

3) 碳化焰

当氧气与乙炔的体积比值小于1(一般为0.85~0.95)时的混合燃烧形成的气体火焰称为碳化焰。碳化焰的火焰外形又较中性焰长,焰芯的光亮略带红色,火焰的外形如图7-9所示。碳化焰的最高温度为2700~3000℃,因为乙炔有过剩量,所以燃烧不完全。碳化焰中含有游离碳,具有较强的还原作用和一定的渗碳作用,可用于焊接高碳钢、中高合金钢、铸铁、铝和铝合金等材料。

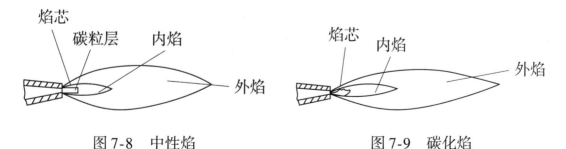

图7-8 中性焰　　　图7-9 碳化焰

气焊火焰的类型不同,根据其火焰本身特性,所适用的焊接材料类型也不同。各类火焰适用范围见表7-1。

气焊火焰适用范围　　　　　　　　　　表 7-1

母 材 金 属	火 焰 种 类	母 材 金 属	火 焰 种 类
低、中碳钢	中性焰	黄铜	氧化焰
纯铜	中性焰	镀锌铁板	氧化焰
铝及铝合金	中性焰	高速钢	碳化焰
铝、锡	中性焰	硬质合金	碳化焰
青铜	中性焰或轻氧化焰	高碳钢	碳化焰
不锈钢	中性焰或轻碳化焰	铸铁	碳化焰
镍铬钢	中性焰或轻碳化焰		

2. 火焰能率

气焊火焰能率的选择取决于焊件的厚度和它的热物理性质(熔点与导热性)。焊接低碳钢、低合金钢、铸铁、黄铜和铝及铝合金时,乙炔的消耗量可按下列经验公式计算:

左向焊法:
$$v = (100 \sim 120)t$$

右向焊法:
$$v = (120 \sim 150)t$$

式中:v——火焰能率,cm^3/h;

　　　t——钢板厚度,mm。

焊嘴的大小与火焰的能率有关。单位时间内火焰所提供的热能的大小代表火焰的能率。焊嘴号数越大的,焊嘴孔径越大,火焰能率越高,可焊接的板厚越厚。例如,某品牌 H01-2 型焊炬对应的焊嘴型号有 1 号(孔径0.5mm)、2 号(孔径0.6mm)、3 号(孔径0.7mm)、4 号(孔径0.8mm)、5 号(孔径0.9mm)5 种。汽车车身板件厚度通常在 1.5mm 以下,因此,可选用焊嘴孔径较小的 2 号焊嘴。

3. 焊丝

(1)焊丝尽可能选与焊件相同的材料,车身外板件通常为低碳钢板,选用一般铁丝即可。

(2)焊丝直径与焊件厚度、坡口形式和操作方式有关。焊丝过细,焊接时焊件尚未熔化而焊丝已熔化下滴,使焊接不良;焊丝过粗,则焊件熔化而焊丝尚未熔化,势必增加焊件接头区加热时间,使金相组织改变,降低了焊接质量。焊件厚度与焊丝直径成正比关系,见表 7-2。对于薄板的焊接,焊丝直径与焊件厚度相同即可。

焊件厚度与焊丝直径的关系　　　　　　　表 7-2

焊件厚度(mm)	1～2	2～3	3～5	5～10	10～15	>15
焊丝直径(mm)	不用焊丝或1～2	2	2～3	3～5	4～6	6～8

4. 焊炬与焊丝倾斜角

焊炬倾斜角是指焊嘴与焊件间的夹角,如图 7-10a)所示。焊炬倾角的大小主要取决于焊件的厚度、材料的熔点及导热性。倾角 α 越大,焊接热量越大。所以厚度大、材料熔点高、导热性良好时,焊嘴倾角可取大一些,反之倾角应减小。低碳钢水平位置焊接时,焊炬倾斜角与焊件厚度的关系如图 7-10b)所示。除了保证焊炬倾斜角外,还要考虑焊丝与焊炬、焊丝与焊件间的夹角,气焊焊丝相对于焊炬的角度一般在 90°～100°之间,如图 7-10c)所示。

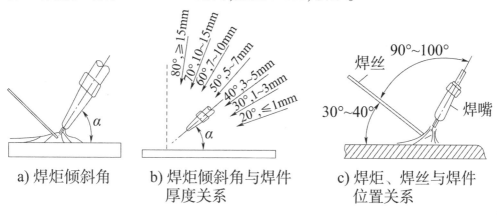

a) 焊炬倾斜角　　b) 焊炬倾斜角与焊件厚度关系　　c) 焊炬、焊丝与焊件位置关系

图 7-10　板厚与焊炬及焊丝倾斜角相互关系

焊炬倾斜角在焊接过程中是需要改变的。开始焊接时,焊炬倾斜角为 80°～90°。当焊接将要结束时,可将焊炬倾斜角减小。焊接过程中焊炬倾斜角的变化情况如图 7-11 所示。

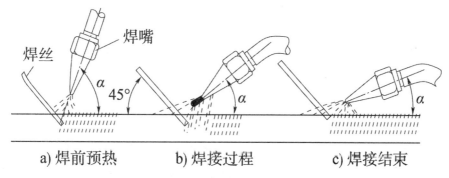

a) 焊前预热　　b) 焊接过程　　c) 焊接结束

图 7-11　焊炬倾斜角变化示意图

5. 焊接速度

焊接速度一般以每小时完成的焊缝长度(m/h)来表示。可用经验公式计算：

$$v = K/t$$

式中：v——焊接速度，m/h；

K——经验数据；

t——焊件厚度，mm。

K值是经验数据，不同的材料气焊时，其大小见表7-3。

不同材料气焊时K值大小　　　　　　　表7-3

材料名称	碳素钢		铜	黄铜	铝	铸铁	不锈钢
	左向焊	右向焊					
K值	12	15	24	12	30	10	10

(五) 气焊工艺流程

1. 焊前准备工作

1) 安全防护

(1) 个人安全防护：根据工艺流程中各工作项目操作规范正确选用个人焊接防护用品。

(2) 他人安全防护：焊接工作场所合理设置警示线、安全警示牌、警示标语等，禁止非工作人员进入工作现场。

(3) 场地环境安全：施焊前，对焊接工作场地周边进行安全排查，重点对易燃易爆安全隐患进行检查。提前准备灭火器以备紧急情况使用。

2) 焊接设备检查及焊接参数选择

(1) 检查氧气瓶、乙炔瓶放置情况，应稳固竖立，或装在专用架子上使用，正常情况下氧气瓶与氧气瓶间隔应不小于10m。

(2) 关闭焊炬开关，完全松开减压阀，使其处于关闭状态。打开气瓶阀门，缓慢拧紧减压阀，使其开始工作，气体进入管路产生气压。通过观察减压阀上压力表指针工作情况检查压力表是否正常；通过耳听、鼻嗅及涂抹肥皂水等方法检查气瓶阀门、气管、减压器、各气管接头处是否漏气。尤其是乙炔传输管路，不允许存在漏气现象。

(3)检查焊炬焊嘴是否有杂物或堵塞,及时对焊炬进行维护;

(4)根据焊接实际需要,旋转减压阀调节杆,选择合适的氧气及乙炔输出气压。

3)工件及焊接耗材准备

(1)根据工件材料及厚度情况或设计图纸要求选择接头和坡口形式,结合实际条件对焊件坡口按要求进行加工。

(2)焊丝准备:应根据焊件厚度、坡口、接头形式及材质,选用适当规格的焊丝,并根据实际需要进行裁剪,以方便后续焊接操作。

(3)工件表面处理:当钢板厚度大于5mm时需开坡口处理,但非特殊情况下,厚板件目前基本使用电弧焊进行焊接。针对不开坡口(Ⅰ形坡口)的薄钢板气焊,施焊前,要求清除接头及其两侧正反面20mm范围内的氧化物、油污、熔渣及其他有害杂质。

(4)工件组对固定:在正式施焊前,将焊件按照图样所规定的形状、尺寸装配在一起的工序,称为工件组对。组对时,应尽量减少错边,可使用大力钳、定位夹具等工具固定好母材相对位置,确保焊件间隙合适,无面差、段差及偏差,保证装配间隙符合工艺要求。

2. 焊接操作

1)引燃火焰及火焰调整

引燃火焰时,先根据焊接需要旋转减压阀压力调节杆分别调节氧气和乙炔的输出压力。调整完毕后,先微松焊枪的氧气阀,再拧松乙炔阀,开启量略大于氧气阀。之后迅速使用点火枪进行点火。如果听到"啪"的回火响声,说明氧气过大或乙炔气不纯,应减少氧气量或放出胶管内的不纯乙炔。如果火焰远离焊嘴且冒黑烟,则为乙炔量过大。应增加氧气量或减少乙炔量。火焰引燃后,应根据焊接需要,反复微调氧气和乙炔阀门,以获得稳定的火焰。

2)定位焊

气焊板件变形量较大,为减小板件变形,保持两焊件相对位置固定不变,避免焊接过程中接头错位,气焊正常焊接之前需对母材进行定位焊。薄板定位焊顺序由板中间向两端依次延伸,定位焊缝长度为5~7mm,间距为50~100mm,如图7-12a)所示。厚板定位顺序则相反,由两端向中间延伸,定位焊缝长度为20~30mm,间距为200~300mm,如图7-12b)所示。

3)预热

开始焊接时母材温度较低,不利于焊缝熔合成型。为保证起焊部位焊丝与母材完全熔化接合,气焊起焊时应对气焊点预热,此时,焊嘴与母材的夹角为 80°~90°(图7-13)。

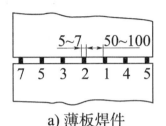
a) 薄板焊件

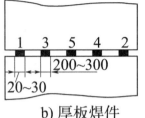
b) 厚板焊件

图7-12 气焊定位焊

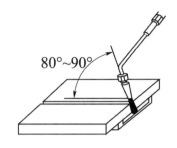

图7-13 预热时焊炬倾斜角

4)主焊接

(1)焊接方法。气焊操作方法有左焊法和右焊法两种。焊炬从右向左移动的焊接方法称为左焊法;焊炬从左向右移动的焊接方法称为右焊法,如图7-14所示。左焊法操作简单,焊丝在焊炬前面移动,焊炬的火焰指向被焊工件的未焊部分,因此对金属有预热作用,在薄板焊接时速度快,其缺点就是焊缝易氧化,冷却较快。左焊法适于薄板及低熔点材料的焊接。右焊法焊炬做后退移动,焊炬的火焰指向工件已焊接成型的焊缝,并覆盖整个熔池,使周围的空气与熔池隔绝,能防止焊缝金属的氧化,减少焊缝气孔和夹渣的产生,减缓焊缝区的冷却速度,有效地改善焊缝的金相组织。而且焰心距离熔池较近,火焰的热量较为集中,火焰利用率较高,使熔池增深,适用于较厚、熔点及导热性较高的工件。薄板焊接时,为减少变形,也可以采用分段右向焊接方法。其缺点就是右焊法技术难度大,不易掌握。

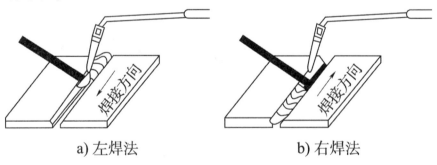

图7-14 左焊法和右焊法示意图

(2)焊接姿势。根据焊件空间位置不同,气焊焊接也分为平焊、横焊、立焊及仰焊。

①平焊。操作舒适、简单方便,容易掌握,而且效率高、焊接质量可靠,按技术要求又可细分为对接平焊、搭接平焊、角接平焊三种。

②横焊。在立面的工件上进行横向焊接,要点是克服熔池金属自重下滴和火焰的吹力造成焊瘤,按接头形式可划分为横向对接焊和横向搭接焊。横向对接焊:焊嘴与焊缝呈45°,火焰偏向立面的上方呈70°,与平焊相比火焰应小平焊10%左右,防止熔池堆积而造成下垂,咬边。横向搭接焊:火焰应对着下一块钢板的边缘,焊丝必须等到下面钢板加热至熔点时才能添加。

③立焊。在立面的工件上进行纵向焊接,受熔化金属自重力作用的影响,焊缝难以成型;立焊又可划分为:对接立焊、搭接与角接立焊两种。对接立焊:焊炬角度与焊件应保持在60°左右,利用火焰的吹力托住熔池向前运行,火焰比平焊减小10%;如果是较厚工件时,火焰可以适当大一点儿,在焊接时焊炬切忌上下运动,保持焊炬角度,在火焰托住熔池金属的同时,还要保持坡面熔池上行。如果是开坡口的厚工件时,火焰应适当大一点,不要大于平焊的标准,焊丝随焊炬两边匀速摆动。搭接与角接立焊:其操作方法与对接立焊基本相同,焊炬自下向上匀速移动,火焰向上倾斜60°左右,焊丝随着火焰做横向运动,疏散熔池的液体金属和热量,如果两块焊件的厚度不一样,火焰应偏向厚的工件,使两边同时受热熔化,防止一边过热,一边无熔池形成,同时注意熔池左右边缘的变化,避免咬边、塌陷等现象发生。

④仰焊。焊件置于操作者的上方,施工难度与技术难度最大。仰面施焊时,胶管应有人帮忙牵拉或在旁支撑固定,以减轻焊工的劳动强度。同时注意不要将施焊点放在头顶,手向前斜伸,与身体形成30°~40°的角度,防止飞溅或跌落的液体金属烫伤。焊炬与焊件保持60°左右角度,采用比平焊小10%~15%的能效火焰和焊丝,依靠火焰的吹力,促使熔化金属保持在熔池中,焊炬可做适度摆动或跳跃运动加速冷却。严格控制熔池的温度、大小及深浅,将熔池的液体金属始终保持在较浓的状态,如果是较厚焊件,必须采用分层施焊,防止熔化金属下滴。仰焊的焊缝形成与焊炬角度、火焰的大小、运炬方法以及焊接方向都有很大的关联,在焊接时一定要灵活运用,及时调整,始终保持熔池表面的集合力。

(3)焊接接头。当焊接中断需要重新起焊时将出现焊接接头,气焊作业对接头处理时,可用火焰将接头金属重新熔化,重新形成熔池后再添加焊丝。为保证接头处焊接质量,应视具体情况,在接头焊接时于接头处和前面的焊缝有8~10mm的重叠。

(4)焊接收尾。焊接至焊缝的终端结束焊接时,由于焊件温度高、散热差等原因,应减小焊嘴与焊件间夹角,加快焊接速度,并适当多添加焊丝,熔池填满后将火焰缓缓移开。

3. 焊后工作

(1) 焊缝处理。

使用钢丝刷等工具对焊缝表面进行清理,使用吹尘枪及除尘布对表面进行清洁,以便后续防腐用品施涂。若焊件工艺标准对焊缝余高有相应要求,则需使用角磨机对焊缝进行打磨,以符合其要求。

(2) 焊缝质量检测,车身维修仅需满足外观检测合格即可。

(3) 5S 管理:操作结束后及时关闭工作场地上电源、气源;焊件、设备、工具、耗材按要求整理归位;清扫清洁工作场地,无杂物,工作台及工具设备表面无灰尘,垃圾桶清空;离开工作场地前,务必对安全隐患进行再次排除,无异常后填写相关操作或安全检查记录表后方可离开。

二、任务实施

(一) 准备工作

1. 设备及工具

气焊设备、点火枪、电动角磨机、钢丝刷、焊接大力钳、平口大力钳、扁口大力钳、C形大力钳、钢板尺(0~300mm)、划针、记号笔。

2. 耗材

薄铁板(300mm×100mm×1.2mm)、角磨片、手刨砂纸、气焊焊丝(普通铁丝 ϕ1mm)、氧气、乙炔、除尘布。

3. 防护用品

工作服、工作帽、安全鞋、短皮手套、耳塞、防尘口罩、透明护目镜、气焊护目镜、焊接防护服、焊接袖套、焊接手套、焊接护腿。

4. 场地配套

焊接工作台、照明系统、220V电源、抽排系统、灭火器、5S管理相关工具。

(二) 技术要求与注意事项

(1) 按照安全文明生产操作规程的要求,进行焊前准备及焊接操作。施焊前必须进行安全隐患排查,任务全程必须严格根据作业项目正确佩戴安全防护用品。

(2)薄铁板材料为低碳钢,I形坡口,间隙1mm±0.5mm。

(3)焊前必须清理母材接头,露出金属光泽,清理范围距离焊缝区域≥20mm。

(4)接头形式为板对接接头,焊接位置为平焊,根部要求焊透。

(5)定位焊在母材正面两端30mm范围内。

(6)试件一经固定开始焊接,不得任意移动试件。

(7)焊接完成后使用钢丝刷清理焊缝表面,但须保持原始状态,不得加工、修磨和补焊。

(8)焊缝表面无缺陷,焊缝波纹均匀,宽窄一致,高低平整,焊后纵向变形量<2mm。

(三)操作步骤

1. 母材前处理

使用划针和钢板尺在指定薄钢板上划线,使用角磨机进行切割下料。本任务使用1.2mm薄钢板作为母材,故无须斜开坡口,仅需使用角磨机及手刨砂纸对接口处进行处理即可。要求接口平直,无毛刺及锋利边缘;使用角磨机打磨母材焊接区域至裸金属,正面及背面距离接口≥20mm;打磨后使用除尘布对母材整体进行清洁除尘处理。

2. 母材固定

调整好母材间隙,使用夹具(大力钳)夹持并固定需焊接的母材;根据平焊相关要求及结合实际情况将夹持好的母材固定在焊接工作台上。

3. 焊前检查

按照安全文明生产操作规程及气焊焊接操作流程的要求,焊前,对焊接设备、场地环境及自身安全防护进行再次检查确认,及时排除安全隐患。

4. 试焊及焊接参数调整

将直径1mm的普通铁丝分段裁剪为长度不小于40mm的短焊丝,用于和裁剪剩余废料进行试焊,根据试焊时焊缝所呈现出的熔深、熔宽、余高及缺陷等特点进一步对火焰、焊丝及焊炬倾角、焊接速度等焊接参数进行优化调整。

5. 定位焊

按照气焊工艺流程中对母材定位的相关要求进行定位焊操作。选择定位焊间距为 30mm。定位焊要求焊透,熔合良好。定位焊有缺陷时,应使用角磨机或其他工具清除该定位焊并重新焊接。

6. 主焊接

按照气焊工艺流程相关要求采用左焊法进行主焊接,使用点火枪点燃火焰后迅速调整为中性焰,用较大的焊炬倾斜角对母材及焊丝进行预热,金属分红发亮后迅速调整减小焊丝及焊炬倾角。保持角度不变,焊炬匀速移动,焊丝均匀送给并呈直线往复运动或螺旋状摆动,作业人员实时观察焊缝成型情况并及时调整工艺参数。焊接到末端时,将焊炬倾角减小,焊炬微微抬起,减小输出到母材上的热量,避免焊穿。

7. 焊后焊件处理

焊接结束后,待焊件冷却后使用钢丝刷对焊缝表面进行清理,清理结束后使用除尘布对焊件整体进行清洁除尘处理。使用油性记号笔在焊件右下角记录姓名、日期及用时。

8.5S 管理

按照安全文明生产操作规程的要求将工位进行复位,关闭电、气及相关设备,对场地环境进行清扫保洁,填写工位使用记录表。

9. 检查评价

使用游标卡尺检查焊缝外观尺寸,采用目测法检查焊接缺陷,如实填写技能考核标准表。注:此步骤采用自评、学生互评及教师评价相结合方式进行。

三、学习拓展

气割工艺

1. 气割工作原理

气割是一种切割金属的常用方法。气割是指利用气体火焰将被切割的金属预热到燃点,使其在纯氧气流中剧烈燃烧,形成熔渣并放出大量的热,同时在高压氧的吹力作用下,将氧化熔渣从切口中吹掉。金属燃烧所放出的热量又进一步预热下一层金属,使其达到燃点。金属的气割过程,就是金属预热、燃烧、吹渣的连续过程,其实质是金属在纯氧中燃烧的过程,而非熔化过程。

2. 气割设备

将焊炬更换为割炬,其余设备与手工气焊设备完全相同。割炬又称割枪或割把,与焊炬一样,可分为射吸式和等压式两种,原理与焊炬基本一致。

我国割炬型号的编制方法为:G 表示割炬,0 表示手工,1 表示射吸式,2 表示等压式,"-"后的数字表示气割的最大厚度(mm)。如 G01-20 型割炬的含义为最大可切割低碳钢板厚度为 20mm 的手工射吸式割炬。

3. 金属气割的特点

1) 气割优点

设备简单,移动方便,适用于无电源场所的切割作业;切割钢材的速度比刀片移动式机械切割工艺快;适合多种空间位置的切割,可在较小半径范围内快速改变切割方向,可实现机械切割法难于产生的切割形状和达到的切割厚度;切割过程可以实现自动操作。

2) 气割缺点

手动气割劳动条件差,危险系数高,对作业人员技能水平要求较高;切割尺寸公差低于机械工具切割;气割适用范围较小,需符合其适用条件。

3) 气割适用条件

实际生产中,气割主要用于下料、试件加工等。但不是所有金属都能进行气割。只有满足金属的燃点低于它的熔点、金属的熔点高于其氧化物的熔点、金属燃烧时是放热反应、金属的导热性要小、金属中杂质要少这五个条件的金属才能顺利地实现气割。

纯铁、低碳钢、中碳钢和普通低合金钢都能满足上述条件,具有良好的气割性能。高碳钢、铸铁、不锈钢,以及铜、铝等有色金属都难以进行氧气切割操作。

4. 手工气割的工艺参数及选择

手工气割的工艺参数主要包括:切割氧压力、气割速度、火焰能率、割嘴与割件的倾斜角、割嘴离割件表面的距离等。

1) 切割氧压力

与割件厚度、割嘴号码等因素有关。通常切割 100mm 以下的板材时,采用 0.3~0.5MPa 的氧气压力。

2) 气割速度

与割件厚度和使用的割嘴的形状有关。主要根据割缝后拖量来判断。

3）火焰能率

火焰能率过大,会使割缝上缘产生烧熔现象;火焰能率过小时,将迫使气割速度减慢,使气割困难。

4）割嘴与割件的倾斜角

倾斜角的大小主要根据割件厚度而定。

5）割嘴离割件表面的距离

根据预热火焰的长度及割件的厚度而定,一般为5~10mm。此外,钢材质量状况、割缝形状、气体的种类及割嘴形式等因素,也会影响切割质量。

5. 气割操作

气割的操作分为点火、起割、正常气割、停割四步进行。

1）点火

点火前,先开乙炔,再微开氧气阀,用点火枪点火。正常情况应采用专用打火枪点火。无打火枪条件下,亦可用火柴点火,但须注意安全,不要被喷射出的火焰烧伤。开始为碳化焰,此时应逐渐加大氧气流量,将火焰调节为中性火焰或略微带氧化性质的火焰。

2）起割

起割点应选择在割件的边缘,先用预热火焰加热金属,待预热到亮红色时,将火焰移至边缘以外,同时慢慢打开切割氧气阀门,随着氧流的增大,从割件的背面就飞出鲜红的铁渣,证明工件已被割透,割炬就可根据工件的厚度以适当的速度开始由右至左移动。

3）正常气割

起割后,割炬的移动速度要均匀,控制割嘴与割件的距离约等于焰芯长度(2~4mm)。割嘴可向后(即向切割前进方向)倾斜20°~30°。气割过程中,倘若发生爆鸣和回火现象,应立即关闭切割氧气阀,然后依次关闭预热氧气阀与乙炔阀,使气割过程暂停。用通针清除通道内的污物。处理正常后,再重新气割。

4）停割

临结束时,应将割炬沿气割相反的方向倾斜一个角度,以便将钢板的下部提前割透,使切口在收尾处显得很整齐。最后关闭氧气阀和乙炔阀,整个气割过程便告结束。

当钢板厚度在25mm以上时,应采取大号割炬和割嘴,并且加大预热火焰和切割氧流。在气割过程中,切割速度要慢,并适当地做横向月牙形摆动,以加宽切口,得以排渣。

6. 提高切口表面质量的途径

1）切割氧气压力大小要适当

切割氧压力过大时,使切口过宽,切口表面粗糙,同时浪费氧气;过小时,气割的氧化熔渣吹不掉,切口的熔渣容易粘在一起不易清除。

2）预热火焰能率要适当

预热火焰能率过大时,钢板切口表面的棱角被熔化,尤其在气割薄件时会产生前面割开,后面粘在一起的现象;火焰能率过小时,气割过程容易中断,而且切口表面不整齐。

3）气割速度要适当

气割速度太快时,产生较大的后拖量,不易切透,甚至造成熔渣往上飞,易发生回火现象;气割速度太慢时,钢板两侧棱角熔化,同时浪费气割气体,较薄的板材易产生过大的变形以及粘连现象,割后不易清理。气割速度适当时,熔渣和火花垂直向下飞去,切口光洁,熔渣容易清除。

四、评价与反馈

（一）自我评价

（1）通过本任务的学习,你是否已经知道以下问题:

①气焊的焊接原理、特点及应用范围是什么？

②气焊设备有哪些主要组成部分？

③气焊的工艺参数有哪些？

④气焊安全操作规程主要有哪些内容？

（2）气焊的火焰类型有哪些？如何进行调整？

（3）使用气焊进行薄板对接平焊的操作流程。

(4)实训完成情况如何?

(5)通过本项目的学习,你认为自己的知识和技能还有哪些方面有待进一步提高?

(二)小组评价

小组评价见表7-4。

小组评价　　　　　　　　　　　表7-4

序号	评价项目	评价情况
1	学习态度是否积极主动	
2	是否服从教学安排	
3	是否全勤	
4	着装是否符合要求	
5	是否合理规范使用仪器和设备	
6	是否按照安全和规范的规程操作	
7	是否遵守学习、实训场地的规章制度	
8	是否积极主动地和他人合作、探讨问题	
9	是否能保持学习、实训场地整洁	
10	团结协作情况	

参与评价的同学签名:＿＿＿＿＿＿＿＿＿＿　日期:＿＿＿＿＿＿

(三)教师评价

签名:＿＿＿＿＿＿＿＿＿　日期:＿＿＿＿＿＿

五、技能考核标准

技能考核标准见表7-5。

项目七 气焊工艺

技能考核标准   表7-5

序号	项 目	操作内容	规定分	评分标准	得分
1	焊前准备工作	个人安全防护	4分	根据操作内容正确穿戴工作服、工作帽、安全鞋、短皮手套、耳塞、防尘口罩、透明护目镜、焊接面罩、焊接防护服、焊接袖套、焊接手套、焊接护腿。缺失或错误每项扣1分,扣完为止	
2		场地环境检查	2分	有检查气瓶固定和检查灭火器动作。缺失每项扣1分,扣完为止	
3		母材裁剪	4分	母材实际大小与规定尺寸误差<±1mm。超标每30mm为一处,每处扣1分,扣完为止	
4		母材焊前清理	4分	接口正反两侧20mm范围内无油污、锈蚀、灰尘,打磨至露出金属光泽,无毛刺。超标每30mm为一处,每处扣1分,扣完为止	
5		母材组对装配	2分	装配间隙1mm±0.5mm。超标每30mm为一处,每处扣1分,扣完为止。有明显面差扣2分	
6		正确使用夹具	2分	大力钳夹持位置不影响焊接;夹紧力合适,正常力度无法用手推动。错误每项扣1分	
7	焊接过程	焊接设备规范使用及试焊	9分	设备检查项目及顺序正确,引燃火焰、调整火焰及关闭火焰方法及顺序正确。有试焊操作。错误或缺失每项扣3分	

续上表

序号	项目	操作内容	规定分	评分标准	得分
8	焊接过程	定位焊	5分	定位焊无缺陷,间距长度≤30mm、高度低于母材表面。超标每项扣1分,扣完为止	
9		焊前预热	2分	无预热操作扣2分	
10		焊接方法	4分	采用左焊法及平焊,错误每项扣2分	
11	焊后处理	焊缝清理	2分	未使用钢丝刷清理扣2分	
12	焊接质量评价	焊缝外观	25分	焊缝余高≤2mm,高度差≤1mm;2mm≤焊缝宽度≤4mm,宽度差≤1mm;渗透<3mm。超标每20mm为一处,每处扣2分,扣完为止	
13		焊接缺陷	25分	咬边、烧穿、焊瘤、气孔、裂纹、熔深不足每项扣3分,扣完为止	
14		焊件整体尺寸	6分	角变形<10°;错边量<2mm。超标每20mm为一处,每处扣2分,扣完为止	
15	5S管理	5S管理	4分	设备、工具未复位,每项扣1分;场地未清洁扣5分,清洁不干净每处扣1分,扣完为止	
		总分	100分		

项目八　钎焊连接工艺

学习目标

☆ **知识目标**

1. 了解钎焊工艺的原理和特点；
2. 了解钎焊材料的类别及特点；
3. 掌握火焰钎焊操作工艺流程及注意事项。

☆ **技能目标**

1. 能够正确做好火焰钎焊的安全防护；
2. 能够按照钎焊安全操作规范及工艺流程完成板搭接铜钎焊作业；
3. 能够按照技术标准对钎焊成品进行评价分析。

建议课时

6课时。

任务描述

维修技师小王使用火焰钎焊修复一辆前风窗框受损的车辆,但熔化后的铜基钎料与焊接接头处的母材金属无法黏附,钎料凝固后容易脱落。

为解决该问题,小王需学习掌握钎焊的相关知识及技能。

一、理论知识准备

钎焊指采用比母材熔点低的金属材料作为钎料,将焊件和钎料加热到高于钎料熔点、但低于母材熔点的温度,利用液态钎料的润湿作用和毛细作用填充接头间隙,并与母材相互扩散而实现连接焊件的方法。在汽车制造中,钎焊主要用于车身、散热器、铜和钢件、硬质合金件的焊接。

钎焊对母材的物理化学性能影响小,焊接应力和变形较小,可焊接性能差别较大的异种金属,且设备简单,生产投资小。但钎焊接头的强度相对较低,耐热性较差。

(一) 钎焊原理

钎焊是利用熔点比母材低的金属作为钎料,加热后,钎料熔化,焊件不熔化,利用液态钎料在母材表面及间隙中润湿、铺展、毛细流动、填缝及与母材相互溶解和扩散作用而实现零件间的连接。钎焊的过程如图8-1所示。

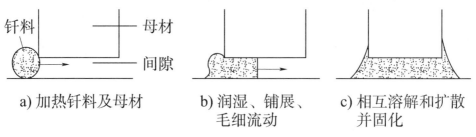

a) 加热钎料及母材　　b) 润湿、铺展、毛细流动　　c) 相互溶解和扩散并固化

图8-1　钎焊过程示意图

液体金属能填充接头间隙,必须具备润湿作用和毛细作用。润湿作用指液态物体与固态物体接触后相互黏附的现象,当液体的附着力大于其内聚力时,液体方能黏附在固体表面。润湿作用可分为浸渍润湿、附着润湿和铺展润湿。毛细作用指由于钎焊母材间隙很小,如同毛细管,在钎焊时,钎料依靠毛细作用在母材间隙内流动。

钎焊属于固相连接,与熔焊不同,钎焊时母材不熔化,而熔焊时则母材与焊丝或焊条同时熔化。

(二) 钎焊的分类及特点

1. 钎焊的分类

随着钎焊技术的发展,钎焊的种类越来越多,可按以下方法分类:

1) 按钎焊温度分类

按钎焊温度的高低,钎焊通常分为低温钎焊(450℃以下)、中温钎焊(450~950℃)及高温钎焊(950℃以上)。根据《钎焊术语》(GB/T 33148—2016),450℃以下的钎焊称为软钎焊,450℃以上的钎焊称为硬钎焊。

(1) 软钎焊的钎料熔点低于450℃,接头强度较低(<70MPa),多用于电子和食品工业中导电、气密和水密器件的焊接。典型软钎焊如锡焊,如图8-2所示。

(2) 硬钎焊的钎料熔点高于450℃,接头强度较高(>200MPa),且部分硬钎焊可在高温下工作。硬钎焊的钎料种类繁多,以铝、银、铜、锰和镍为基的钎料应用最广。铝基钎料常用于铝制品钎焊。银基、铜基钎料常用于铜、铁零件的钎焊。锰基和镍基钎料多用来焊接在高温下工作的不锈钢、耐热钢和高温合金等零件。焊接铍、钛、锆等难熔金属、石墨和陶瓷等材料则常用钯基、锆基和钛基等钎料。选用钎料时要考虑母材的特点和对接头性能的要求。典型的硬钎焊如铜焊,如图8-3所示。

图8-2　锡焊

图8-3　车顶激光钎焊

2)按钎焊加热所使用热源类型分类

按钎焊加热所使用热源类型不同,钎焊还可分为烙铁钎焊、火焰钎焊、炉中钎焊、电阻钎焊、感应钎焊以及浸渍钎焊等。

(1)烙铁钎焊是利用烙铁头积聚的热量来熔化钎料,并加热钎焊处的母材,从而完成钎焊的方法。烙铁焊时,选用的烙铁的电功率应与焊件的质量相适应,才能保证必要的加热速度和钎焊质量。由于手工操作,烙铁的质量不能太大,通常限制在1kg以下,否则就会使用不便。但是这就使烙铁所能积聚的热量受到限制。因此,烙铁只能适用于以软钎料钎焊薄件和小件,多应用于电子、仪表等工业领域。

(2)火焰钎焊是用可燃气体与氧气或压缩空气混合燃烧的火焰作为热源进行焊接。设备简单,操作方便,根据工件形状可用多火焰同时加热焊接。此方法主要用于铜基钎料、银基钎料钎焊碳钢、低合金钢、不锈钢、铜及铜合金、硬质合金等,特别适用于截面不等的组件。还可用作钎焊铝及铝合金等的小型薄壁工件。

(3)浸渍钎焊是将工件局部或整体浸入熔态的盐混合物(称盐液)或液态钎料中,而实现加热和钎焊的方法。它的优点是加热迅速,生产率高,液态介质保护零件不受氧化,有时还能同时完成淬火和热处理过程,适用于大批量生产。浸渍钎焊可分为盐浴钎焊或金属浴钎焊。

(4)电阻钎焊与电阻焊相似,它是依靠电流通过钎焊处由电阻产生的热量来加热工件和熔化钎料的。电阻钎焊加热快,生产率高,但只能适于焊接接头尺寸不大、形状不太复杂的工件。目前,主要用于刀具、带锯、导线端头等的钎焊。

(5)感应钎焊是将零件的钎焊部分被置于交变磁场中,这部分母材的加热是通过它在交变磁场中产生的感应电流的电阻热来实现的。感应钎焊加热快,质量好,但温度不易精确控制,工件形状受限,适于批量钎焊钢、高温合金、铜及铜合金等。既可用于软钎焊,又可用于硬钎焊。主要用于钎焊较小的工件,适用于对称形状的工件,如管件套接、轴与轴套类的接头。

(6)炉中钎焊是将装配好钎料的工件放在炉中进行加热焊接,常需要加钎剂,也可用还原性气体或惰性气体保护,加热比较均匀。按钎焊过程中钎焊区气氛组成可分为四类:空气炉中钎焊、中性气氛炉中钎焊、活性气氛炉中钎焊和真空炉中钎焊,大批量生产时可采用连续式炉。空气炉中钎焊一般可钎焊碳钢、合金钢、铜及铜合金、铝及铝合金等材料。真空炉中钎焊用于含有铬、铝、钛等元素的不锈钢和高温合金,以及活性金属钛、锆、难熔金属钨、钼、钽、铌及其合金的钎焊。

此外,随着钎焊技术的发展,又陆续出现一些新的钎焊方法。如气相钎焊、接触反应钎焊、超声波钎焊、扩散钎焊、光学钎焊(红外线钎焊、激光钎焊、光束钎焊)、电弧钎焊等。

2. 钎焊的特点

同熔焊方法相比,钎焊具有以下优点:

(1)钎焊接头平整光滑,外观美观。

(2)工件变形较小,尤其是对工件采用整体均匀加热的钎焊方法。

(3)钎焊加热温度较低,对母材组织性能影响较小。

(4)某些钎焊方法一次可焊成几十条或成百条焊缝,生产率高。

(5)可以实现异种金属或合金以及金属与非金属的连接。

然而,钎焊也有明显的缺点:钎焊接头强度较低,耐高温能力差;接头形式以搭接为主,增加了结构质量;钎焊的装配要求比熔化焊高,要严格保证间隙。

(三)车身钎焊维修设备、材料及接头形式

汽车制造业中通常使用的是电弧钎焊,主要用于车身内板件的连接,如A柱、C柱内板上下段的连接。不等厚板件、不同材质板件及薄板件的焊接则多采用激光钎焊,如纵梁头部不等厚板的焊接,车顶与侧围板整体的连接等。在车身维修中,因受条件所限,通常仅采用火焰钎焊。

1. 钎焊设备

在车身维修中使用的钎焊设备通常与氧乙炔焊相同。包括氧气瓶、乙炔瓶、氧气减压器、乙炔减压器、回火防止器、焊炬、氧气管及乙炔管等,具体介绍及使用方法参考项目七。

2. 钎焊材料

钎焊材料包括钎料和钎剂。合理选择钎焊材料对钎焊接头质量有着重要的作用。

1) 钎料

钎料是钎焊时所使用的填充金属。钎焊接头的质量与性能在很大程度上取决于钎料。

(1) 钎料分类:根据钎料熔点不同,钎料可以分为软钎料(熔点低于450℃)和硬钎料(熔点高于450℃)两大类。根据组成钎料的主要化学元素,可分成各种金属基的钎料。软钎料包括锡基、铅基、铋基、铟基等,其中锡铅钎料是应用最广的一类软钎料。硬钎料包括铝基、银基、铜基、镁基、锰基、镍基、金基、钯基、钼基、钛基等,其中银基钎料是应用最广的一类硬钎料。钎料根据实际焊接需要,使用不同的材料制造为各种形态,如图8-4所示。

(2) 钎料的编号:根据钎料国家标准规定编号表示方法,钎料型号由两部分组成,中间用"-"分开;第一部分用一个大写英文字母表示钎料的类型,"S"表示软钎料,"B"表示硬钎料;第二部分由主要合金组分的化学元素符号组成。其中第一个化学元素符号表示钎料的基本组分,其他化学元

图8-4　各类钎料

素符号按其质量百分数顺序排列,当几种元素具有相同质量百分数时,按其原子序数顺序排列。软钎料每个化学元素符号后都要标出其公称质量百分数。硬钎料仅第一个化学元素符号后标出公称质量百分数。公称质量百分数取整数误差±1%,若其元素公称质量百分数仅规定最低值时应将其取整。公称质量小于1%的元素在型号中不必标出,但若该元素是钎料的关键组分一定要标出时,按如下规定予以标出:①软钎料型号中可仅标出其化学元素符号;②硬钎料型号中将其化学元素符号用括号括起来。每个型号中最多只能标出6个化学元素符号。例如,一种含锡60%、铅39%、锑0.4%的软钎料,型号可表示为S-Sn60Pb40Sb;一种二元共晶硬钎料含银72%、铜28%,型号可表示为B-Ag72Cu。

(3) 钎料的选择:从使用要求出发,对钎焊接头强度要求不高和工作温度不高的,可应用软钎料钎焊,钢结构中应用最广的是锡铅钎料;对钎焊接头强度要求比较高的,则应用硬钎料钎焊,主要是铜基钎料和银基钎料;对在低温下工作的接头,应使用含锡量低的钎料;要求高温强度和精氧化性好的接头,宜用镍基

钎料。选择钎料时，必须考虑钎料与母材的相互作用，加热方法对钎料选择也有一定的影响，除了在工艺上采取相应措施外，在确定钎料上应采用熔点低的钎料。此外，从经济观点出发，应选用价格便宜的钎料。

2) 钎剂

钎剂的主要作用是去除母材和液态钎料表面上的氧化物和油污杂质，保护母材和钎料接触面在加热过程中不致进一步氧化，并改善增加钎料的润湿性和毛细流动性。

(1) 钎剂的分类：根据钎剂的组分功能可划分为三类，一是基质，二是去膜剂，三是界面活性剂。基质是钎剂的主要成分，它控制着钎剂的熔点，并且又是钎剂中其他组元的溶剂；去膜剂主要起去除母材和钎料表面氧化膜的作用；界面活性剂的作用是进一步降低熔化钎料与母材的界面张力，加速清除氧化膜并改善钎料的铺展。每种组分的作用往往不是单一的，而是共同起着三方面的功能。

根据使用温度不同，可分为软钎剂和硬钎剂。按特殊用途又可再分为铝用钎剂、粉末状钎剂、液体钎剂、气体钎剂等。常用焊剂如图 8-5 所示。

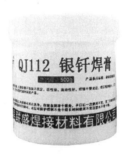 

a) 焊膏　　　　　b) 焊粉

图 8-5　常用焊剂

软钎剂主要是指在 450℃ 以下钎焊用钎剂。软钎料一般需要用钎剂，以清除氧化膜，改善钎料的润湿性能。软钎剂根据钎剂焊后残渣是否有腐蚀作用可分为非腐蚀性软钎剂(有机软钎剂)和腐蚀性软钎剂(无机软钎剂)两大类。非(弱)腐蚀性软钎剂的化学活性比较弱、热稳定性尚好，对母材几乎没有腐蚀性作用。纯松香或加入少量的有机脂类的软钎剂属于非腐蚀性，而加入胺类、有机卤化物类的为弱腐蚀性软钎剂。焊后一般不清洗。松香也是最常用的非腐蚀性软钎剂。腐蚀性软钎剂由无机酸或(和)无机盐组成，焊后的残渣有腐蚀作用，焊后必须清洗干净。这类钎剂化学活性强、热稳定性好，能有效地去除母材表面的氧化物，促进钎料对母材的润湿，可用于黑色金属和有色金属的钎焊。如焊接铜、铁等材料时用的钎剂,由氯化锌、氯化铵和凡士林等组成。焊铝时需要用氟化物和氟硼酸盐作为钎剂。

硬钎剂是指在450℃以上钎焊用钎剂。通常由碱金属和重金属的氯化物和氟化物,或硼砂、硼酸、氟硼酸盐等组成,可制成粉状、糊状和液状。在有些钎料中还加入锂、硼和磷,以增强其去除氧化膜和润湿的能力。焊后钎剂残渣用温水、柠檬酸或草酸清洗干净。

专用钎剂主要指铝用钎剂,由于铝的氧化膜致密稳定,钎焊铝及铝合金时必须采用专用的钎剂。气体钎剂是炉中钎焊和气体火焰钎焊过程中起钎剂作用的一种气体,它们的最大优点是钎焊后没有固体残渣,工件不需清洗。

(2)钎剂和钎料的匹配:当钎焊采用钎剂去膜时,不能仅从钎剂的去膜能力来选择,还必须与钎料的特点和具体加热方法结合起来。首先要保证钎剂的活性温度范围(钎剂稳定有效发挥去膜能力的温度区间)覆盖整个钎焊稳定。其次是钎剂与钎料的流动、铺展进程要协调。

(3)对钎剂的基本要求:足够溶解或破坏表面氧化膜能力;钎焊温度范围内表面张力小、黏度低、流动性好、密度低;熔点低于钎料熔点;成分及作用稳定(稳定温度≥100℃);产物密度低、易排除;无强烈腐蚀作用、无毒性。

3. 钎焊接头形式及装配间隙

1)钎焊接头形式

受钎料强度所限,用钎焊连接时,钎料及钎缝强度一般比母材低。常见钎焊接头形式如图8-6所示。其中,搭接接头的强度最高,其次是斜接,最差的是对接,若采用对接的钎焊接头,则接头强度比母材低,故对接接头只有在承载能力要求不高的场合才可使用。薄壁零件钎焊时,可采用锁边接头,以提高接头强度及密封性,如图8-6e)所示。

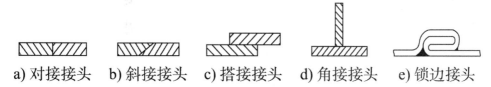

a) 对接接头　b) 斜接接头　c) 搭接接头　d) 角接接头　e) 锁边接头

图8-6　钎焊接头

在钎料相同情况下,钎焊接头的强度取决于需要连接的两个工件的表面积。因此,为提高钎焊接头强度,需要焊接的部件应该尽量加宽搭接接头的宽度,即使是同种材料之间的钎焊,钎焊接头也需比其他焊接接头的表面积大。在生产实践中,搭接部位的宽度一般应大于或等于金属板厚度的3倍。如果搭接长度太长,过度耗费材料,增加构件质量,如果搭接长度太短,则不能满足强度要求。

2)钎焊接头装配间隙

钎焊接头装配间隙大小(钎焊温度时)是影响钎缝致密性和接头强度的关键因素之一。间隙过小,会妨碍钎料的流入;间隙过大,则破坏钎料的毛细作用,钎料不能填满接头的间隙,致使接头强度降低。装配间隙的大小与钎料和母材有无合金化、钎焊温度、钎焊时间、钎料的安置等有直接关系。一般来说,钎料与母材相互作用较弱,则要求较小的间隙;钎料与母材的相互作用较强,间隙就要求较大。

(四)钎焊操作流程及注意事项

1. 钎焊操作的一般流程

1)清洁焊件

进行钎焊之前先要清除焊件焊接区域的油污、水、氧化物。可以使用角磨机和钢丝刷对母材表面杂质进行彻底清理,并用清洁剂擦拭清洁。

2)预热焊件表面

先用轻微碳化焰的外焰预热焊件表面,加热时焰心距焊件表面15~20mm,以适当加大受热面积,预热温度一般在450~600℃,在加热不同厚度的焊件时,火焰指向较厚的焊件。

3)施加焊剂

当预热温度接近钎料的熔化温度时,迅速在焊接表面均匀施加钎剂,并用火焰外焰将钎剂加热使其熔化。(若使用带焊剂的焊条,则无须此步骤)

4)焊接

钎剂熔化后,将钎料与高温的焊件接触,利用火焰及焊件的高温使钎料熔化流动,待钎料溶入焊件间隙后,将火焰焰心移至距焊件35~40mm处,防止钎料过热,当焊件间隙被钎料完全填满后,焊接结束。通常情况下,火焰钎焊焊料在焊接过程中需同时进行送给,方式与气焊基本一致。焊接过程中需掌控好温度及钎料熔化填充焊缝的过程。

5)焊后清洁

焊接完成冷却后,用水冲洗剩余的钎剂残渣,并用硬质的钢丝刷擦净金属表面。焊剂可用砂轮或尖锐的工具清除。

除以上步骤外,钎焊接头形式及间隙应根据技术文件进行选择,钎料及钎剂的选择则根据接头强度需要、母材特点并结合本教材和有关国家标准进行选择,涉及母材接头加工处理、焊接设备调试等,请参考气焊操作标准工艺流程。

2. 钎焊操作的注意事项

(1)严格按照气焊设备安全操作规范执行。

(2)焊炬喷嘴尺寸选择应略大于母材的厚度;钎焊前要用大力钳固定好金属板,防止板件的移动和钎焊部位的开裂。

(3)接合区整体加热到同样的温度,以便钎焊材料顺畅流过被加热的表面。

(4)焊接前应对母材进行预热以便得到更好的熔敷效率。

(5)控制加热温度和位置,避免钎焊材料在板件加热前熔化致使其与板件不黏结,均匀加热焊接部位,防止板件熔化。调整热量时,应移开火焰,使钎焊接头短暂冷却。

(6)钎焊的温度必须比钎料及钎剂的熔点高 25~60℃。如果板件的表面温度太高,焊剂将不能够达到清洁板件的目的,将使钎焊的黏结力减小,接头的接合强度降低。

(7)保障熔敷效果的前提下尽可能加快焊接速度,避免母材及钎料长时间加热,造成强度下降,尽可能避免同一部位再次钎焊。

二、任务实施

(一)准备工作

1. 设备及工具

钎焊焊接设备、点火枪、电动角磨机、钢丝刷、焊接大力钳、平口大力钳、扁口大力钳、C 形大力钳、钢板尺(0~300mm)、划针、记号笔。

2. 耗材

薄铁板(300mm×100mm×1.2mm)、角磨片、铜基钎料、硬钎剂、氧气、乙炔、除尘布。

3. 防护用品

工作服、工作帽、安全鞋、短皮手套、耳塞、防尘口罩、透明护目镜、气焊护目镜、焊接防护服、焊接袖套、焊接手套、焊接护腿。

4. 场地配套

焊接工作台、照明系统、220V 电源、抽排系统、灭火器、5S 管理相关工具。

(二) 技术要求与注意事项

(1) 按照安全文明生产操作规程的要求,进行焊前准备及焊接操作。施焊前必须进行安全隐患排查,全程必须严格根据作业项目正确佩戴安全防护用品。

(2) 母材为 300mm×100mm×1.2mm 低碳钢,误差≤1mm。

(3) 焊前必须清理母材接头,露出金属光泽,清理范围距离焊缝区域≥20mm。

(4) 接头形式为搭接接头,搭接长度 3mm±0.5mm,间隙 0.01~0.05mm,采用平焊。

(5) 使用简易夹具(大力钳)进行夹紧固定。

(6) 焊接后,使用钢丝刷清理焊缝表面,但须保持原始状态,不得加工、修磨和补焊。

(7) 焊缝表面无缺陷,焊缝波纹均匀,宽窄一致,高低平整,焊后纵向变形量<2mm。

(三) 操作步骤

1. 母材前处理

使用角磨机打磨母材焊接区域至裸金属,正面及背面距离接口≥20mm;打磨后使用除尘布对母材整体进行清洁除尘处理。

2. 母材固定

调整好搭接长度 3mm,使用夹具(大力钳)夹持并固定需焊接的母材;根据平焊相关要求及结合实际情况将夹持好的母材固定在焊接工作台上。

3. 焊前检查

按照安全文明生产操作规程及气焊焊接操作流程的要求,焊前对焊接设备、场地环境及自身安全防护进行再次检查确认,及时排除安全隐患。

4. 母材预热

使用微碳化焰的外焰预热焊件表面,加热时焰心距焊件表面 15~20mm。

5. 施加焊剂

预热温度接近钎料的熔化温度时,迅速在焊接表面均匀施加硬钎剂,并用火焰外焰将钎剂加热使其熔化。

6. 主焊接

使用轻度还原性火焰加热铜焊条,根据焊缝填充情况调整焊条送给速度,同时注意避免母材过热。

7. 焊后焊件处理

焊接结束后,待焊件冷却后用水冲洗剩余的钎剂残渣,使用钢丝刷对焊缝表面进行清理,清理结束后使用除尘布对焊件整体进行清洁除尘处理。使用油性记号笔在焊件右下角记录姓名、日期及用时。

8. 检查评价

使用游标卡尺检查焊缝外观尺寸,采用目测法检查焊接缺陷,如实填写技能考核标准表。

注:此步骤采用自评、学生互评及教师评价相结合方式进行。

9.5S 管理

按照安全文明生产操作规程的要求将工位进行复位,关闭电、气及相关设备,对场地环境进行清扫清洁,填写工位使用记录表。

三、学习拓展

近年来,结合软钎焊的工作原理、特点,并使其与车身外板件修复工艺相融合,出现了一种新型修补工艺,即金属腻子的技术。比较典型的如补锡工艺。

(一)补锡工艺的特点

1. 补锡工艺的优点

(1)加热温度低、热变形小,不会造成材质的变化,不会降低车身的强度。如果温度控制得当,车身板件背面的防锈涂层都不会受影响。

(2)可用来修整车身棱线或转角。因为铅锡合金与板材的附着力很好,本身又具有很高的延展性,即使受到碰撞或敲击,也不会产生裂痕或脱落。

(3)铅锡合金表面经过研磨后,可直接进行中涂,减少了涂装的前处理程序。

(4)维修等待的时间短。数秒内铅锡合金即凝固,可立即研磨板面。

2. 补锡的缺点

(1) 外形平坦、面积大、厚度薄的位置不能使用,如车顶、发动机舱盖没有棱线的部位。

(2) 对维修作业人员的技术熟练度要求比较高。

(3) 铅锡合金对人体有伤害,要避免吸入,工作过程必须严格佩戴安全防护用品。

(二) 补锡工具及耗材

(1) 热风枪:用于加热镀层和锡料,如图 8-7a) 所示。

(2) 助焊剂及刷子:助焊剂用于提高母材和锡焊条之间的润湿性,增加附着力。刷子用于助焊剂刷涂金属表面,如图 8-7b) 所示。

(3) 锡条:作为锡焊主要填料,如图 8-7c) 所示。

(4) 压板:用于压实软化后的填料及初步塑性,如图 8-7d) 所示。

(5) 刮锡刀:对锡焊表面的进行初步刮平作业,如图 8-7e) 所示。

(6) 钣金锉刀:检查高点并对锡焊表面局部小高点锉削整平,如图 8-7f) 所示。

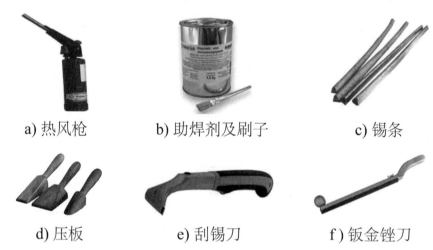

a) 热风枪　　b) 助焊剂及刷子　　c) 锡条

d) 压板　　e) 刮锡刀　　f) 钣金锉刀

图 8-7　补锡主要工具及耗材

(三) 补锡适用的情形及操作流程

1. 补锡适用情形

MIG 对接焊缝研磨磨平后仍有不平顺位置时;钢板较厚的封闭结构,熔植机不便整平且无法使用手工具维修时;车体容易腐蚀的部位;以沉搭的方式连接时,在沉搭的细缝与凹陷处;下护板变形时,小变形可直接补锡,大变形要先粗略整平再补锡。

注意:补锡不可作为板件接合的方法。

2. 补锡的具体流程

补锡的具体流程如图8-8所示。

a) 打磨损伤区域　　b) 修整补锡区域　　c) 清洁补锡区域

d) 施涂锡膏　　e) 加热镀锡　　f) 擦除镀锡表面杂质

g) 放锡料　　h) 塑形　　i) 冷却补锡区域

j) 刮刀整修　　k) 锉刀整修　　l) 打磨/清洁补锡区域

图8-8　补锡操作流程

四、评价与反馈

(一)自我评价

(1)通过本任务的学习,你是否已经知道以下问题:
①钎焊的原理、类型及特点是什么?

②钎焊材料的组成及类型有哪些?

(2)钎焊操作流程及注意事项是什么?

(3)实训完成情况如何?

(4)通过本项目的学习,你认为自己的知识和技能还有哪些方面有待进一步提高?

(二)小组评价

小组评价见表8-1。

小 组 评 价　　　　　表8-1

序号	评价项目	评价情况
1	学习态度是否积极主动	
2	是否服从教学安排	
3	是否全勤	
4	着装是否符合要求	
5	是否合理规范使用仪器和设备	
6	是否按照安全和规范的规程操作	
7	是否遵守学习、实训场地的规章制度	
8	是否积极主动地和他人合作、探讨问题	

续上表

序号	评 价 项 目	评 价 情 况
9	是否能保持学习、实训场地整洁	
10	团结协作情况	

参与评价的同学签名：_____ 日期：_____

(三) 教师评价

_____

_____

签名：_____ 日期：_____

五、技能考核标准

技能考核标准见表8-2。

技能考核标准　　　　　　　　表8-2

序号	项　目	操作内容	规定分	评分标准	得分
1	焊前准备工作	个人安全防护	4分	根据操作内容正确穿戴工作服、工作帽、安全鞋、短皮手套、耳塞、防尘口罩、透明护目镜、焊接面罩、焊接手套、焊接防护服。缺失或错误每项扣1分，扣完为止	
2		场地环境检查	2分	有检查气瓶固定和检查灭火器动作。缺失每项扣1分，扣完为止	
3		母材焊前清理	4分	接头正反两侧20mm范围内无油污、锈蚀、灰尘，打磨至露出金属光泽，无毛刺。超标每30mm为一处，每处扣1分，扣完为止	

续上表

序号	项目	操作内容	规定分	评分标准	得分
4	焊前准备工作	母材组对装配	5分	接头间隙0.01~0.05mm；搭接长度3mm±0.5mm超标每30mm为一处，每处扣1分，扣完为止	
5		正确使用夹具	2分	夹持位置不影响焊接；夹紧力合适，正常力度无法用手推动。错误每项扣1分	
6	焊接过程	焊接设备规范使用	9分	设备检查项目及顺序正确，火焰引燃、调整及关闭方法正确。错误或缺失每项扣3分	
7		焊前预热	3分	无预热操作扣3分，预热不均匀扣2分	
8		施涂焊剂	3分	未施涂焊剂扣3分，施涂不均匀扣2分	
9		焊接方法	4分	采用左焊法及平焊，错误每项扣2分	
10	焊后处理	焊缝清理	4分	未用水清洗表面焊剂扣2分；未使用钢丝刷清理扣2分	
11	焊接质量评价	焊缝外观	25分	接头表面应清洁（无残留焊渣或粉末状氧化皮）、光滑、成型良好；高度差≤1mm；宽度差≤1mm；直线度误差≤1mm。超标每20mm为一处，每处扣2分，扣完为止	
12		焊接缺陷	25分	气孔、夹渣、焊瘤、未焊透、焊缝填充不充分等每项扣3分，扣完为止	

续上表

序号	项目	操作内容	规定分	评分标准	得分
13	焊接质量评价	焊件整体尺寸	6分	角变形＜10°；纵向及横向量＜2mm。超标每20mm为一处，每处扣2分，扣完为止	
14	5S管理	5S管理	4分	设备、工具未复位，每项扣1分；场地未清洁扣5分，清洁不干净每处扣1分，扣完为止	
	总分		100分		

项目九　塑料焊接及粘接工艺

☆ 知识目标

1. 了解塑件在车身上的应用及分布；
2. 掌握汽车常用塑料的类型和鉴别方法；
3. 掌握塑料件焊接原理、方法及操作注意事项；
4. 掌握塑料件粘接原理、方法及操作注意事项。

☆ 技能目标

1. 能够鉴别车身塑料的类型；
2. 能够按照标准工艺流程完成车身塑料件焊接；
3. 能够按照标准工艺流程完成车身塑料件粘接；
4. 能够按照技术标准评价车身塑料焊焊接质量。

6 课时。

任务描述

一台小轿车在倒车过程中，车主未注意到车辆后方障碍，导致车辆塑料保险杠与障碍物撞击挤压，保险杠撞击部位裂开，周围有变形。

为安全高效地修复裂开及变形的塑料保险杠并达到质量标准，需要学习车身塑料件修复的相关知识和技能。

一、理论知识准备

通过使用塑料制品替代各种昂贵的有色金属和合金材料，既可提高汽车造型的美观与设计的灵活性，降低零部件加工、装配与维修的费用，又可减轻汽车质量，降低能耗。

塑料是以合成树脂为基体，加入不同的添加剂，能够在一定温度、压力的作用下，被塑造成各种形状的轻质高分子材料，是目前汽车上应用最广泛的非金属材料。汽车上塑料被整体性或局部性地应用在大量的总成件或非总成件上，有

项目九 塑料焊接及粘接工艺

效提升了汽车安全性、舒适性、轻量化及回收利用率等指标,如图9-1所示。行业内习惯将车身塑料件分为内饰件、外装件和功能件(其他结构件)三类。

图9-1 车身塑料件分布

(一)塑料的类型和鉴别方法

1. 塑料的类型

塑料的种类繁多,通常根据热性能特点不同分为热塑性和热固性两类;此外,根据应用范围又可分为通用塑料、工程塑料及高性能工程塑料。

1)热塑性塑料

在加热时能够变软以至流动,冷却后变硬,且该过程可逆,可以反复进行的一系列塑料称之为热塑性塑料。如大部分汽车的前后保险杠、灯罩、挡泥板等,加热修复时不会破坏内部的分子结构。热塑性塑料的符号、名称及在车身上的应用情况见表9-1。

2)热固性塑料

第一次加热时可以软化流动,但加热到临界温度后,将产生化学反应(分子链固化)而变硬,且该变化不可逆,再次加热则不能变软流动的一系列塑料称之为热固性塑料。工业制造时,通常借助这种特性进行成型加工,利用第一次加热时的塑化流动,在压力下充满型腔,进而冷却固化成为确定形状和尺寸的制品。热固性塑料制件多用在隔热、耐磨、绝缘、耐高压电等在恶劣环境中。大部分汽车的外装饰板、外车身板、散热器框架等使用热固性塑料加工制造,该类配件无法通过加热方式进行修复。热固性塑料的符号、名称及在车身上的应用情况见表9-1。

汽车常用塑料符号、名称及应用　　　　表9-1

符号	化学名称	应用	类型
AA	丙烯腈-苯乙烯	—	热塑性
ABS	丙烯腈-丁二烯-苯	车门板及缓冲器、格栅、前照灯	热塑性
ABS/MAT	硬质玻璃纤维加强ABS	车身板	热固性
EP	环氧树脂	玻璃纤维车身板	热固性
EPDM	乙烯丙烯二烯轻单基物	保险杠抗冲击板、车身板	热固性
PA	聚酰胺	外部装饰板	热固性
PC	聚碳酸酯	格栅、仪表板、玻璃	热塑性
PPO	聚苯撑氧化物	镀铬塑料部件、格栅、遮光板	热固性
PE	聚乙烯	内翼子板、内装饰板、窗帘上部框架、阻流板	热塑性
PP	聚丙烯	内模压件和板、内翼子板、散热罩、保险杠罩	热塑性
PS	聚苯乙烯	—	热塑性
PUR	聚氨酯	保险杠罩、前后车身板、垫板	热固性
TPUR	聚氨酯	保险杠罩、导流板、垫板、柔软遮光板	热塑性
PVC	聚烯树脂氯化物	内部装饰、软垫板	热塑性
PIM	"注模反应"聚氨酯	保险杠罩	热固性
RRIM	加强聚氨酯	外部车身板	热固性
SAN	聚乙烯-聚丙腈	内部装饰板	热固性
TPR	热塑橡胶	窗上部框架	热固性
UP	聚酯	玻璃纤维车身板	热固性

2. 塑料件的鉴别

不同类型的塑料适用的修复方法不同,车辆不同部位所使用的塑料类型会有所不同,不同品牌车辆同一区域所使用的塑料类型也有所不同,甚至同品牌不同年款的汽车所使用的塑料类型也不同。因此,为确保修复方法选择正确,修理塑料件之前,必须正确鉴别所修理塑料的类型。

塑料件常用的鉴别方法有:ISO 码鉴别法、维修手册查找法、燃烧试验法及试焊法。

1)ISO 码鉴别法

通过对照塑料件上的 ISO 码进行鉴别,此码常模压在塑料件上,如图 9-2 所示。

2)维修手册查找法

通过制造厂提供的技术维修手册可详细查询到塑料配件的类型。

图 9-2　前照灯 ISO 码(PC/PP)

3)燃烧试验法

通过利用火焰燃烧塑料,依据冒烟情况识别塑料类型。该方法存在火灾隐患、污染,且鉴别可靠性低,已不推荐使用。

4)试焊法

通过使用不同类型的塑料焊条对该配件的隐蔽部位或损坏区域进行试焊,观察焊条熔合黏附效果进行鉴别。

3. 塑料件的修复方法

不同类型的塑料对应着不同的特性及修复方法,塑料件常用连接修复方法主要有:焊接法和粘接法,具体对应见表 9-2。

不同类型塑料的特点及修复方式　　　　表 9-2

塑料类型	特　点	修理方法
热塑性塑料	加热时软化或熔化,冷却后硬化,可以重复地加热软化,其形态和化学成分并不发生变化	焊接法、粘接法
热固性塑料	加热和使用催化剂或紫外光的情况下发生化学变化。硬化后永久形状,即使重复加热或使用催化剂也不会变形	粘接法
复合塑料	由不同的塑料及其他配料混合而成,从而获得特定的性能	粘接法

(二)塑料焊接

1. 塑料焊接原理

塑料焊接与金属焊接类似,通过外加热源使焊条与塑料基体材料熔成一体,待冷却后形成焊缝。塑料焊接时,塑料焊条仅有表面的软化与塑料基体材料融合,而芯部仍然维持原状。焊接完撤去热源后,焊条形状变化不大,仅焊缝两侧有熔流带,中部则与焊条原有形状一致,如图9-3所示。

2. 塑料焊接的类型

塑料焊接通常有三种类型:热空气塑料焊接、无空气塑料焊接和超声波塑料焊接。

1)热空气塑料焊接

塑料板件焊接多采用热空气焊枪,采用陶瓷或不锈钢电热元件产生热空气(热风)对焊条及塑料部件进行加热焊接。热风的温度为230~340℃,通过喷嘴吹至待焊塑料及焊条上,使两者熔合。焊接设备主要构成如图9-4所示。焊接时,可根据需要选择不同的焊嘴。

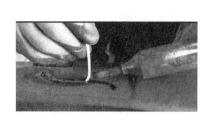

图9-3 塑料焊

图9-4 热空气塑料焊枪

(1)定位焊头,如图9-5a)所示。主要用于断裂板件或长的焊缝在真正焊接前的定位焊。进行定位焊时,必须将断口对准、固定,不使用焊条,而是将喷嘴头压紧在断口底部,使两侧板件同时熔化形成定位焊点。必要时还可断开重新进行定位。

(2)圆形焊头,如图9-5b)所示。焊接速度比较慢,比较适合小型件和复杂件上短焊缝的焊接,尤其适合焊填小的孔洞以及尖角部位和难靠近部位的焊接。

(3)高速焊头,如图9-5c)所示,主要用于长而直的焊缝。高速焊头夹持着焊条,并对焊条和焊件进行预热,一旦开始焊接、焊条自动进入预热管,由焊嘴端部的尖形加压掌(导门板)向焊条施加压力。使用高速焊头热量和压力均衡,焊缝均匀,焊接速度可达1000mm/min。

a) 定位焊头　　b) 圆形焊头　　c) 高速焊头

图 9-5　热空气塑料焊枪常用焊头

不同的设备制造商生产的热空气焊机不完全相同,因此关于焊机调整、停机、使用程序提前阅读设备使用说明书。

2) 无空气塑料焊接

无空气塑料焊接如图 9-6 所示,利用电热元件熔化直径为 3m 的较小焊条,不从外部供给空气。用较小的焊条进行无空气焊接有助于解决板件翘曲和焊条过度堆积这两大难题。在焊接前,需确定焊条和待修复塑料件的材料相同,否则无法成功进行焊接(许多制造商提供了焊条应用表)。选定正确的焊条后,最好在焊接之前用一小段焊条穿过焊机清理焊头,然后再进行焊接。焊接时可根据需要调整无空气焊机的温度调节旋钮。焊机完全加热通常需要约 3min。

3) 超声波塑料焊接

超声波塑料焊如图 9-7 所示,依靠高频振动能量使塑料件黏合,而不必熔化基底材料。手持装置的可选频率为 20~40kHz。适用于焊接大的部件和空间狭窄难以到达的区域。焊接时间通过电源可以进行控制,焊接周期短,不超过 0.5s。

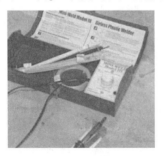  

图 9-6　无空气塑料焊接套装　　图 9-7　超声波塑料焊接设备

3. 塑料焊条的选用

塑料焊条通常采用颜色编码表示,但各制造厂的编码不同,使用时应参阅制造厂提供的技术资料。焊条和受损塑料件的材料要相同,方能获得良好的焊接效果。

车身塑料件焊接通常使用PP(聚丙烯)和ABS(丙烯腈-丁二烯-苯乙烯)塑料焊条。常用的PP塑料焊条主要有白色或黑色两种,如图9-8所示。用于焊接汽车保险杠、汽车前后挡板、前照灯后壳等;常用的ABS塑料焊条主要有白色或米黄色两种,如图9-9所示。用于焊接汽车仪表板、车身外板、内装饰板、隔音板、中控台、通风管等部件。一般塑料焊的焊接厚度小于3mm,为防止塑料件产生变形,使用塑料焊条对薄板焊接时,必须在背面加装支撑。

图9-8　PP塑料焊条　　图9-9　ABS塑料焊条

4. 塑料焊接注意事项

为了保证塑料件的良好焊接,要注意以下事项:

(1)做好安全防护措施,尤其是防火、防触电、防烫伤等方面的安全防护工作。禁止在过于潮湿处使用塑料焊机、加热喷枪或类似的工具。

(2)慎重选择焊条,焊前必须测试焊条与基底材料的兼容性,确保焊条能与塑料基底材料良好融合以便恢复塑料件原有的强度、硬度和挠性。

(3)根据需要合理开坡口,以增大焊接区域表面积,提高焊条黏附效果。

(4)根据材质不同,调节塑料焊机至合理的焊接温度,焊接过程中控制好焊接温度,避免温度过高使塑料烧焦、熔化及变形或温度过低致使基底材料和焊条无法完全熔透。

(5)控制好焊条送给时下压力,避免压力过大使焊接部位变形或压力过小导致未熔透。

(6)焊接速度应合理,焊枪移动过快会导致融合效果差,焊枪移动过慢则易烧焦塑料。

(7)焊条与基底材料夹角应合适,夹角过大或过小均无法正常完成焊接操作。

5. 塑料焊操作流程

车身塑料件焊接维修通常采用热空气塑料焊接设备,故本项目主要介绍热空气塑料焊接维修操作流程。

项目九 塑料焊接及粘接工艺

1) 安全防护

根据工艺流程中各工作项目操作规范正确选用个人防护用品,要求操作全程穿戴工作服、工作帽、安全鞋、防尘口罩;当使用打磨、切割工具对工件进行处理时还需佩戴护目镜、耳塞及短皮手套;清洁时需戴耐溶剂手套;焊接操作时需戴皮手套。焊接工作场所做好防火、防触电以及粉尘抽排工作,提前准备灭火器、触电施救工具。合理设置安全警示牌、警示标语禁止无关人员进入工作现场。

2) 基底材料处理

(1) 坡口处理:为达到预定焊接强度,使焊条有良好的熔透和黏附效果,应根据塑料板件的厚度及裂纹间隙大小使用环带打磨机预先进行开坡口处理,如图9-10所示。通常较薄板件开V形坡口,深度为板厚75%,采用单面焊;较厚板件开X形坡口,深度为板厚50%,采用双面焊。对于较深或根部间隙较大的坡口需多道焊接。

(2) 打磨:使用双动打磨机对焊接接头正反面及坡口内部进行打磨,去除油漆、污渍。打磨机难以磨到的区域应用手砂纸进行处理。通常选用80号砂纸。

(3) 毛刺清理:为减少焊接缺陷,应使用美工刀及对焊接接头处毛刺进行修整。

图9-10 砂带打磨机开V形坡口

(4) 清洁:使用除尘布及清洁剂对待焊区域进行全面清洁。

3) 试焊鉴别材料并调整焊机参数

根据待焊零件ISO码所注材料类型选定塑料焊条,通过与待焊零件同类型废料或在待焊零件背面试焊效果再次确定焊条选用是否正确,同时根据试焊效果调节焊枪温度及出风量。

4) 受损区域定位

为减小焊接加热后焊接区域变形量,正式焊接前应对受损区域进行定位,通常可使用固定夹将受损部位预先固定对齐。如果焊缝较长,可沿焊缝进行临时点焊(可使用定位焊头沿裂缝底部将两侧熔合形成铰接焊)。若基底材料较薄,刚度较小时,可在背面增加自制塑料衬板,再做临时点焊。

5) 焊接

调整好温度和出风量等参数后,在塑料焊枪上安装快速焊头进行高速焊接。焊接时必须将焊条和基底材料都进行预热。焊条在通过高速焊头的内部滑道时被预热,基底材料由焊头通风口内吹出的热气流进行顶热,如图9-11所示。

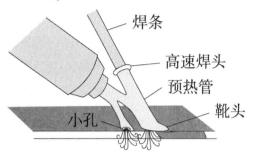

图9-11 高速焊接方法

高速焊接具体操作步骤如下:

(1)将高速焊枪的焊头放在起点上方,距离基底材料75mm以上,避免热空气影响塑料件。

(2)将焊条切出60°切口,插入预热管,立即将焊头的尖头焊条放在基底材料的起点位置上。

(3)保持焊枪垂直于基底材料。推进焊条,直到其抵在高速焊头基底材料上的起点位置。如有必要,稍微抬起焊枪,使焊条预热管移动到焊头尖端下面。

(4)给焊条轻微的压力,只将力作用在焊枪的焊头尖端。然后缓慢移动焊枪,开始焊接。起头焊接的25~50mm处,需轻轻将焊条推入预热管。

(5)起头后,将焊枪与塑料件呈45°角,沿焊缝推进焊条进行焊接,随着焊枪的移动,实时监测焊接质量并及时调整焊接速度,如图9-12所示。

图9-12 沿焊缝推进焊条

图9-13 打磨机焊缝

6)冷却及打磨

待焊缝冷却固化后,使用角磨机对焊缝余高进行打磨,打磨至与塑料件原表面高度一致,并在焊缝周围打磨宽度不小于20mm的羽状边,以便后续涂装作业开展,如图9-13所示。初期打磨可使用60号砂纸,余高量较小后更换为80号或120号砂纸。

7)焊接质量检测

采用目测和触摸方法进行质量检测,检测内容包括焊接过程中操作不当产生的各种焊接缺陷及外观打磨质量,缺陷主要包括未熔合、裂纹、小孔及基底材料烧焦和变形,具体产生的原因见表9-3。打磨质量主要判断打磨表面的平整度,是否存在高点已经羽状边是否过渡良好。在检测中发现存在小孔或裂痕,则需要重新处理坡口,再次焊接,然后重新打磨;若发现存在高点,务必打磨消除。

塑料焊焊接缺陷及原因　　　　　　表9-3

缺陷	产 生 原 因
未熔合	焊条与母材材料不相同,焊接时温度过低压力较小,焊接移动速度快,焊接母材或焊条不行清洁,未按要求打磨焊缝
裂纹	焊接时焊条受力不均匀,板件不清洁,有毛刺,焊接区域受热不均匀
小孔	焊条或焊接母材不清洁,焊接手法不正确,速度不均匀,温度过高,冷却速度过快
烧焦、变形	焊接温度较高,速度不均匀,手法不正确,热空气焊枪头离母材过近

8) 5S管理

操作结束后及时关闭工作场地上电源、气源；焊件、设备、工具、耗材按要求整理归位；清扫清洁工作场地,无杂物,工作台及工具设备表面无灰尘,垃圾桶清空；离开工作场地前,务必对安全隐患进行再次排除,无异常后填写相关操作或安全检查记录表后方可离开。

(三) 塑料粘接

1. 塑料粘接原理

通过在待连接的塑料基底材料间施涂粘接剂,待其固化后粘接剂与基底材料之间接触界面产生化学键力、分子间力、机械力等粘接作用力,以达到连接基底材料的目的。

2. 塑料粘接方法

塑料粘接修复基本适用于所有的车身塑料件,汽车塑料件维修采用的粘接方法主要有溶剂粘接法、氰基丙烯酸酯粘接法以及双组分胶粘接法。

1) 溶剂粘接方法

使用粘接溶剂滴在需结合部位的边缘处,溶剂使材料溶解并与之混合呈糊状,待固化后即完成塑料件的接合。通常使用的溶剂为丙酮或乙酸乙酯。可用于车顶灯座、侧灯座等小件维修,聚丙烯、聚乙烯等材质的塑料板件不能使用此方法,因为丙酮不能溶解这些材料。

2)氰基丙烯酸酯粘接法

氰基丙烯酸酯是一种单组分快速固化黏合剂，能快速黏合塑料件，别称瞬干胶或快干胶。它们经常在涂敷最后的维修材料之前使用，当作填料或将各个部分固定在一起。

3)双组分胶粘接法

双组分黏合剂由基底树脂和硬化剂(催化剂)组成，树脂装在一个容器中，硬化剂装在另一个容器中。充分混合后的粘接剂可以在零件上固化并与基底材料连接。在许多塑料件的维修过程中，双组分黏合剂可以代替焊接，而且比单组分的氰基丙烯酸酯强度更高。

3. 塑料粘接工具及耗材

主要包括塑料件粘接修补套装及其他涉及打磨、切割、定位、固定的工具与耗材。塑料件修补套装通常包括双组分塑料修补胶、表面促粘剂、清洁剂、双组分手动胶枪、混合胶嘴、刮刀等，如图9-14所示。

a) 双组分修补胶　b) 表面促粘剂　c) 清洁剂　d) 双组分手动胶枪　e) 混合胶嘴

图9-14　塑料件修补套装

4. 塑料粘接工艺流程

1)安全防护

操作全程穿戴工作服、工作帽、安全鞋、防尘口罩；当使用打磨、切割工具时需佩戴护目镜、耳塞及短皮手套；清洁及施涂化学品时需戴耐溶剂手套；工作场所做好防火、毒害气体抽排工作，提前准备灭火器、紧急冲洗装置。

2)基底材料处理

(1)清洁除油：使用除尘布和清洁剂对受损部位正反面清洁除油，如图9-15a)所示。

(2)坡口处理：为增加黏附效果，使粘接剂完全填充，应使用气动锯对裂缝进行扩口处理，使用气动钻在裂缝端部开止裂孔。再使用环带打磨机预先进行开坡口处理，如图9-15b)所示。坡口如图9-16所示。

(3)打磨:使用双动打磨机对粘接剂施涂区域及坡口内部进行打磨,去除表面油漆,如图9-15c)所示。打磨机难以磨到的区域使用手砂纸进行处理。打磨区域范围应从损伤区域向外延伸20mm以上。通常选用80号砂纸,可快速将板件表面打磨粗糙,以增加黏附效果。

(4)清洁:使用除尘布及空气吹枪对待修复区域进行全面清洁。

(5)施涂表面促粘剂:为增加粘接剂黏附效果,打胶前必须在粘接剂施涂区域及坡口内部喷涂塑料表面促粘剂,待干燥后方可进行下一步操作,如图9-15d)所示。

3) 背面打胶

(1)定位:为保证维修后恢复原有外形,打胶前必须根据塑料件原有形状使用固定夹及加强条对塑料件进行定位,如图9-15e)所示。

(2)打胶:安装混合胶管,使用双组分手动胶枪将塑料修补胶呈S形施涂至背面,如图9-15e)所示。为确保双组分胶混合均匀,需打出前1/3胶管长度的胶不用,此外,为减少气孔,打胶时胶管尽可能与板件表面垂直。

(3)添加增强纤维网:为提高粘接强度,背面打胶完毕后,迅速将增强纤维网盖至胶上,使用刮刀压实刮平,使用毛刷将胶刷至增强纤维网上,如图9-15f)所示。增强纤维网需提前裁剪至略大于损伤区域,胶完全覆盖增强纤维网。若胶较少需补充修补胶。

4) 背面加热固化

背面打胶作业完毕后需进行干燥,自然条件下干燥需15~20min。为加快干燥速度,通常可使用红外线烤灯进行加热,如图9-15g)所示。

5) 正面打胶

(1)更换胶管:因双组分塑料修补胶混合后固化速度较快,因此正面打胶时需提前更换胶管,之前胶管内的胶已固化。

(2)打胶:与背面打胶操作方法一致,但该步骤所打的胶必须溢出损伤区域,以便后续刮胶及打磨,如图9-15h)所示。

(3)刮胶:使用刮板进行刮胶,尽可能不扩大范围,超出坡口范围3~5mm即可,表面尽可能刮平整,如图9-15i)所示。

6) 正面加热固化

与背面加热固化操作方法一致,如图9-15j)所示。

7) 打磨粘接面

待塑料修补胶固化后,使用角磨机对正面粘接面进行打磨,打磨至与塑料件原表面高度一致,并在维修区域周围打磨宽度不小于20mm的羽状边,以便后续涂装作业开展,如图9-15k)所示。初期打磨可使用80号砂纸,粘接面高度接近塑料件表面后更换为120号砂纸。

8)清洁

使用除尘布及空气吹枪对塑料件进行整体全面清洁。

9)施涂表面促粘剂

为便于后续涂装作业,打磨清洁后需施涂表面促粘剂,如图9-15l)所示。

10)5S管理

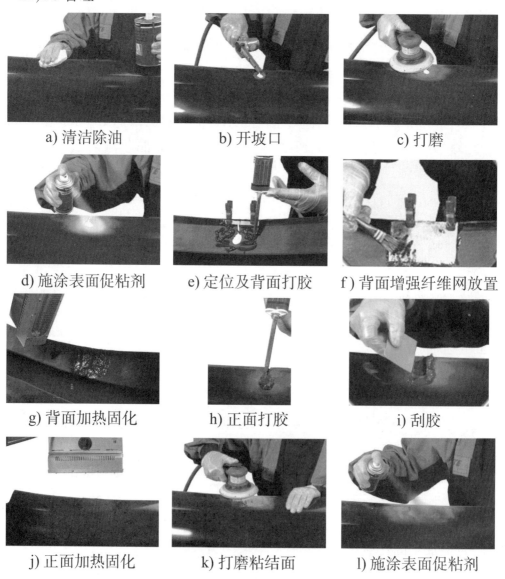

a) 清洁除油　　b) 开坡口　　c) 打磨
d) 施涂表面促粘剂　　e) 定位及背面打胶　　f) 背面增强纤维网放置
g) 背面加热固化　　h) 正面打胶　　i) 刮胶
j) 正面加热固化　　k) 打磨粘结面　　l) 施涂表面促粘剂

图9-15　塑料粘接工艺流程

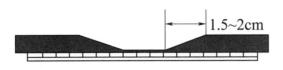

图 9-16　坡口示意图

5. 塑料粘接修复注意事项

(1) 务必做好安全防护工作。

(2) 根据产品使用说明书正确选用粘接剂及相关辅料,不可混用。

(3) 未混合均匀的双组分塑料修补胶不可使用。

(4) 打胶前务必确保粘接面清洁,且必须施涂表面促粘剂。

(5) 大部分双组分塑料修补胶混合后固化时间较短,部分瞬干型仅有60s左右作业时间,因此打胶及刮胶作业时务必迅速。

(6) 打磨设备转速不宜过快,通常不超过 2000r/min。

二、任务实施

(一) 准备工作

1. 设备及工具

热空气塑料焊枪、气动锯、环带打磨机、双动打磨机、吹尘枪、移动抽排设备。

2. 耗材

受损保险杠(裂缝长度150mm)、清洁剂、擦拭纸、塑料焊条、打磨砂带80号、圆形砂纸80号、120号。

3. 防护用品

工作服、工作帽、安全鞋、棉纱手套、耐溶剂手套、耳塞、防尘口罩、护目镜。

4. 场地配套

照明系统、220V电源、抽排系统、灭火器、5S管理相关工具。

(二) 技术要求与注意事项

(1) 按照安全文明生产操作规程的要求,进行焊前准备及焊接操作。施焊前必须进行安全隐患排查,任务全程必须严格根据作业项目正确佩戴安全防护用品。

(2) 基底材料处理:开 V 形坡口,坡口角度 45°±15°,根部间隙 1mm±

0.5mm,坡口范围10～15mm,采用单面焊;焊接区域打磨及清洁干净,无毛刺、油漆、污渍及水分。打磨范围自坡口向外延伸5～10mm。

(3)有试焊操作,焊条选用、塑料焊接设备参数调节合适。

(4)固定夹定位准确,不影响焊接,有合适预紧力。

(5)焊接质量检测:无未熔合、裂纹、小孔及基底材料烧焦和变形,打磨区域与塑料件原表面高度一致,表面平整,无高点,羽状边范围20～30mm且过渡良好。

(三)操作步骤

(1)穿戴好个人防护用品,做好实训前安全检查工作。

(2)按技术要求使用环带打磨机及气动锯开V形坡口、使用双动打磨机打磨待焊区域、使用美工刀处理毛刺、使用除尘布和清洁剂清洁待焊区域。

(3)调试热空气焊枪,并在废料上进行试焊。

(4)使用固定夹定位后在保险杠正面加热焊接。

(5)冷却焊缝,使用双动打磨机打磨焊缝正面。

(6)用清洁剂彻底清洁焊接区域。

(7)检查评价。检查打磨后焊缝质量和平整度,并在记录分析表中填写。

(8)5S管理。操作完成后按照安全文明生产操作规程的要求将工位进行复位,关闭电、气及相关设备,对场地环境进行清扫清洁,填写工位使用记录表。

三、学习拓展

按所采用的加热软化方式不同,塑料焊接方法除了通过外加热源软化焊接,还可以通过机械运动和电磁作用方式进行塑料焊接。

1. 机械运动

采用机械运动方式软化的塑料焊接技术主要有:摩擦塑料焊接和超声波塑料焊接两种。

1)摩擦塑料焊接

利用压力下的两部分塑料母材在摩擦过程中产生的摩擦热使接触部分的塑料熔融软化,之后对正固定直到凝结牢固。按运动轨道可分为直线形和旋转形。直线形可用于直线焊缝和平面的焊接,旋转形则用于圆形焊缝的焊接。

2)超声波塑料焊接

已在本项目塑料焊接常见三种类型中介绍。

2. 电磁作用

采用电磁作用软化的塑料焊接技术主要有：高频焊接、红外线焊接、激光焊接。

1) 高频焊接

利用电磁感应原理，通过使用高频感应加热技术，穿透塑料制品对埋藏于塑料件内部的感应体或磁性塑料产生感应加热，被焊塑料在快速交变电场中可以产生热量而使需焊接部位迅速软化熔合，继而填充接口间隙，并以完善的机械装置辅助达到完美焊接效果。产生高频感应通常是利用高频电流通过线圈，从而得到一个强大的高频磁场。感应体（即发热体）一般为铁、铝、不锈钢等材料，但也使用通过添加磁性物质加工而成的磁性复合塑料。该方法通常用于焊接文具夹、可充气物品、防水衣和血袋等。

2) 红外线焊接

类似于电热板焊接，将需要焊接的两部分固定在贴近电热板的地方但不与电热板接触。在红外线热辐射的作用下，连接部分被熔融，然后移去热源，将两部分对接，压在一起完成焊接。这种方式不产生焊渣、无污染，焊接强度大，主要用于聚偏氟乙烯（PVDF）、聚丙烯（PP）等精度要求很高的管路系统的连接。

3) 激光焊接

它的原理是将激光产生的光束（通常存在于电磁光谱红外线区的集束强辐射波）通过反射镜、透镜或光纤组成的光路系统，聚焦于待焊接区域，形成热作用区，在热作用区中的塑料被软化熔融，凝固后已融化部分形成接头，完成焊接。通常用于聚甲基丙烯酸甲酯（PMMA）、聚碳酸酯（PC）、丙烯腈-丁二烯-苯乙烯共聚物（ABS）、低密度聚乙烯树脂（LDPE）、高密度聚乙烯（HDPE）、聚氯乙烯（PVC）、聚苯乙烯系塑料（PS）等透光性好的材料，在热作用区添加炭黑等吸收剂增强吸热效果。塑料激光焊接的优点较多：焊接速度快、精度高；自动化、精密数控容易实现；成本相对较低。因此，塑料激光焊接技术在汽车、医疗器械、包装等领域得到广泛的应用。

四、评价与反馈

(一) 自我评价

(1) 通过本任务的学习，你是否已经知道以下问题：

① 车身上所用塑料的种类和具体应用是什么？

②塑料焊接工作原理及特点是什么？

③塑料粘接工作原理及特点是什么？

(2)塑料粘接的工艺流程及注意事项是什么？

(3)塑料焊焊接工艺流程及注意事项是什么？

(4)实训完成情况如何？

(5)通过本项目的学习，你认为自己的知识和技能还有哪些方面有待进一步提高？

(二) 小组评价

小组评价见表9-4。

小组评价　　　　　　　　　　表9-4

序号	评价项目	评价情况
1	学习态度是否积极主动	
2	是否服从教学安排	
3	是否全勤	
4	着装是否符合要求	
5	是否合理规范使用仪器和设备	
6	是否按照安全和规范的规程操作	
7	是否遵守学习、实训场地的规章制度	
8	是否积极主动地和他人合作、探讨问题	
9	是否能保持学习、实训场地整洁	
10	团结协作情况	

参与评价的同学签名：_____ 日期：

(三) 教师评价

_____

_____

签名：_____ 日期：_____

五、技能考核标准

技能考核标准见表9-5。

技能考核标准　　　　　　表9-5

序号	项　　目	操作内容	规定分	评分标准	得分
1	焊前准备工作	个人防护	5分	根据操作内容正确穿戴工作服、工作帽、安全鞋、棉纱手套、耳塞、防尘口罩、护目镜，缺失或错误每项扣1分，扣完为止	
2		环境保护	2分	操作时未使用抽排设备扣2分	
3	基底材料处理	坡口加工	5分	V形坡口，坡口角度45°±15°，根部间隙1mm±0.5mm，坡口范围10~15mm。超标每30mm为一处，每处扣1分，扣完为止	
4		打磨及清洁	5分	打磨范围自坡口向外延伸5~10mm及坡口正反两侧，无油漆、污渍及水分。超标每30mm为一处，每处扣1分，扣完为止	
5		毛刺清理	3分	焊接区域无毛刺，每处扣1分，扣完为止	
6		固定夹定位	3分	夹持位置不影响焊接；夹紧力合适，正常力度无法用手推动。错误每项扣1分	

续上表

序号	项 目	操 作 内 容	规定分	评 分 标 准	得分
7	焊接过程	焊接设备使用及试焊	6分	正确开关及调节焊接设备；有试焊操作，焊条选择正确，错误或缺失每项扣2分	
8		焊接方式	3分	使用单面焊，错误扣3分	
9	质量评价	外观	28分	打磨区域表面平整，无高点，羽状边范围20~30mm且过渡良好，无杂质残留。超标每20mm为一处，每处扣2分，扣完为止	
10		缺陷	30分	未熔合、裂纹、小孔及基底材料烧焦和变形，每项扣3分，扣完为止	
11		外形尺寸	5分	主观评价：无明显变形得5分，变形较小可涂装得3分，变形明显无法涂装得0分	
12	5S管理	5S管理	5分	设备、工具未复位，每项扣1分。场地未清洁扣5分，清洁不干净每处扣1分，扣完为止	
	总分		100分		

项目十　胶粘铆接及胶粘点焊工艺

学习任务1　胶粘及胶粘点焊工艺

学习目标

☆ **知识目标**

1. 了解胶粘工艺的原理、特点、应用及发展现状；
2. 掌握车身胶粘工艺常用设备和耗材的类别及使用要求；
3. 掌握胶粘连接标准工艺流程。

☆ **技能目标**

1. 能够根据粘接对象正确选用胶粘设备、胶粘材料及辅料；
2. 能够按照火焰涂层工艺要求对铝合金表面进行处理；
3. 能够按照胶粘标准工艺流程完成金属件粘接作业。

建议课时

4课时。

任务描述

一辆轿车发生翻车事故，造成车顶大面积变形，需对其进行更换维修。维修技师小王经查阅车身维修技术手册后发现更换该款汽车车顶需使用结构胶替代原厂的激光焊缝。

为安全高效地维修更换该车车顶，小王需学习掌握车身胶粘工艺的相关知识和技能。

一、理论知识准备

胶粘工艺在非金属材料领域有着悠久的应用历史，如过去轮胎修补采用化学强力胶黏合橡胶等。在金属材料领域，粘接工艺却是近几十年才逐步得到应用并推广的，尤其在轻质金属材料的粘接方面，越来越凸显出其独有的优势，被逐步广泛使用。尤其是近几年对环保的要求越来越严格，节能减排成为汽车产业发展的主题之一。如今,诸如铝合金、碳纤维等轻质材料广泛应用于汽车制造,胶粘工艺也随之大量应用。

(一)胶粘工艺概述

胶粘工艺是使用粘接剂将同种材料或不同材料连接在一起,通过粘接剂的固化作用形成稳定结构,使之能够承载一定载荷的一种工艺方法,如图10-1所示。

图10-1 胶粘结构示意

在早期的机械制造领域,由于传统粘接剂材料难以适应金属结构工况复杂、承载载荷较高的要求,因此胶粘工艺应用较少。随着技术进步,越来越多的高性能高分子粘接剂具备承载较高负载的能力,可以实现对多种金属材料、非金属材料的粘接,并体现出一些传统接合工艺不具备的优势。因此,在机械制造中应用越来越广泛,包括汽车制造及维修领域,其胶粘工艺的应用比例也在逐年增加,汽车制造胶粘连接通常由机器人完成,车身维修则由专业维修技师手工操作完成。

1. 粘接工艺的优势

目前,车身制造及维修所使用的粘接剂多为高分子材料,不具腐蚀性,覆盖在金属表面,阻断空气与金属的接触,往往具有较好的防腐蚀作用。在钢铝接合的表面,由于粘接剂的存在,避免了钢铝的直接接触,还可以起到较好的防电化学腐蚀的作用。再者,胶粘接合与焊接等传统接合工艺不同,不需要加热金属,可以在常温下完成连接,对金属原有特性保护较好,具有很多传统接合工艺不具备的优势:不会因受热造成部件变形可以连接非常薄的接合部件;可以连接热敏材料;动态强度、减振特性较高;可以减轻构件质量(轻型结构)。

2. 胶粘工艺的劣势

相较传统粘接材料,车身制造及维修所使用的粘接剂在粘接强度、稳定性、耐久度等方面有了较大提升,可以较好地实现金属结构的粘接。但受高分子材料自身固有特性限制,如耐高温性能差、抗剥离能力差、工艺要求高等,因此必须在特定的情况下才能采用粘接工艺。粘接工艺的不足之处:抗剥离强度低、蠕变倾向较弱;部分需对接合部件进行表面处理可能无法实现无损破坏;耐热性有限、维修方法有限;需要仔细进行流程控制且控制方法复杂。

为弥补胶粘工艺不足,近年来,粘接+焊接、粘接+铆接、粘接+螺纹连接的联合应用日益广泛。这种机械连接与金属粘接剂的结合使用,明显提高了机械连接件抗疲劳性能与连接的可靠性,使粘接工艺在汽车制造及维修领域得到越来越广泛的应用。

(二)胶粘材料及工具设备介绍

根据粘接材料固化后物理性质不同,胶粘连接可分为柔性连接和刚性连接。胶粘柔性连接通常用于热胀系数相差较大的不同材料间以及对连接区域有柔韧性要求的部件间的粘接,如风窗玻璃的粘接、车顶与车顶横梁的连接等。胶粘刚性连接主要体现在连接强度要求上,多用于车身覆盖件及结构件的刚性连接。本项目主要介绍胶粘刚性连接工艺,塑料粘接参考本教材项目九的相关内容。

汽车制造与维修领域的胶粘需要按照严格的工艺流程,采用专用的工具设备进行施工,方可保证粘接结构的质量。就粘接剂而言,大多分为单组分、双组分粘接剂;工具设备主要是各类板件处理及打胶工具。此外,根据所粘接的材料的不同,部分材料粘接表面需做特殊处理,以保证粘接质量,如铝合金的粘接则需要采用火焰涂层套装工具。

1. 粘接材料

1) 单组分粘接剂

单组分粘接剂在完成粘接面的涂敷后,固定粘接结构,其间通过有机溶剂挥发,固化粘接剂,使粘接面完成粘合,形成稳定结构。单组分粘接剂多为环氧树脂(EP)材质,具有较高的强度,同时具有较好的刚度,如宝马的K5胶是典型的单组分粘接剂,如图10-2所示。车顶粘接时,因车顶和其他车身材料热膨胀系数的差异,要求粘接剂固化后有一定的韧性以满足不同材料热膨胀程度的不同,给予足够的材料形变冗余度,如免钉胶等。

2) 双组分结构粘接剂

双组分粘接剂是将两种不同成分的胶通过专业混合胶嘴混合后发生化学反应,固化形成稳定的粘接结构。此类粘接剂的粘接强度比单组分粘接剂更大,应用范围更广。既可以实现钢与钢的粘接,又可以实现钢和铝的粘接,如宝马K1粘接剂是一种高质量的双组分粘接剂,广泛应用于铝制车身的维修,如图10-3所示。

图10-2 单组分结构胶

注意:无论何种粘接剂,使用前必须仔细阅读产品说明书,明确适用粘接范围。不同类型的粘接剂不可混用,如双组分结构粘接剂不可用于粘接前风窗玻璃。此外,作业时间严格控制在产品说明中所标注的时间范围内,以免影响粘接质量。

2. 其他粘接辅助材料

高质量的粘接结构除了受粘接剂自身影响外,规范的工艺流程也是极其重要的影响因素,尤其是对粘接区域材料表面的处理尤为关键。胶粘工艺除使用粘接剂外,还需要各种辅助材料,包括清洁剂、活化剂、底涂、表面助粘剂、加强纤维、砂纸、除尘布等,应根据实际需要进行选择。其中,材料表面清洁度对粘接强度影响较大,必须使用专用清洁剂(图10-4)对粘接表面进行清洁,去除油污等杂质,使粘接剂能够更好地附着于粘接表面。

图 10-3　宝马 K1 粘接剂

图 10-4　除油清洁剂

3. 粘接工具及设备

胶粘连接需要的工具设备主要有打磨设备、打胶枪、火焰涂层套装、铝合金专用维修工具、刮板、热风枪等。

1)打胶枪

打胶枪用于将粘接剂均匀挤出并均匀涂抹覆盖在粘接区域。打胶枪根据驱动能源不同可分为气动、电动及手动打胶枪,如图10-5所示。电动及气动打胶枪可以通过挡位调节,较好地实现均匀打胶,手动打胶枪则需由操作者依靠经验自主控制出胶。

a) 气动打胶枪

b) 电动打胶枪

c) 手动打胶枪

图 10-5　各型打胶枪

2）火焰涂层套装

对铝合金结构粘接时,往往需要对其粘接表面进行打磨清洁。打磨后裸露在空气中的铝合金表面,因具有较强的金属活性,会在30min内形成氧化膜,对粘接质量有较大的影响。故需要采用火焰涂层等工艺方法,在铝合金表面形成致密的钛镀层。火焰涂层套装由瓦斯燃烧器、瓦斯罐、清洁剂、底涂剂、拌和刀、粘接剂刮刀等组成,如图10-6所示。

3）铝合金维修工具套件

由于铝和钢的金属活性差异,铝和钢直接接触会导致电化学腐蚀,因此,在粘接铝合金时,需要采用专用的铝合金维修工具,如图10-7所示。铝合金维修专用工具表面经过特殊处理,可以较好地避免钢和铝的直接接触,避免电化学腐蚀的风险。

图10-6　火焰涂层套装　　图10-7　铝合金专用维修工具套装

(三)胶粘工艺流程

为保证粘接的质量,胶粘工艺流程有较为严格的要求。总体上分为:粘接剂的准备、工件表面处理、粘接剂涂敷、工件结构黏合和粘接剂固化。

1. 粘接剂的准备

准备粘接剂时,根据粘接对象及技术要求选择合适粘接剂,检查粘接剂是否在有效期内。同时需注意粘接剂施工时间。以宝马K1胶的施涂为例,需要在粘接剂开封后1h内完成涂敷。此外,单组分粘接剂准备普通胶嘴、双组分粘接剂准备混合胶嘴。

2. 工件表面处理

如钢制零部件出现锈蚀等情况,需要做打磨,并用清洁剂清洁。如未出现锈蚀,且表面底漆完好的情况下,仅对粘接面做油污清除即可。对于铝制零部件,新件做清洁处理,而对旧件需打磨、清洁,并做火焰涂层处理。

在火焰涂层处理时,首先对粘接表面进行打磨,去除旧漆层及表面氧化层,紧接着用清洁剂清洁表面,用瓦斯燃烧器的蓝色火焰对粘接面来回进行烘烤,使工件表面温度加热至 50~80℃,快速地涂抹专用底涂剂,然后在常温下冷却,即完成粘接表面的火焰涂层处理。需要注意的是,在工件表面积较大时,应分区域分步骤完成火焰涂层的处理。

3. 粘接剂涂敷

单组分粘接剂使用普通胶嘴可直接涂敷。双组分粘接剂建议采用电动涂胶枪,确保粘接剂涂敷均匀,且需使用混合胶嘴,确保粘接剂混合均匀。因此,粘接剂经过混合胶嘴最早挤出部分(长度约 10cm)因混合不充分不建议使用。在涂敷时,以 S 形路线进行粘接剂的涂敷,再用刮刀将粘接剂刮涂均匀,需确保粘接剂厚度在 0.2~0.5mm 之间,如图 10-8 所示。需要注意工件的两个粘接面均需要以同样的步骤施涂粘接剂。

4. 工件结构粘合

在粘接剂涂敷完成后,应快速地将涂有粘接剂的粘接表面贴合在一起,并用大力钳等夹持工具固定,粘接剂未完全固化前不能使工件承受载荷,尽可能让粘接剂在自然状态下进行固化。粘合过程中,粘接面在积压作用下必须有少量的粘接剂从夹缝边缘溢出,方可视为粘接剂涂抹厚度符合要求,否则需做返工处理。溢出的粘接剂可使用刮刀刮除,用于填补如铆钉、螺栓等机械连接部位,以增加其强度和强密封性,如图 10-9 所示。

a) 打胶　　b) 刮刀刮涂均匀

图 10-8　粘接剂的涂敷　　图 10-9　刮除溢出粘接剂

5. 粘接剂固化

粘接结构需要在粘接剂完全固化后,方可承载负载。完全固化时间可参考产品使用说明,大部分结构胶在常温下的固化时间为 24h,可以进行部件的安装,48h 后能够承载载荷。可以采用红外烘烤固化,固化时间可以大幅缩短,在烘烤温度为60℃时,可以在2h内完成粘接剂的固化。粘接结构具有较好的抗拉强度,但是对抗剥离、抗剪切强度较弱,往往需要与铆接、螺栓连接等工艺组合。

(四)胶粘点焊工艺

胶粘点焊工艺是弥补粘接结构抗剥离、抗剪切强度较弱等缺点的有效办法。胶粘点焊工艺将胶粘工艺与电阻点焊连接工艺相结合,充分发挥两者优点,被广泛应用于轻质金属结构的制造与维修,在汽车制造与维修领域也有较广泛的应用。胶粘点焊需要采用特殊的粘接剂,多由环氧树脂、聚硫橡胶等配合制成。具有连接强度高、密封性好、应力分布均匀、耐疲劳性好、结构质量轻、生产率高等优点。

1. 胶粘点焊工艺流程

胶粘点焊工艺(针对金属件)根据打胶和点焊的先后顺序不同可分为先胶后焊法和先焊后胶法两种。前者对工件先涂胶,后点焊,最后进行固化;后者则先点焊,再打胶,最后固化。采用先胶后焊法时,点焊操作必须在粘接剂未表干凝固前进行。具体工艺流程见表10-1。

胶粘点焊工艺流程 表10-1

步骤	先胶后焊法	先焊后胶法
1	金属表面处理:使用角磨机或环带打磨机对粘接面进行打磨,使用专业清洁剂及除尘布进行整体清洁。表面底漆完好则仅做清洁处理。铝制件新件仅做清洁处理,旧件则需打磨、清洁,并使用专用工具做火焰涂层处理	
2	标记电阻点焊位置:按照项目四电阻点焊工艺(端距、边距及间距)要求标注焊接位置	
3	打定位孔:调整并对齐待连接部件的边缘,使用夹具夹紧确保粘接面贴合,使用手枪钻在工件端头错开焊点各打1个对穿孔,孔径3~5mm,工件过长则需在中部增加定位孔数量	
4	打胶:以S形路线进行涂敷,使用刮刀刮涂均匀,确保粘接剂厚度在0.2~0.5mm之间	打定位铆钉:根据定位孔孔径选择合适的铆钉及铆嘴,使用拉铆枪进行铆接

续上表

步骤	先胶后焊法	先焊后胶法
5	打定位铆钉:根据定位孔孔径选择合适的铆钉及铆嘴,使用拉铆枪进行铆接	电阻点焊:按照项目四电阻点焊工艺要求进行焊接设备调试及焊接作业
6	电阻点焊:按照项目四电阻点焊工艺要求进行焊接设备调试及焊接作业	校正工件变形:使用手锤及顶铁对板件变形及间隙较大区域进行处理
7	校正工件变形:使用手锤及顶铁对板件变形及间隙较大区域进行处理	灌胶:使用注胶器或注胶枪沿工件四周将胶液注入粘接缝隙
8	固化:自然条件下固化或使用红外线烤灯加速固化	
9	防腐蚀处理:对工件外表面施涂防腐材料	
10	成品质量检验:通常采用外观检查,包括焊点外观、粘接剂是否涂满、板件变形量及间隙大小。对试件可采用破坏性试验检测其强度	

2. 胶粘点焊工艺注意事项

(1) 先胶后焊法对电阻点焊设备及胶粘剂的要求均较为苛刻,应选择适用于胶粘点焊工艺的粘接剂,同时严格控制电阻点焊热量扩散对粘接剂的破坏。电阻点焊设备可以选用带脉冲焊接功能的设备,焊接电流密度高,且采用短的焊接时间匹配合适焊接电流进行焊接,保障焊接强度的前提下减小热影响区域。粘接剂应不含溶剂,遇热固化时应无气体分子逸出,避免使焊点周围出现疏松和气孔。

(2) 采用先焊后胶法时对电阻点焊没有特殊要求,但为保证粘接剂顺利地充满粘接面的缝隙,要求胶粘剂应具有良好的流动性。同时,为避免进一步装配或加工对工件及粘接区域的破坏,固化后的粘接剂应具有足够的韧性和耐冲击性。

3. 胶粘点焊工艺的应用举例

胶粘点焊在自动化装备的应用场景下,多用于原厂流水线、自动化生产车身,主要应用于车身结构件、车顶、侧围等区域的连接,如图10-10所示。胶粘点焊可以有效提高车身强度和刚度,提高密封和防腐效果,降低车辆运行过程中板件之间的相互摩擦所产生的异响。在车身维修领域,胶粘点焊工艺的应用也随着对维修质量要求的提高而愈加广泛,如车顶与窗框的连接、后侧围轮眉区域与轮罩的连接、前翼子板支撑件与 A 柱的连接等。

a) 机械手臂自动打胶　　　　b) 机械手臂自动电阻点焊

图 10-10　完成胶粘点焊连接的汽车自动化生产线

二、任务实施

钢制零部件的粘接

(一) 准备工作

1. 设备及工具

电动胶枪、黑轮打磨机、大力钳、刮刀、钢板尺。

2. 耗材

铁板 200mm×50mm×1.5mm 若干、打磨片、擦拭布、除油清洁剂、双组分结构胶。

3. 防护用品

工作服、工作帽、安全鞋、短皮手套、耳塞、防尘口罩、透明护目镜、防溶剂手套。

4. 场地配套

工作平台、照明系统、压缩空气、抽排系统、220V 电源、5S 管理相关工具。

(二) 技术要求与注意事项

(1) 按照安全文明生产操作规程的要求,正确佩戴劳动保护用品,使用抽排系统,按照安全环保要求正确处理废弃材料。

(2) 采用搭接粘接的形式,搭接粘接面为 50mm×50mm。

(3) 粘接面需打磨清洁,确保粘接剂具有良好的附着力。

(4) 粘接剂按 S 形涂敷,厚度 0.5mm±0.2mm。

(5) 粘接固化时间不少于 24h,48h 后可进行负载实验。

(6)粘接结构破坏实验以一侧板件断裂,而粘接结构不被破坏为合格。

(三)操作步骤

1. 粘接面前处理

使用黑轮打磨机对粘接面进行打磨,并用专业清洁剂进行深度清洁,去除锈蚀及污损,采用清洁压缩空气进行干燥。注意清洁时擦拭布应单向进行擦拭。

2. 粘接剂涂敷

采用电动胶枪,将粘接剂在混合器中混合,挤出10cm的多余粘接剂不用,确保后续粘接剂混合均匀;开始将胶以S形路线在工件表面进行涂敷,后续用刮刀进行刮涂,确保表面留下0.2~0.5mm厚的粘接剂层。

3. 粘接贴合固定

调整好部件之间的间隙,使粘接面相互贴合,使用夹具(大力钳)夹持并固定,刮除挤出的多余粘接剂,在常温下固化。

4. 粘接结构检测

在结构完全固化后,进行抗拉力破坏试验,以板件破损,而粘接结构不破损为质量标准。

5. 5S管理

按照安全文明生产操作规程的要求将工位进行复位,关闭电、气及相关设备,对场地环境进行清扫清洁,填写工位使用记录表。

6. 粘接结构检测

在结构完全固化后,进行抗拉力破坏试验,以板件破损,而粘接结构不破损为质量标准。

三、学习拓展

(一)粘接结构强度的构成

粘接结构的总体强度构成包括:胶体与粘接面之间的附着力、胶体固化后形成的内部聚合力,二者共同构成了粘接结构的总体强度,如图10-11、图10-12所示。

出于增强粘接结构的总体强度的要求,应从增强附着力、聚合力等两个方面入手。其中,对粘接表面进行严格的处理是强化附着力的有效方法。如火焰涂层工艺,目的是在打磨后的铝合金表面形成一层致密的钛镀层,受钛金属特性影响,可以达到较好的防腐蚀效果,同时钛和粘接剂的接触可以形成更强的附着力,进而增强粘接表面的强度。

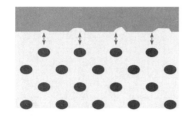 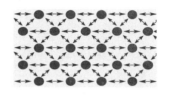

图 10-11　粘接结构附着力示意　　图 10-12　粘接结构聚合力示意

(二) 柔性粘接应用

在车身粘接领域,针对结构件的刚性连接可以实现连接强度最大化。在进行风窗玻璃、车顶的粘接时,还需采用柔性粘接剂,以便在连接区域留有一定柔韧性,以确保结构整体形态的稳定性。如风窗玻璃通常使用单组分聚氨酯与窗框连接,这不仅具有良好的强度,还具有一定的弹性以缓冲车身运行中产生的振动,避免玻璃破碎,如图10-13所示。

在柔性粘接情况下,粘接剂固化形成的结构具有一定弹性,不同形变系数的材料粘接在一起,在受热情况下,两种材料的形变量会存在很大不同,采用强度较高的结构粘接剂,将使结构内部应力过大而导致形变,影响结构的稳定。在豪华高档车型中,车顶大多采用铝合金,甚至用碳纤维制成,车架多采用碳钢材料,具有较大的热胀系数差异,在太阳下暴晒,采用结构粘接剂的刚性粘接,将会导致车顶及车身部件的严重变形。

图 10-13　风窗玻璃粘接示意

四、评价与反馈

(一) 自我评价

(1) 通过本任务的学习,你是否已经知道以下问题:

①胶粘工艺有什么特点?

②粘接剂有哪些类型?各有什么特点?

③火焰涂层的作用是什么?

_____

(2)车身金属件粘接的标准工艺流程是什么?

_____

(3)实训完成情况如何?

_____

(4)通过本项目的学习,你认为自己的知识和技能还有哪些方面有待进一步提高?

_____

(二)小组评价

小组评价见表10-2。

小组评价　　　　　　　　　　　表10-2

序号	评价项目	评价情况
1	学习态度是否积极主动	
2	是否服从教学安排	
3	是否全勤	
4	着装是否符合要求	
5	是否合理规范使用仪器和设备	
6	是否按照安全和规范的规程操作	
7	是否遵守学习、实训场地的规章制度	
8	是否积极主动地和他人合作、探讨问题	
9	是否能保持学习、实训场地整洁	
10	团结协作情况	

参与评价的同学签名:_____ 日期:_____

(三)教师评价

_____

签名:_____ 日期:_____

五、技能考核标准

技能考核标准见表10-3。

技能考核标准　　　　　　　　　表10-3

序号	项目	操作内容	规定分	评分标准	得分
1	安全防护	全程安全防护	10分	正确穿戴工作服、工作鞋、工作帽、口罩、溶剂手套;缺失或错误每项扣2分,扣完为止	
2	粘接剂的准备	检查粘接剂,选择辅料(胶管、清洁剂)	10分	明确类别、有效期、作业时间及作业环境要求。正确选择粘接剂及辅料,缺失或错误,每项扣2分,扣完为止	
3	粘接面的准备	打磨、清洁、干燥粘接面	20分	无锈蚀、杂质、毛刺;单向擦拭、无徒手触摸;压缩空气干燥后20min内完成打胶。缺失或错误,每项扣2分,扣完为止	
4	粘接剂的涂敷	粘接剂涂敷(打胶)	20分	挤出10cm混合不均的粘接剂;工具边缘粘接剂需溢出,按10mm为一处;粘接剂厚度0.5mm±0.2mm,不均匀涂敷或金属裸露1cm^{2}为1处。缺失或错误,每项扣2分,扣完为止	
5	粘接面的粘合	板件固定;残胶清除	10分	夹具对角固定,力度合适,正常力度无法旋转;溢出粘接剂未处理按20mm为一处,缺失或错误,每项扣2分,扣完为止	
6	粘接剂的固化	使用红外线烤灯烘烤固化	10分	固化期间不移动或承载;烘烤温度为15~85℃;缺失或错误每项扣3分,扣完为止	

续上表

序号	项目	操作内容	规定分	评分标准	得分
7	粘接强度检测	进行破坏实验	10 分	承受 5000N 拉力且粘接结构不被破坏,实验不合格扣 10 分	
8	5S 管理	5S 管理	10 分	设备、工具未复位,每项扣 1 分;场地未清洁扣 5 分,清洁不干净每处扣 1 分,扣完为止	
总分			100 分		

学习任务2 铆接及胶粘铆接工艺

☆ **知识目标**

1. 了解铆接工艺的类型、特点及应用;
2. 掌握铆接设备的组成;
3. 掌握压铆、拉铆及胶粘铆接工艺流程;
4. 掌握铆接缺陷的类型及改进措施。

☆ **技能目标**

1. 能够按照设备使用说明书要求正确连接及使用铆接设备;
2. 能够根据标准工艺流程完成压铆、拉铆及胶粘铆接操作;
3. 能够根据铆接缺陷的类型提出正确的改进方案。

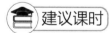

4 课时。

任务描述

一辆轿车发生追尾交通事故,造成右侧后翼子板(后侧围)撕裂及大面积变形,需对其进行更换维修。维修技师小王经查阅车身维修技术手册后发现更换该款汽车后翼子板除使用电阻点焊及胶粘工艺外,部分区域还需使用铆接工艺进行连接。

项目十　胶粘铆接及胶粘点焊工艺

为安全高效地维修更换该车后翼子板,小王还需进一步学习掌握车身铆接工艺的相关知识和技能。

一、理论知识准备

铆接是一种传统的连接工艺,是一种较为成熟的工艺方法。在工业生产及日常生活中应用十分广泛。如飞机机身连接、钢架结构、机器外罩及日常生活中常见的剪刀、三角警示架等。在汽车制造及维修领域,铆接的应用也较为广泛,如铆接在车门上的音箱、车身板件的连接、玻璃升降器、撑杆、铰链等。

(一)铆接工艺概述

铆接是指通过铆钉或无铆钉连接方式,使两个或两个以上的母材连接在一起的技术。相较于传统的铆接技术,现在一些通过金属的形变,可以是铆钉的形变,也可以是母材的形变,使材料连接在一起的工艺方法也属铆接工艺的范畴。

1. 铆接的分类

铆接按用途可以分为活动铆接、固定铆接、密封铆接;按是否使用铆钉可分为有铆钉铆接和无铆钉铆接;按铆接时是否进行加热,可分为冷铆接、热铆接和混合铆接;按铆接工艺不同可分为拉铆(抽芯铆接)和压铆(冲压铆接)。

1)按铆接用途分类

(1)活动铆接。该类铆接的接合构件在轴向刚性固定,横向可以自由转动,如剪刀、钳子、划规、机械式玻璃升降器等,如图10-14a)所示。

(2)固定铆接。接该类铆接的接合构件为整体刚性连接,无自由度。主要用于形成稳定的或能够承载一定载荷的结构。如飞机机身、角尺、客车外蒙皮、桥梁建筑结构等,如图10-14b)所示。

(3)密封铆接。该类铆接结构的作用是,做到铆缝严密,不漏气体、液体,起到良好的密封阻断作用。如气筒、水箱、油罐等。

2)按是否使用铆钉分类

(1)有铆钉铆接。指通过铆钉的塑性形变,将母材固定连接在一起,形成稳定的连接结构,如图10-15a)所示。剪刀、钳子、桥梁结构均为此类铆接。

(2)无铆钉铆接。指通过母材的塑性形变,将两种及以上板材互相咬合在一起,形成的一种固定连接。由于没有铆钉,通常采用冲压的形式铆接,生产效率较高,如图10-15b)所示。

a) 活动铆接　　　　b) 固定铆接　　　　a) 有铆钉铆接　　　　b) 无铆钉铆接

图 10-14　活动铆接与固定铆接　　　图 10-15　有铆钉及无铆钉铆接

3）按铆接时是否进行加热分类

(1) 冷铆接。在常温下完成铆接,铆钉不需加热,可连接的板件厚度较低,铆钉直径也较小,直径在 8mm 以下的钢制铆钉都可以用冷铆方法铆接。冷铆接对铆钉塑性要求高。

(2) 热铆接。将铆钉加热至 600~800℃ 后再进行铆接,可连接的板件厚度较高,铆钉的直径也较大。铆钉受热后塑性好,容易成型,且冷却后铆钉杆收缩,还可加大接合强度。

(3) 混合铆接。在铆接时只加热铆钉的铆合头端部。对于细长的铆钉,采用混合铆接,可以避免铆接时铆钉杆的弯曲。

4）按铆接工艺不同分类

(1) 拉铆。指铆接过程中利用轴向力(外部拉力)拉动铆钉杆,使铆钉在工件铆钉孔内发生塑性变形镦粗并形成钉头,依靠变形部位夹紧工件,通常也称之为抽芯铆接或盲铆接。

(2) 压铆。指铆接过程中利用外界压力,将铆钉挤压嵌入工件,使工件材料及铆钉发生塑性变形而实现可靠连接,通常也称之为冲压铆接。

2. 铆接的特点

1）铆接的优势

铆接工艺较为简单,易于操作;铆接结构的强度高,抗拉及抗剥离强度大,结构稳定;成本较低,易于成本控制。

2）铆接的劣势

铆接易于产生变形,残余内应力较大,表面不平整;抗疲劳强度不足;劳动强度较大,降低了生产效率;大多为有铆钉铆接,增加了结构质量,不利于节能减排。

(二)铆接设备及铆钉

在汽车制造及维修领域,车身铆接的对象均为薄板件,因此车身铆接多为冷铆接。包括有铆钉的拉铆接和冲压铆接,或无铆钉的冲压铆接。前者强度较高,工艺性能较好,铆接结构具有较好的抗拉强度和抗剥离效果,被广泛应用。故本项目仅介绍有铆钉的拉铆及压铆。

1. 拉铆设备

根据驱动能源不同,拉铆设备可分为手动拉铆枪、气动拉铆枪及电动拉铆枪,如图10-16所示。拉铆枪通过单向施加拉力,使铆钉发生形变,形成稳定的铆接结构。其中,电动拉铆枪现在已实现轻便化,采用蓄电池供电,不受场地条件限制,在汽车维修领域应用较为广泛。

a) 手动拉铆枪　　b) 气动拉铆枪　　c) 电动拉铆枪

图10-16　拉铆设备

拉铆通常应用于单面操作的场合,需提前在待连接的工件上打孔,在完成打孔后,插入抽芯铆钉,在一侧进行拉铆即可。抽芯铆钉主要由铆体和钉芯组成,如图10-17所示。主要材料通常为铝、铁、不锈钢、铜等。其结构和尺寸参数如图10-18所示,包括铆体直径 d、铆体杆长 L、铆体帽厚 k、铆体帽直径 d_k、钉芯直径 d_1、钉芯外露尺寸 L_1。

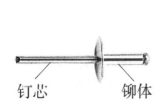 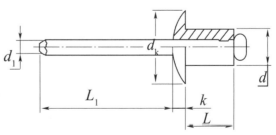

图10-17　抽芯铆钉实物　　图10-18　抽芯铆钉结构示意图

抽芯铆钉表示方法通常以"铆体直径×钉芯长度"表示,如"3.2×16"表示铆体直径3.2mm,钉芯长度16mm的抽芯铆钉。目前常用的铆体直径规格有2.4mm、3.2mm、4.0mm、4.8mm、5.0mm、6.4mm六个系列。抽芯铆钉的类型、规格及材质应根据铆接对象的厚度和技术要求(包括强度、防腐性能、密封性能等)进行选择。汽车制造及维修通常使用铆体直径规格为4mm和6.4mm的高强度结构型抽芯铆钉,铆接厚度为2.8~4.8mm。

抽芯铆钉使用时,铆接对象总厚度通常为铆体长度的45%~65%。打孔直径通常为铆体直径+0.2mm,钉芯直径对应铆钉枪导嘴孔径,但由于铆钉规格通常以铆体直径加其他参数表示,且铆体直径与钉芯直径成正比,因此,铆钉枪制造厂通常以铆钉铆体直径规格作为导嘴规格,常见导嘴规格如图10-19所示。

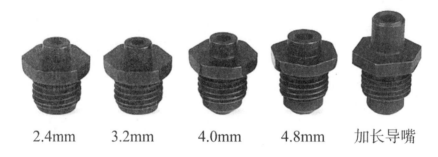

2.4mm　　3.2mm　　4.0mm　　4.8mm　　加长导嘴

图10-19　常见导嘴规格

2. 压铆设备

冲压铆接是一种在汽车制造及维修领域应用较为广泛的新型连接技术,虽然冲压铆接的强度较拉铆低,但铆接后表面平整,外观质量好,易于油漆喷涂,且铆钉质量较抽芯铆钉轻,满足汽车美观和轻量化的要求,故在车身外板件的连接中应用较多。此外,冲压铆接还具有较高的动态抗疲劳强度;较好的撞击能量吸收特性;可连接带夹层的材料组合;可连接的材料种类多且范围广;易于实现自动化生产和在线动态质量监测;综合生产成本低,作业效率高;连接质量高,操作条件要求低,易于保证连接质量等优点,因此在汽车制造及维修领域中的应用愈加广泛。

压铆设备根据驱动能源不同主要可分为液压、气压和电动三类。目前,在车身维修压铆作业中比较常用的是CAR-O-LINER冲压铆接设备,该设备主要由液压油泵、液压管路、铆接夹具、铆钉头、气动管路等构成,如图10-20所示。

项目十 胶粘铆接及胶粘点焊工艺

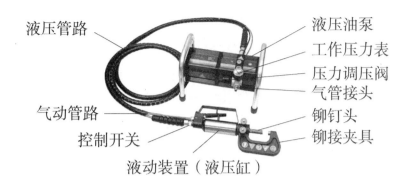

图 10-20 CAR-O-LINER 冲压铆接设备（PNP90）

其中，液压泵是一个气动增压器，增压比可达 1∶100。在额定工作状态下，输入 6bar 的压缩空气，在铆接端可输出 600bar 的压力。在设备上装有压力调压阀，可以设置铆接压力，在压力达到这一压力值后，则不再升高压力，可以确保铆接压力在正常范围之内。

为满足车身不同区域位置及不同规格型号铆钉的铆接，该设备还提供不同规格的铆接夹具和铆钉头套件。铆接夹具主要有 NB40、NB115 和 NB230 三种，其造型与电阻点焊焊钳类似，如图 10-21 所示。具体技术参数见表 10-4。

a) NB40　　　　b) NB115　　　　c) NB230

图 10-21 铆接夹具

铆接夹具技术参数　　　　　　　　　　　表 10-4

技 术 参 数	NB40（mm）	NB115（mm）	NB230（mm）
长度	106	213	364.1
宽度	45	44	44.5
高度	158.8	220.3	347.9
夹具开度	80	80	140
开启深度	40	115	230

此外,该设备铆接头套件中提供多种铆接头和铆接附件,用以实现多种工作场景,多种板件厚度的铆接作业,各型铆接头及附件如图10-22所示。坐放头与铆压头搭配使用,由坐放头推动铆钉完成压铆作业;冲头和定型模与定径芯杆、拉拔芯棒搭配使用,定径芯杆、拉拔芯棒反推已完成的铆钉背面实现铆钉拆除作业,如图10-23所示。

a) 3mm/5mm 坐放头　　b) 3mm/5mm 铆压头　　c) 冲头和定型模　　d) 定径芯杆

e) 拉拔芯棒　　f) 衬套及隔离螺栓　　g) 隔离套筒　　h) 套管接头扳手

图 10-22　铆接头套件组成

a) 拉拔芯棒反推铆钉　　b) 铆钉头推入定型模　　c) 铆钉拆卸脱落

图 10-23　铆钉拆卸分离

压铆主要用于铆接工件双面均可触及的场合,铆接过程中不需要提前打孔,操作便捷,但设备相对复杂,设备成本较高。车身制造及维修所用的冲压铆钉属于平头半空心铆钉,主要由钉体和钉头组成,如图10-24所示。主要材料通常为铝、铁、不锈钢、铜等。其结构和尺寸参数如图10-25所示,包括钉头直径 d_k、钉头厚度 k、钉体杆长 L、钉体直径 d、孔直径 d_1、孔深 t。

图 10-24　冲压铆钉实物　　图 10-25　冲压铆钉结构示意图

冲压铆钉表示方法通常以"钉体直径×钉体长度"表示,如"5×8"表示钉体直径5mm、钉体长度8mm的冲压铆钉。冲压铆钉的类型、规格及材质应根据铆接对象的厚度和技术要求(包括强度、防腐性能、密封性能等)进行选择。以宝马车身维修所用的冲压铆钉为例,有N4、N5两种规格铆钉,其中N4铆钉规格为3×4,适用于车身外板覆盖件薄板的铆接;N5铆钉规格为5mm×5mm,适用于减振器座、纵梁等结构件厚板的铆接。冲压铆钉使用时,需根据铆钉钉体直径大小选择铆接头,铆体长度通常为的铆接对象总厚度+0~2mm。

(三)铆接工艺流程

1. 拉铆工艺流程

拉铆操作简单,铆接质量好,强度高,但是铆接后留下的铆钉位置凸出,影响外观质量,通常在车身内部应用较多。拉铆工艺流程包括工件表面处理、标记铆接位置、打孔、毛刺处理、拉铆设备安装调试、试铆、铆接及铆接后处理。

1)工件表面处理

如工件上存在良好的防锈涂层,则仅需使用清洁剂做清洁除尘处理即可,若存在锈蚀则需进行打磨清洁,并施涂环氧底漆等材料进行防腐处理。

2)标记铆接位置

按照技术文件要求使用记号笔或划针对铆接位置进行标记,车身铆接时,铆接位置间距通常为20~40mm。

3)打孔

使用手枪钻进行打孔作业,根据铆钉铆体直径大小选择平头钻或麻花钻进行打孔,孔径应为铆体直径+0.2mm,打孔时钻头轴线与工件表面垂直,且铆接对象应使用夹具进行固定,保持相对位置不变。

4)毛刺处理

使用小圆锉及砂纸对加工孔所产生的毛刺进行清理。

5)拉铆设备安装调试

按照设备使用说明书对拉铆设备进行安装,包括气管连接或电池安装、导嘴安装(与铆钉规格一致)、钉杆收集器的安装等。安装完毕后将铆钉插入导嘴,运行设备检查拉力。

6)试铆

使用与待铆工件一致的试铆板件进行试铆操作,铆接后进行外观检查及破坏性试验检查铆接质量。

7）铆接

将铆钉放入加工孔内，使用夹具固定待铆工件，并将拉铆枪导嘴顶紧铆钉，使铆体帽与工件表面完全贴合，且确保待铆工件无间隙时进行铆接操作。利用拉铆枪的拉力，拉动钉芯，使铆体在两个铆接面发生塑性形变，随后钉芯断裂脱出，从而夹紧工件，形成稳定的铆接结构。拉铆铆接过程及铆接效果如图10-26所示。

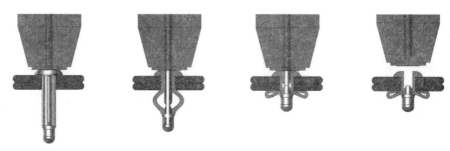

a) 对钉芯施加拉力　b) 铆体塑性变形　c) 铆体夹紧工件　d) 钉芯断裂脱落

图 10-26　拉铆铆接过程

8）铆后处理

铆接完成后，需检查工件变形情况、贴合间隙和铆接质量，工件变形量应小于1mm，贴合间隙应小于0.5mm，可使用手锤、顶铁等工具进行相应处理。铆接质量上应无铆接缺陷，主要通过铆接外观进行评价。

2. 压铆工艺流程

工艺流程包括工件表面处理、标记铆接位置、设备安装调试、试铆、铆接及铆接后处理。

1）工件表面处理

与拉铆工艺流程一致。

2）标记铆接位置

与拉铆工艺流程一致。

3）拉铆设备安装调试

（1）管路连接：通过液压油管和气动软管连接液压机和液动装置（液压缸），连接时液压油管必须与快速接头完全锁紧（发出自锁声响）。气动软管务必按照联轴器上方标示安装，切勿接错，否则设备无法工作。按照"Black"标示处安装黑色气动软管，"Blue"标示处安装蓝色气动软管，如图10-27a）所示。使用气管连接压缩空气气源与液压机压力调压阀，并且设定压力，确保压力值≤6bar，如图10-27b）所示。

(2)铆钉夹具安装:根据待铆对象外形特点,选择合适的铆钉夹具并与液动装置连接,液动装置安装转接座上的花键必须啮合到铆钉夹具安装孔内的键槽中,如图10-27c)所示。按下锁紧销释放按钮,将两个锁紧销插到锁止销孔内,并完成自锁,如图10-27d)所示。使用时锁紧销不得脱离锁止销孔。

(3)根据实际需要按照坐放头和铆压头,并使用作用套管接头扳手锁紧。如图10-27e)、f)所示。坐放头和铆压头既可安装在液动装置上,也可安装在铆接夹具上,应以便于操作及结合实际工况为原则进行选择。

a) 连接气动软管及液压油管

b) 连接气路及调节气压

c) 安装铆钉夹具

d) 安装锁销

e) 安装坐放头

f) 安装铆压头

图 10-27 拉铆设备安装调试

4)试铆

与拉铆工艺流程一致。

5)铆接

选择合适的冲压铆钉并安装在坐放头上,如图10-28所示。按动铆接开关,在液动装置推动作用下,铆钉逐渐靠近待铆区域,在坐放头和铆压头的挤压作用下,将铆钉楔入工件表面,使与铆钉接触的工件表面及内部发生塑性形变,进而使上、下两层板件互相咬合,形成稳定的铆接结构。冲压铆接完整的工作过程主要包括定位、夹紧、送钉、刺穿、变形、成型六个阶段,如图10-29所示。

图 10-28 铆钉安放

铆接操作时,必须确保铆接夹具与工件的垂直安放,以保证铆接质量。此外,铆接压力达到最大值后,应持续按动开关保持该压力一段时间,确保铆钉完全成型后方可松开开关泄压。

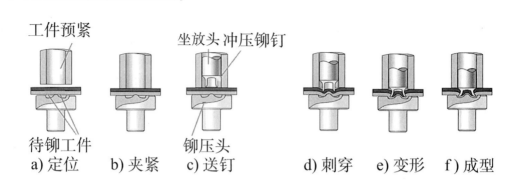

图 10-29　冲压铆接示意图

6）铆后处理

与拉铆工艺流程一致。

(四) 常见铆接缺陷分析及解决措施

铆接过程中由于铆钉选择错误、工件前处理不到位或设备操作不当则容易引起铆接缺陷。常见铆接缺陷及解决措施，见表 10-5、表 10-6。

拉铆常见铆接缺陷及解决措施　　表 10-5

常见缺陷	解决措施
铆体帽（铆钉头）偏移或钉芯歪斜	①铆钉枪与钉芯应在同一轴线上； ②铆接拉力应由小逐渐增大； ③铆接孔加工前工件使用夹具固定，加工时钻头或铰刀与工件板面垂直； ④铆钉偏心值≥0.1d 时，需更换铆钉
铆钉帽局部未与板件表面结合	①检查确认铆接孔与铆钉是否匹配； ②穿钉前先消除钉杆毛刺和氧化皮； ③铆接力量不足时应停止铆接
板件接合面间有缝隙	①铆钉枪应保持垂直； ②正确选择铆钉杆长度
铆钉杆在钉孔内弯曲	①选用适当直径的铆钉； ②开始铆接时铆接力量要小

压铆常见铆接缺陷及解决措施　　　　表 10-6

常 见 缺 陷	解 决 措 施
铆钉头或背面凸起歪斜	①压铆头轴线与板件表面应垂直； ②使用手锤顶铁加工校正板件，使其平整； ③压铆头规格与铆钉规格应匹配
铆钉头局部未与板件表面接合	①调节合适的工作压力； ②铆钉长度过长，应选用长度尺寸合适的铆钉
板件接合面间有缝隙	①压铆头轴线与板件表面应垂直； ②铆接前应使用夹具夹紧板件
板件穿孔	铆钉长度过长，应选用长度尺寸合适的铆钉

(五) 胶粘铆接工艺

1. 胶粘铆接工艺概况

胶粘铆接指将胶粘工艺与铆接工艺相结合，在胶粘结构上进行铆接，以充分发挥胶粘结构抗拉强度高、铆接结构抗剥离能力强的优点。胶粘铆接可以使结构具有更高的强度，同时还具备更优的抗震与密封性能。此外，胶粘铆接技术中由于粘接剂能阻断金属的直接接触，可有效避免异种金属间电化学腐蚀风险，加之其连接强度高，工艺性能好，因此在轻质异种金属或非金属材料的连接领域，有着巨大的优势。随着铝合金、碳纤维等轻质材料在车身制造及维修领域的应用愈加广泛，胶粘铆接技术也得到更多的应用。

2. 胶粘铆接工艺流程

按照铆接类别的不同，胶粘铆接也可分为胶粘拉铆和胶粘压铆两类，与铆接工艺的描述相同，胶粘拉铆通常用于车身结构部分的连接，而胶粘压铆则常用于车身外部覆盖件的连接。具体工艺流程见表 10-7。

胶粘铆接工艺流程　　　　表 10-7

步骤	胶粘 + 拉铆	胶粘 + 压铆
1	工具及耗材准备：准备胶枪、拉铆枪、抽芯铆钉、粘接剂、辅料、夹具、打孔工件(手枪钻)、记号笔及防护用品	工具及耗材准备：准备胶枪、冲压铆枪、冲压铆钉、粘接剂、辅料、夹具、记号笔及防护用品

续上表

步骤	胶粘+拉铆	胶粘+压铆
2	加工铆接孔:标记铆接位置,工件定位及打孔,孔径应略大于铆钉直径	标记铆接位置:铆接数量比原厂电阻点焊焊点数量多30%
3	表面处理:粘接面的打磨、清洁处理,对铝合金旧件需要做火焰涂层处理	
4	粘接剂涂敷:双组分粘接剂使用前需挤出长度10cm混合不充分的胶不用,胶嘴贴近工件且尽量与工件表面垂直,以S形线路涂敷,用刮刀刮涂均匀,厚度0.3~0.5mm	
5	粘接面的黏合:应快速地将涂有粘接剂的粘接面贴合在一起,并用大力钳等夹持工具固定,确保铆接时工件相对位置不变	
6	铆接:按照铆接设备使用说明在铆接标记位置实施铆接作业	
7	粘接剂固化:粘接剂未完全固化前不能使工件承受载荷,尽可能让粘接剂在自然状态下进行的固化	

3. 胶粘铆接注意事项

(1) 严格控制铆接作业时间,必须在粘接剂的工作时间内完成铆接作业,避免在铆接时,粘接剂已经发生部分固化,影响结构质量。

(2) 工件表面务必保证清洁无灰尘、油污等杂质,铝合金旧件必须做火焰涂层处理。

(3) 根据工件强度要求,铆接位置应合理且均匀分布,拉铆孔径要为铆钉形变留有一定的冗余度。

(4) 铆接时铆枪与铆钉应贴紧,铆钉轴线应与板件表面垂直,铆接过程中拉铆或压铆的力度应逐渐增大。

(5) 粘接剂施涂应按胶粘工艺要求完成,铆接完成后,从工件间隙挤压溢出的多余粘接剂应用刮刀刮除,并填补至铆钉位置。

二、任务实施

钢制零部件的铆接

(一)准备工作

1. 设备及工具

电动拉铆枪、冲压铆接设备、手枪钻、平口大力钳、5寸[1寸=(1/30)m=0.033m]双动打磨机、刮刀、圆锉刀、环带打磨机、钢板尺、手锤、中心冲。

2. 耗材

5mm×5mm冲压铆钉、6.4mm×30mm抽芯铆钉、钻头ϕ6.7mm、专用清洁剂、除尘布、80号5寸圆盘砂纸、80号砂带315mm×12mm、钢板100mm×50mm×1.5mm、铝板100mm×50mm×2mm。

3. 防护用品

工作服、工作帽、安全鞋、短皮手套、耳塞、防尘口罩、透明护目镜、耐溶剂手套。

4. 场地配套

工作平台、照明系统、压缩空气、抽排系统、220V电源、5S管理相关工具。

(二)技术要求与注意事项

(1)按照安全文明生产操作规程的要求,正确佩戴劳动保护用品,按照安全环保的要求正确处理废弃材料。

(2)按技术要求标记铆接位置,铆接位置偏差≤±1mm。

(3)按照先压铆,后分离,再拉铆的总体操作顺序,禁止颠倒。

(4)钢板铝板应重叠,边缘对齐,误差<1mm。

(5)无铆接缺陷,板件整体变形量<1mm,板件间隙<0.5mm。

(6)铆接顺序为先铆对角四点,再铆中间两点,铆接前夹具夹紧。

(7)铝板默认为新件,不需进行火焰涂层处理。

(8)准备拉铆前应报告暂停,以便检查铆接孔加工质量。

(三)操作步骤

1. 铆接对象前处理

使用双动打磨机对钢板整体进行打磨,并用专业清洁剂进行深度清洁,去除锈蚀及污损,采用清洁压缩空气进行干燥。铝板仅做整体清洁处理。注意清洁时擦拭布应单向进行擦拭。

2. 冲压铆接位置标记

在规格尺寸为 100mm×50mm×2mm 的铝板上使用钢板尺及记号笔或划针对铆接位置进行标记,数量 6 个。其中,标记点端距 10mm,边距 10mm,间距 40mm,位置偏差 <1mm。

3. 压铆设备安装调试

按照设备使用说明进行安装,连接各管路、调节工作压力、安装铆钉夹具及相关附件。

4. 试铆

在测试板上进行冲压铆接试铆作业,铆接后进行外观检查。

5. 正式铆接

将铆钉放至坐放头上,按动铆接开关,采用先对角,再中间的顺序进行铆接操作。

6. 分离冲压铆钉

使用砂带打磨及打磨铆钉背面凸起部分,再使用中心冲和手锤分离铆钉。分离时应用大力钳夹紧两板件,以便后续加工铆接孔。

7. 加工铆接孔

使用手枪钻在冲压铆接分离后产生的孔洞位置上进行扩孔,并使用圆锉刀处理毛刺。

8. 报告暂停

完成冲压铆钉分离及拉铆前板件加工作业后报告,经教师检查后方可进行下一步操作。

9. 拉铆设备安装

按照设备使用说明进行安装,包括导嘴、集钉器及相关附件,调节工作压力。

10. 试铆

在测试板上进行拉铆试铆作业,铆接后进行外观检查。

11. 正式铆接

将铆钉放入铆接孔内,使用夹具固定好待铆工件,将拉铆枪导嘴顶紧铆钉,按动开关或手动进行拉铆作业,铆接顺序同样是先对角,再中间。

12. 质量检测及 5S 管理

通过外观质量检测进行自评，同时按照安全文明生产操作规程的要求将工位进行复位，关闭电、气及相关设备，对场地环境进行清扫清洁，填写工位使用记录表。

三、学习拓展

1. 冲铆工艺

冲铆是一种靠施加在铆接方向的轴向作用力，快速使铆钉直接刺穿金属板件，从而实现上下板件的连接组合，如图 10-30 所示。冲铆需要定位、冲击、刺穿、成型四个步骤完成铆接，成型快，效果好，缺点是铆接强度不够高。冲铆由于单向的轴向作用力使铆钉快速刺穿板件，可以单面操作，同时类似日常生活中钉钉子一样，可以高效的操作。

2. 无铆钉冲压连接

无铆钉冲压连接是指在没有铆钉的情况下，通过特定形状铆接头在轴向压力作用下，使金属发生塑性变形，形成咬边，从而连接在一起，如图 10-31 所示。

a) 定位　b) 冲击　c) 刺穿　d) 成型

图 10-30　冲铆连接示意图

图 10-31　无铆钉冲压连接

四、评价与反馈

(一) 自我评价

(1) 通过本任务的学习，你是否已经知道以下问题：

① 铆接有哪些类型？

② 铆接工艺有什么特点？

(2) 拉铆和压铆的标准工艺流程是什么？

(3) 胶粘铆接的标准工艺流程是什么？

(4) 实训完成情况如何？

_____

(5) 通过本项目的学习，你认为自己的知识和技能还有哪些方面有待进一步提高？

_____

(二) 小组评价

小组评价见表 10-8。

小组评价　　　　　　　　　　　　　　　表 10-8

序号	评 价 项 目	评 价 情 况
1	学习态度是否积极主动	
2	是否服从教学安排	
3	是否全勤	
4	着装是否符合要求	
5	是否合理规范使用仪器和设备	
6	是否按照安全和规范的规程操作	
7	是否遵守学习、实训场地的规章制度	
8	是否积极主动地和他人合作、探讨问题	
9	是否能保持学习、实训场地整洁	
10	团结协作情况	

参与评价的同学签名：_____ 日期：_____

(三) 教师评价

_____

_____

签名：_____ 日期：_____

五、技能考核标准

技能考核标准见表 10-9。

技 能 考 核 标 准　　　　　　表 10-9

序号	项目	操作内容	规定分	评分标准	得分
1	板件前处理及设备安装调试	作业过程个人安全防护	5分	正确佩戴工作服、工作鞋、工作帽、口罩、手套、护目镜。缺失或错误每项扣2分	
2		钢板打磨清洁;铝板清洁	5分	打磨不干净,1cm² 为一处,每处扣2分;清洁不干净每面扣2分,扣完为止	
3		冲压铆接位置标记	7分	数量6个;标记点端距10mm,边距10mm,间距40mm,偏差值<1mm。错误或超标每个扣2分	
4		设备连接	6分	设备连接正确,铆压头和坐放头规格5mm,工作压力≤6bar,错误每项扣3分,扣完为止	
5	试铆及压铆操作	试铆操作	6分	铆钉选择5mm×5mm;铆钉选择错误、试铆质量不合格扣3分,未试铆扣6分	
6		压铆操作	6分	铆接顺序先对角,再中间;铆钉安放在坐放头上;压铆头与板件垂直。操作错误每次扣2分	
7		铆接质量检查	14分	无铆接头形状失圆,背面凸起歪斜、铆钉未锁紧缺陷;整体变形<1mm,间隙<0.5mm;板件边缘对齐误差<1mm;缺陷及超标每项扣3分	

续上表

序号	项 目	操作内容	规定分	评分标准	得分
8	铆接分离	分离冲压铆钉	5分	打磨压铆背面凸起区域,无打磨不充分或打磨过度,分离时伤及板件每处扣3分,扣完为止	
9	板件处理及设备安装调试	加工铆接孔	8分	孔径6.7mm±0.1mm;孔内无毛刺;板件平整,变形误差<1mm,超标每处扣2分,扣完为止	
10		拉铆前报告	3分	未报告扣3分,且加工铆接孔此项不得分	
11		拉铆设备安装	4分	导嘴选择M6.4;集钉器安装,错误每项扣2分	
12	试铆及拉铆操作	试铆操作	6分	铆钉选择6.4mm×30mm;铆钉选择错误、试铆质量不合格扣3分,未试铆扣6分	
13		拉铆操作	6分	铆接顺序先对角,再中间;钉芯完全进入铆枪导嘴;铆钉与工件垂直;操作错误每次扣2分	
14		铆接质量检查	14分	无形状失圆,钉芯歪斜、铆钉未锁紧等缺陷;整体变形<1mm,间隙<0.5mm;板件边缘对齐误差<1mm;缺陷及超标每项扣3分,扣完为止	
15	5S管理	全程5S管理	5分	设备、工具未复位,每项扣1分。场地未清洁扣5分,清洁不干净每处扣1分,扣完为止	
	总分		100分		

参 考 文 献

[1] 王洪光.实用焊接工艺手册[M].2版.北京:化学工业出版社,2013.
[2] 和豪涛.汽车车身修复技术[M].北京:机械工业出版社,2017.
[3] 仲敏.车身修复考试指南(模块F)[M].南京:江苏科学技术出版社,2009.
[4] 高美兰.汽车材料与金属加工[M].北京:机械工业出版社,2012.
[5] 李远军.汽车车身焊接技术[M].北京:人民交通出版社,2009.
[6] 李远军,陈建宏,等.汽车车身构造与修复[M].北京:人民交通出版社,2012.
[7] 冯小青,顾平林,等.汽车碰撞钣金修复技巧与实例[M].3版.北京:机械工业出版社,2014.
[8] 卢宜朗,梁其续,等.汽车车身焊接工艺与实训一体化项目教程[M].上海:上海交通大学出版社,2012.
[9] 陈均.汽车钣金[M].2版.北京:电子工业出版社,2012.
[10] 宋金虎.车身焊接技术[M].北京:人民交通出版社股份有限公司,2016.